改革开放40周年 · 大国议题丛书

源头沧桑

——中国改革开放发源地

王佳宁　著

YUANTOU CANGSANG

ZHONGGUO GAIGE KAIFANG
FAYUANDI

重庆大学出版社

内容提要

中国改革开放40年，是发生历史巨变的40年。1978年到2018年，其间波澜壮阔，一滴水可见太阳的光辉。独立诠释与前瞻中国改革开放进程中18个当之无愧的“第一”，其载浮载沉的经典事件与其中的标志性人物，是中国改革开放每一个“关键转折”中的里程碑，让受众看到里程碑来解读历史，让历史活灵活现。本书独辟蹊径，对改革开放“18个第一”的发源地全面回访。悠悠看源头，辅以“源头背景”与“源头链接”；娓娓忆沧桑，呈现“源头延伸”和“文骐看源头”。内容独家，忠实记事写人；视角独到，令人掩卷遐思。

图书在版编目(CIP)数据

源头沧桑：中国改革开放发源地/王佳宁著. --
重庆：重庆大学出版社，2018.9
(改革开放40周年·大国议题丛书)
ISBN 978-7-5689-1387-4

Ⅰ.①源… Ⅱ.①王… Ⅲ.①改革开放—研究—中国
Ⅳ.D61

中国版本图书馆CIP数据核字(2018)第224275号

改革开放40周年·大国议题丛书
源头沧桑
——中国改革开放发源地
王佳宁 著
策划编辑：马 宁 尚东亮
责任编辑：丁 佳 版式设计：丁 佳
责任校对：万清菊 责任印制：张 策
*
重庆大学出版社出版发行
出版人：易树平
社址：重庆市沙坪坝区大学城西路21号
邮编：401331
电话：(023) 88617190 88617185(中小学)
传真：(023) 88617186 88617166
网址：http://www.cqup.com.cn
邮箱：fxk@cqup.com.cn(营销中心)
全国新华书店经销
北京盛通印刷股份有限公司印刷
*
开本：720mm×1020mm 1/16 印张：22.75 字数：314千
2018年9月第1版 2018年9月第1次印刷
ISBN 978-7-5689-1387-4 定价：89.00元

中国改革开放为什么能够成功

——《改革开放40周年·大国议题丛书》总序

经过40年的改革开放，中国成功地实现了从计划经济向市场经济的转轨，国家经济实力、科技实力、国防实力、综合国力得到前所未有的提升；党的面貌、国家的面貌、人民的面貌、军队的面貌、中华民族的面貌发生了前所未有的变化。我们的改革开放为什么能够成功？回首40年改革开放历程，有三条重要经验值得总结。

坚持党对改革开放的领导，确保社会主义方向不动摇

办好中国的事情，关键在党。改革开放之初，邓小平同志就将坚持党中央的领导核心地位与推进改革开放紧密联系起来，不仅要求党中央树立权威，体现出能力，还强调要打造“一个具有改革开放形象的领导集体”。以江泽民同志为核心的党中央面对改革的深入推进和国际环境的深刻变化，向全党明确提出了“四个服从”；以胡锦涛同志为总书记的党中央，立足于推进社会主义现代化的重任，提出要坚决维护中央权威。

习近平总书记多次强调要充分发挥党总揽全局、协调各方的核心作用，全党要统一意志、统一行动、步调一致，尤其是中央政治局要带头自觉维护中央权威，增强工作合力，做到“全党一盘棋、全国一盘棋”。他告诫全党：“中国是一个大国，决不能在根本性问题上出现颠覆性错误，一旦出现就无法挽回、无法弥补。”

从世界社会主义运动的经验教训看，如果没有共产党作为坚强的领导核心，改革就会进退失据，甚至走上不归路。苏联之所以解体，一个重要原因就是1990年3月苏联通过修改宪法取消了党的领导，结果使改革背离人民的利益，最终酿成悲剧。戈尔巴乔夫曾在接受中国记者采访时说：“我深深体会到，改革时期，加强党对改革进程的领导，是所有问题的重中之重。在这里，我想通过我们的惨痛失误来提醒中国朋友：如果党失去对社会和改革的领导，就会出现混乱,那将是非常危险的。”

坚持党对改革的领导,最根本的就是要保证改革开放不偏离社会主义方向,既不走封闭僵化的老路,也不走改旗易帜的邪路。什么是社会主义? 邓小平同志 1978 年 9 月在东北三省视察时说:“社会主义要表现出它的优越性,哪能像现在这样,搞了 20 多年还这么穷,那要社会主义干什么?” 1984 年 11 月,他第一次提到了共同富裕,并在一次即席讲话中指出:“社会主义的目的就是要全国人民共同富裕,不是两极分化……我们提倡一部分地区先富起来,是为了激励和带动其他地区也富裕起来。”1992 年邓小平在“南方谈话”中提出“社会主义的本质就是解放生产力,发展生产力,消灭剥削,消除两极分化,最终达到共同富裕”,并且强调“共同富裕是社会主义制度不能动摇的原则”。

党的十八大以来,以习近平同志为核心的党中央坚定不移地带领人民走共同富裕的道路。习近平总书记指出:“我们追求的发展是造福人民的发展,我们追求的富裕是全体人民共同富裕。”2012 年年底,习近平总书记在河北调研时指出:“没有农村的小康,特别是没有贫困地区的小康,就没有全面建成小康社会”;2013 年至 2015 年,他在海南、云南、陕西等地调研时多次论及“小康不小康,关键看老乡”“全面实现小康,一个民族都不能少”。2013 年 11 月习近平总书记在湖南湘西考察时首次提出精准扶贫,进一步拓展了共同富裕的实现途径。在精准扶贫、精准脱贫基本方略的统领下,社会各界、各行各业的力量被动员起来,产业扶贫、教育扶贫、健康扶贫、金融扶贫、生态扶贫、电商扶贫相继涌现。东西部扶贫协作和对口支援政策积极推行,一系列脱贫创新实践在各地蓬勃开展。

坚持“三个有利于”标准,充分尊重人民群众的首创精神

1984 年 10 月,《中共中央关于经济体制改革的决定》明确规定,全党同志在进行改革的过程中,应该把是否有利于发展生产力作为检验一切改革得失成败的最主要标准。1987 年 6 月邓小平同志明确讲:“我们的改革要达到一个什么目的呢? 总的目的是要有利于巩固社会主义制度,有利于巩固党的领导,有

利于在党的领导和社会主义制度下发展生产力。”同年10月党的十三大提出：“是否有利于生产力发展应该成为我们考虑一切问题的出发点和检验一切工作的根本标准。一切有利于生产力发展的东西，都是符合人民根本利益的，因而是社会主义所要求的，或是社会主义所允许的。”

1992年邓小平在“南方谈话”中明确提出，判断改革开放中一切工作得失、是非、成败的标准是：是否有利于发展社会主义社会的生产力，是否有利于增强社会主义国家的综合国力，是否有利于提高人民的生活水平。这“三个有利于”的判断标准不仅包括了生产力标准，而且把发展生产力、增强综合国力和提高人民生活水平三者有机结合起来，是对生产力标准的深化和发展。

坚持“三个有利于”标准，不断解放和发展生产力，要依靠亿万群众的主体力量和创新精神，依靠人民迸发出激情和活力。事实证明：改革开放的历程就是人民群众的首创精神不断激发、不断涌现的过程。

1978年12月，安徽凤阳小岗村18户农民自发搞起了“大包干”，由此揭开了农村改革的序幕。1980年9月，中央决定允许农民根据自愿原则实行家庭联产承包制；1982年1月，中央一号文件明确指出“包产到户、包干到户都是社会主义集体经济的生产责任制”；到1983年年初，中央一号文件进一步肯定，家庭联产承包责任制是“在党的领导下中国农民的伟大创举”。邓小平同志曾明确指出：“农村搞家庭联产承包，这个发明权是农民的。”他说，“新的农村政策优势从哪里来的？难道是我们几个中央领导同志，我们的省长、书记们的发明吗？这里面当然有党的集体智慧，各级党政领导确实做了大量概括和提高的工作。而更重要的，却是亿万农民的实践，亿万农民的创造”，还说“农村改革中的好多东西，都是基层创造出来，我们把它拿来加工提高作为全国的指导”。

非公经济的发展同样来源于人民群众创业激情的释放。1982年温州出现创业高潮，当地个体工商企业超过10万家，占全国总数的十分之一，形成了闻名全国的“温州模式”。温州的非公经济发展当时之所以能领跑全国，一个重要的原因就是温州人“敢为人先、特别能创业”的精神得到了充分尊重，创新意识被充分调动,才走出了一条“生活逼出来,市场放出来,群众闯出来”的独特发展之路。

党的十八大以来,习近平总书记强调,改革开放是亿万人民自己的事业,必须坚持尊重人民首创精神。他指出:“要广泛听取群众意见和建议,及时总结群众创造的新鲜经验,充分调动群众推进改革的积极性、主动性、创造性,把最广大人民智慧和力量凝聚到改革上来,同人民一道把改革推向前进。”“要充分调动人民群众的积极性、主动性、创造性”“要自觉拜师人民、尊重人民、依靠人民”。在推进改革开放的实践中,全国不少地方尊重人民首创精神,激发企事业单位、社会组织的活力,盘活各类社会资源,在推动实现政府治理和社会自我调节、居民自治良性互动方面实现了新突破。

坚持改革、发展、稳定的有机统一,正确处理三者关系

早在20世纪80年代初,邓小平同志多次提出必须保持“国内安定团结的政治局面”。1987年在接见外宾时他指出,保持“国内安定团结的政治局面”和“有领导有秩序地进行社会主义建设”是实现“三步走发展战略”的重要条件之一。“没有安定团结的政治环境,什么事情都干不成。”1989年2月邓小平同志指出:“中国的问题,压倒一切的是需要稳定。没有稳定的环境,什么都搞不成,已经取得的成果也会失掉。”

以江泽民同志为核心的第三代中央领导集体,将改革、发展、稳定作为中国改革开放和社会主义现代化建设事业三个有机统一的组成部分:改革是动力,发展是目的,稳定是前提。以胡锦涛同志为总书记的党的领导集体,着眼于科学发展和构建社会主义和谐社会,自觉调整和改革生产关系与生产力、上层建筑与经济基础不相适应的方面和环节,不断提高改革决策的科学性,增强改革措施的协调性。

党的十八大以来,以习近平同志为核心的党中央,要求必须处理好改革、发展、稳定三者之间的关系,以更大的政治勇气和智慧,进一步解放思想、解放和发展社会生产力、增强社会创新活力。习近平同志强调,全面深化改革要处理好几种关系,其中就包括要处理好胆子要大和步子要稳的关系、改革发展稳定

的关系。改革是发展的动力，是实现长期稳定的基础；发展是改革的目的，是稳定最可靠的保证；稳定则是改革、发展的前提条件，也是发展的重要要求。处理改革发展稳定的关系，就是要坚持把改革的力度、发展的速度和社会可承受的程度统一起来，在社会稳定中推进改革发展。

正确处理改革发展稳定的关系，必须找到三者的结合点。习近平总书记强调，要把"人民拥护不拥护、人民赞成不赞成、人民高兴不高兴、人民答应不答应"作为想问题、干事业的出发点和落脚点，本着对历史负责、对人民负责的态度，准确把握改革发展稳定的平衡点，准确把握近期目标和长期发展的平衡点，准确把握改革发展的着力点，准确把握经济社会发展和改善人民生活的结合点，坚持问政于民、问需于民、问计于民，从老百姓最关心、最直接、最现实的问题入手，在转方式、调结构、保民生、推动可持续发展方面取得实实在在的成效。

中国改革开放为什么能够成功的三条经验已被理论和实践所印证。在中国改革开放40周年之际，在重庆市文化委员会、重庆大学的领导和支持下，成立了由中共中央党校（国家行政学院）副校（院）长王东京教授、重庆大学校长张宗益教授共同担任主任的丛书编委会，在丛书编委会的总体统筹和指导下，由中国大运河智库联盟理事长、重庆智库创始人兼总裁王佳宁同志担任总策划，重庆大学出版社社长易树平教授牵头组织出版了"改革开放40周年·大国议题丛书"。该丛书聚焦中国政府转型、"一带一路"建设、京津冀协同发展、长江经济带发展、新一轮东北振兴、自由贸易试验区等一系列治国理政的伟大实践，既有学术理论研究，又有实践经验总结，兼具原创性、思想性、学术性和史料性，对破解发展难题、增强发展动力、厚植发展优势，具有重要的出版价值。10年前，佳宁同志和重庆大学出版社曾经共同策划并推出"中国经济改革30年丛书"，社会反响较大。如今，"改革开放40周年·大国议题丛书"秉承这一好的传统，更以全新面孔出现。丛书作者均为长期跟踪研究改革开放前沿问题的专家学者，阵容强大且权威。

研究和写作是一个知行合一的过程，这是专家学者的使命。丛书9卷，洋洋洒洒，全方位展示改革开放和现代化进程中关键领域、行业的发展进程和愿景。期待“改革开放40周年·大国议题丛书”对关注中国改革开放事业的各界读者有所助益，从而让我们一起以更广博的胸怀续写华夏新篇章。

中共中央党校（国家行政学院）副校（院）长、教授

王东京

2018年8月

重庆大学校长、教授

张宗益

2018年8月

“中国改革开放发源地”是历史的草稿

——自序

当全世界智慧的头脑审视大国发展脉络时，有谁不会瞩目一个伟大而深刻的事实：一个人口最多的国家，在20世纪70年代末至今的40年里，进行着一场发人深省的不懈探索；市场经济的浪潮托起这艘航行的巨舰一往无前，从未停歇，不可回潮。40年，继往开来的强烈追求已然铸就，不同阶层基于不同认识观和评价标准评判其转型路径的首要选项无疑是：只有改革，才能发展中国。“中国改革开放发源地”在泱泱大国融入世界经济文明的进程中横空出世……

“中国改革开放发源地”是历史的草稿。

在“中国改革开放发源地”映射的40年的变革过程中，演出了多少使人心灵震撼的历史话剧！1978年12月16日晚，小岗村“十八颗红手印”石破天惊，“我们干部坐牢杀头也甘心，大家社员也保证把我们的小孩养活到18岁”。2006年10月15日，曾经承载国家使命的中国进出口商品交易会举行50年100期盛典。

在“中国改革开放发源地”映射的40年的变革过程中，融化了多少悲壮、激动和喜悦！吴仁宝，一手锻造江南特色、誉满大江南北的新农庄。

在“中国改革开放发源地”映射的40年的变革过程中，他们的失败与成功，已积淀为我们时代永恒的财富。1984年因承包石家庄造纸厂，马胜利名闻天下，然而，像“马承包”这样的人物的载浮载沉，似乎已成为特定的必然。一如1980年春，陈春先带头扔掉中国科学院的“铁饭碗”，在中关村创办中国第一家民营科技实体。

“中国改革开放发源地”是历史的草稿。

透过“中国改革开放发源地”回望来路，当年中国以濒临崩溃之躯，怀着“摸着石头过河”的无奈，竟成就了一场伟大的革命。1919年，中国民主革命的伟大先行者孙中山先生在其所著《建国方略》中提出“东方大港”的设想。时隔71年的1990年4月18日,国务院决定开发开放上海浦东。1986年8月3日,沈阳市工商行政管理局发布“企破字第1号”通告,公有制企业沈阳市防爆器械厂从即日起破产倒闭,更似平地炸雷。

透过“中国改革开放发源地”回望来路,从贫穷到富裕,从禁锢到自由,从濒临崩溃到奇迹重生,一个个瞬间写就的改革开放史,让国人有太多的理由为之豪迈。1983年2月,胡耀邦同志莅临深圳视察,鼓励集资办企业,并提议可以尝试发行股票。1994年任上的广州市市长黎子流力主“布阵”中国南方人才市场,促羊城比肩津门。

透过“中国改革开放发源地”回望来路,国人感叹政治伟人经纬乾坤的大手笔:港澳回归;感恩经济自由精神的垂顾;深圳等5个特区迈步,进而摒弃“计划”羁绊,屹立“市场”潮头。1981年,中国第一次发行国库券,一些老干部拿出补发的工资主动购买国债,总数加起来有几百万元。

“中国改革开放发源地”是历史的草稿。

沿着“中国改革开放发源地”的足迹期许,改革开放战略推进的每个领域,无不彰显着社会主义制度的自我完善,体现着国家和公众对中国特色社会主义本质认识的深化。诚然,在过去的岁月里,改革和发展在一些地方也时现波澜。但是,凡有流水的地方就一定会有漩涡,这是一条不可违背的自然规律。1982年11月25日,浙江义乌县政府提出:允许农民经商、允许从事长途贩运、允许开放城乡市场和允许多渠道竞争。“四个允许”震撼中国县域经济。尽管领军人物境遇今昔冰火两重天,但中国报业史上注定在1996年1月15日画上浓重的一笔,这一天,广州日报报业集团作为中国首家报业集团试点单位揭牌。

沿着“中国改革开放发源地”的足迹期许,国人将恒久受用开明文明的真正回归:“解放思想,实事求是”。1980年6月18日,人民公社的牌子从四川省广汉县向阳公社摘了下来。1980年5月2日,中国第一个合资企业——北京航空食品有限公司取得“001”号执照。1987年7月27日,第一批福利彩票在河北省石家庄市销售,国人自此进入博彩时代。

沿着“中国改革开放发源地”的足迹期许,国人在不断的试错中,逐步学会思考、包容、平和、自信。1985年成立,1998年“散伙”的“广州标致”,没想到由广州市政府出面陈述教训。1984年1月15日开张的“北京吉普”,也已摸爬滚打30多年。不过,在蛇口工业区筹建“招商银行”,让国人得识智者袁庚。

“中国改革开放发源地”是历史的草稿。

“中国改革开放发源地”折射,从改革起步的“选准切入点”,到改革稳步推进的“渐进式”;从改革攻坚的“先增量后存量”,到改革可持续的“更加注重社会公平”,中国各层级政府与市场边界渐次明晰,其偏好、结构、流程和习惯已给未来留下进一步变迁的选择空间。

“中国改革开放发源地”折射,一个国家改革成果的优劣,关键是看这个国家的制度安排能否适应本国国情。改革开放40年,中国历史长河之一瞬。经历了历史性波澜跌宕、饱尝了清平世界与离乱时代、沐浴过盛世雄风和动荡岁月的中国,如今已成为世界第二大经济体。盖因中国社会向前发展是亘古不变的道理。

“中国改革开放发源地”折射,一个负责任的中国,虽然她今天仍然走在崛起的路上,虽然她与美国和欧盟相比依旧算不上强大,但是她的脚步坚定而踏实,她的目标明确而切实,她的前途光明而远大。这是我们的国家,这是我们期待明天会更加繁荣和富强的那个中国。

“中国改革开放发源地”是历史的草稿,它将为中国特色社会主义的建设拓展思想资源。

美国经济学家道格拉斯·诺斯首先发现,制度变迁的动力在于新制度可以更有效地利用资源,增加产出,使许多人得益。由此引申,中国改革开放进程涉及的制度变迁的阻力则在于变迁需要付出成本。“18个第一”正是探索制度变迁的原始案例和样本,也是为增加产出和创造幸福而付出的代价和成本。案例和样本展现的各种成功的改革模式、经验，以及由此引发的经济社会良性效应将使我们今人乃至后人长期受益。我们人类生活生产中使用的产品，随时都可能更新换代，犹如电灯问世油灯熄灭，轿车上路牛车下架。然而，耐人寻味的是，风靡全世界的摇滚乐至今难以和浸润中国人心灵的《诗经》《楚辞》匹敌；一部《红楼梦》也未因各种表现形态的西方文化渗透而香消玉殒。没有人能够否定油灯和牛车的历史作用，更不会有人轻视经典的魅力和厚重。经典是思想、经典是源泉、经典是历史、经典是破解我们民族崛起之密码。

“中国改革开放发源地”是历史的草稿，它将为中国特色社会主义建设留下可资反观的借镜。

15 世纪，中国人曾有机会在全球范围内展示自己的才华。一个叫郑和的人率领着明朝政府的船队七下西洋，完成了时代的奇迹。这七次壮举曾被认为是中国寻求世界范围承认的努力。

而道光二十二年七月(1842 年 8 月)，一纸《南京条约》强迫清朝对外开放 5 处沿海城市作为通商口岸。如是，160 年前，中国被迫卷入自由贸易，她是那么不情愿。漫漫长路，时间推移到 20 世纪 70 年代，当一个国家尚未从计划经济中走出，应对市场挑战便不会成为可能。1986 年，中国表达善意时，对于关税与贸易总协定(世贸组织前身)而言，姿态并非唯一重要的条件，他们要求中国扩大开放。而当时的中国政府，依然执着于计划经济的管理，迷恋于微观操纵和行政安排，维持一种罕见的平衡，绝不可能让国外资本对刚刚振兴的国有企业发起致命冲击。这种冲击，在理论上未尝不是一件好事。

但是在 21 世纪的今天，世人蓦然发现，中国曾是如何突然和决绝地冲出国门跨进世界的门槛。经过长达 15 年的谈判，2001 年 12 月 11 日，中国真正意义上融入国际社会。全球化视野中，由中国、东欧地区国家竭力推进的经济转型，成为自现代文明诞生以来的又一次大转变。

世界上有过 4 次大国的崛起，18 世纪初的英国、18 世纪末的德国和美国、20 世纪的日本。21 世纪将要出现第 5 次大国的崛起，西方认为这次的主角是口国。全球化使她获得了机会,这是一种潮流,没有人能阻止中国把握住这一次经济全球化过程。

龙应台说:"公民对一个社会的认同和爱,需要建立在历史的认知上,不尊重历史的地方,难以长出根与认同。"

"中国改革开放发源地"是历史,是根芽萌发的地方,是需要记忆和认同的经验存在。

"中国改革开放发源地"是历史的草稿。

王佳宁

2018年6月于山城独坐轩

目　录

1

中国第一个『包产到户』村

——小岗

鲜红手印承载大历史 十八村民铸就里程碑

就像它的名字一样，小岗村是一个很小且又相当偏僻的村落。它位于安徽省凤阳县城东南约 20 千米处的一个海拔约 50 米、略有起伏的岗地上，因地貌起伏不大，故称"小岗"。

在 1978 年前，小岗村原属于凤阳县板桥区梨园公社，取消公社牌子恢复乡的时候，自然仍属于梨园乡。由于小岗村的位置在梨园和小溪河镇之间，加之小溪河的发展相对较好，或许出于加快小岗村致富步伐的目的，小岗村后来又被划入了小溪河镇。小溪河镇是一个交通相对便利的农村集镇，从县城到小岗，就需要经过这里。随着近几年乡村道路的改善和畅通，小岗村的很多年轻人，自购了小轿车或摩托车，可以自由地往来于小溪河镇和小岗村。

"我们干部坐牢杀头也甘心，大家社员也保证把我们的小孩养活到 18 岁。"

对于已经解决温饱的老辈农民来讲，饥饿还深深地沉淀在他们的记忆中。

1977 年，小岗村遭受了特大灾荒。习惯于背着凤阳花鼓"跑荒"的小岗人几乎连外出的气力都没有了。

"我那时 30 多岁，那些年就没吃过饱饭，当上队长也没让村里人吃过饱饭。实在看不下去了，就找老头儿们讨论，怎么能吃上饱饭。"1978 年担任生产队长的严俊昌说。

确切地讲，小岗人并不享有"包产到户"的农业生产承包责任制的专利发明权。早在 20 世纪 50 年代末 60 年代初，"包产到户"的农业生产责任制就出现过，但它一经浮出水面即遭否定。但是，农民要求发展生产、要求吃饱肚子的生存之火却是任何人也熄灭不了的。血气方刚的严俊昌从老辈农民的脑子里挖出了这个办法。

小岗村里主要为严、关两姓，而严姓早于关姓定居于此。

1978 年秋，又到了“算盘响、换队长”的时候，梨园公社党委对小岗生产队的领导班子做了调整：任命严俊昌为生产队队长，严宏昌为副队长，严立学为会计。

此时有谁料到，一曲以中国农村改革为题材的《大包干歌》，首先从这 3 位农民口中唱起来。

严俊昌，1940 年 2 月 18 日出生。父亲严家齐生三男两女，严俊昌排行第三。他上面有两个姐姐、下面有两个弟弟。入高级社前后，曾在小学读了几年书，“大跃进”时中断学习，返乡务农。自 1962 年，首次担任小岗生产队副队长。在“文化大革命”中，今年当队长，明年当社员，多次变换“角色”。

严立学，1941 年 2 月 4 日出生。父亲严国昌生两男一女，严立学排行第二。1957 年到凤阳县临淮中学读书。在学校度过了那段最艰难的岁月。1960 年下半年转至嘉山县（今明光市）管店林场半工半读，后仍想重返原校读书，被临淮中学拒收而失学。1961 年春，严立学返乡不久，任小岗、大严、小严三个生产队的会计，1964 年任小岗生产队队长。在以后的 10 多年中，一直是小岗生产队领导班子成员。

严宏昌，1949 年 10 月出生。父亲严家太生四男三女，严宏昌排行老大。1956 年以后，严宏昌开始读书，因家境时好时坏，读书也断断续续，于 1969 年读高一时被迫辍学。1970 年，严宏昌刚开始参加队里劳动时仅被评为每天 7 分工，加上在队里人际关系紧张，收入少，便于 1971 年年底开始每天向生产队上交一定费用后外出打工。他先是在石门山火车站抬土方，劳动中认真学习、钻研技术，很快被提升为技术工人，并学会了绘图，然后自己当上了小包工头，先后在管店、临淮、蚌埠铁路工程上劳动。他还先后在凤阳矿管局、法院、硅厂等工地承接小工程。1978 年秋，正当他承接县城轧花厂工程时，被梨园公社干部召回,担任小岗生产队副队长之职。

1978 年秋收后,这个拥有 20 户、115 人的小岗生产队,在秋种时被公社分为两个作业组,实行“包干到组”。麦子刚种齐,两个组的内部就“捣”了起来。队长无法解决,便请示公社书记张明楼,要求把作业组划小一点。在农村工作几十年的张明楼,知道农民生活的困苦,更了解这个队“难缠”,就破例同意将小岗队分成 4 个组。谁知 4 个组刚分好没几天,各组内部又闹了起来。原因是:组越小,每个社员在记工、出勤上谁吃亏,谁占便宜,看得越清楚,每家每户之间的利益冲突更明显、更直接。过去队里是社员之间“捣”,现在小组内则是兄弟、妯娌之间“闹”,队干部整天忙于调解 4 个小组的矛盾。

10 多天后,3 名队干部觉得无颜再去找张书记,便瞒着公社,在严学昌家开会,偷偷地将全队分成 8 个作业组:

一组:严立付、严立华(兄弟俩)

二组:严国昌、严立坤、严立学(父子三家)

三组:严家芝、严金昌、关友江(关为严家的女婿)

四组:关友申、关友章、关友德(兄弟三家)

五组:严宏昌、严付昌(兄弟俩)

六组:严家其、严俊昌、严美昌(父子三家)

七组:韩国云、严学昌(邻居)

八组:关友坤、严国品(邻居)

上面 8 组多为“父子组”“兄弟组”。按照老百姓的话来说,是“被窝里划拳——未掺外手”。然而,自打高级社成立以来的 20 多年中,小岗人长期遭受贫穷饥饿,各顾自命,加上“文化大革命”中成天高喊“阶级斗争”口号,使得“根连枝结、唇齿相依”的邻里关系变得“势不两立”。所以,即使分成 8 个组的小岗,还是“捣”。

面对如此僵局和群众的要求,小岗生产队的 3 位领导为难了。因为他们连自己组的矛盾都无法解决。

副队长严宏昌年轻好胜，常年在外包工，世面见得多，消息来得快。他深知，如果还像这样按部就班地干下去，小岗生产队根本没有希望。如今政策比前几年“松动”了，应该多动动脑筋才是。

1978 年 11 月的一天晚上，严宏昌来到村中年岁最长的关庭珠家，请教他如何才能把生产搞好。关庭珠说：“1962 年搞的‘责任田’很管用，要想不吵不闹，只有分开一家一户地干。就怕政府不准干，你们当干部的也不敢干。”

严宏昌与他小哥严俊昌、会计严立学碰头，不料他俩也分别询问过其他老农，也是提出一家一户地干。三个人的意见不谋而合。严宏昌对严俊昌说：“俺小哥，你家人口多，这个头我来牵，我们再开个社员会，大家若是同意，就分到户。”于是，3 位队干部三言两语就拍板了。

1978 年 12 月 16 日晚上，这个中华人民共和国成立近 30 年来、全队 115 人中没有一人是中国共产党党员的小岗生产队召开了一次后来永载史册的会议。除严国昌、关友德出走外，其余 18 户全部集中在社员严立华家中。

首先，严宏昌开了口：“今天把大家找来开个会，主要请大家谈谈，各个组内部怎样才不吵不闹，怎样才能把生产搞好。”

老农严家芝首先发言：“我们队要想不吵闹，要想有碗饭吃，只有分开，一家一户地干。”

关庭珠接着说：“刚解放时，我们都是单干。那时候人们都和和气气，家家都有余粮。单干肯定能干好，只是政府不允许。”

此时会场沸腾一片，议论不断。

“只有单干，我们才不吵不闹。”

“单干了，如果我们再干不好，只能怪自己。”

“如果同意我们单干，我们保证不给你们队干部添半点麻烦。”

队长严俊昌表了态：“既然大家都想单干，我们当干部的也不装孬。”

严宏昌此时站了起来，说：“我讲几句，看样子我们队只有分到户干了。但是，我们必须订个协定：第一，我们分田到户，瞒上不瞒下，不许向任何外人讲，谁个讲出去,谁个不是人。第二,每逢夏秋两季交粮油时,该是国家的给国家,该是集体的给集体,到时不准任何人装孬种,更不能叫我们干部上门要。只要大家同意这两条意见,在字据上捺手印,我们干部就同意分开干。”

“同意,我们同意捺手印。”大家齐声说。

严家芝在一旁插话:“万一被上头发现了,队干部弄不好要蹲班房,家中老小怎么办?”

会场一片沉默。

严家齐打破了沉默:“万一走漏风声,队干部为此蹲班房,我们全体社员共同负责把他家的农活全包下来,还要把他的孩子养到 18 岁。”

又是一片赞同声。

紧接着,大家赌咒发誓,他们把这几条写在一张学生作业本的纸上,形成了一份类似生死状的“契约”。昏黄的灯光下,18 位农民代表全队 20 户人家(两户在外讨饭未归)神情严峻地在自己的名字上按下了鲜红手印。

“契约”上写道:“我们分田到户,每户户主签字盖章,如以后能干,每户保证完成每户的全年上交和公粮,不在(“在”应为“再”,笔者注)向国家伸手要钱、要粮。如不成,我们干部坐牢杀头也甘心,大家社员也保证把我们的小孩养活到 18 岁。”(这份“契约”现藏于中国革命博物馆)

这 18 人是:严宏昌、严俊昌、严立学、严国品、关友江、关友申、严家齐、严付昌、严学昌、韩国云、关友章、严家芝、关庭珠、严立坤、严立华、严立付、严美昌、严金昌。

会议一结束,他们连夜将牲畜、农具和耕地按人头包到了户,拉开了中国农村波澜壮阔的改革序幕。正是这次“秘密会议”,正是这 18 位贫苦农民的“赌咒发誓”,正是这“十八颗红手印”,谱写了永载凤阳历史、中国历史,并与《凤阳歌》齐名的又一首响彻中华大地的名曲——《大包干歌》:大包干,大包干,直来直去不拐弯;保证国家的,留足集体的,剩下都是自己的。

在自己秘密承包的土地上干活，最先发现的是邻队社员

小岗生产队社员能够坐到一起，讨论他们的前途和命运，并且最终还能达成一个协定。这一行动说明了两个事实：一是农民知道而且能够选择合适的方式来解决现实的问题；第二，农民所做出的选择，最能反映他们自己的实际情况，同样也可能最能满足自己的需要，是解决自己问题的最有效方法之一，既然他们还能协商和合作，说明生产队在生产方面的失败并不是农民自身的主观原因所致，而是因为生产队无法满足社员合作的条件，或缺少促进生产的因素。

小岗人曾经为自己算过一笔账，自从进入人民公社以后，10 年内，到 1968 年，粮食总产量仅仅是 1955 年产量的 12%，20 年内，也就是到 1978 年，粮食产量也仅仅为 1955 年的 20%。

世上没有不透风的墙。当小岗生产队社员捺了手印，分了地，开始在自己秘密承包的那份土地上干活时，最先发现的是邻队的社员。当时，全县实行包干到组责任制，以作业组为劳动生产单位。而唯独小岗生产队干活是一家一户，而且上工特别早，下工特别迟，干活特别出力，庄稼也种得特别好。比起前几年小岗人出了名的“懒惰”，这一巨变，说明小岗生产队已经偷偷地将地分到户了。这一消息很快传到了公社。

1979 年 2 月 14 日至 20 日，中共凤阳县委召开县委工作会议。大会在认真学习贯彻中共中央下达的中发〔1979〕4 号文件（文件内容包括十一届三中全会通过的《中共中央关于加快农业发展若干问题的决定（草案）》［简称《决定（草案）》］和《农村人民公社工作条例（试行草案）》）的同时，准备全面推广马湖公社的“联产计酬”生产责任制。然而在会议上，各区社书记大多数要求实行小岗生产队的“大包干”（即“包干到组”）。县委认为，“大包干”肯定效果好，也倾向搞，但这种生产责任制与中央 4 号文件中关于“人民公社要继续稳定地实行公社、生产大队和生产队三级所有，以生产队为基本核算单位的制度”相抵触，因此不敢擅自决定。巧的是，滁县地委书记王郁昭赴合肥参加省委召开的会议路

过凤阳,时任凤阳县委书记陈庭元向他汇报了凤阳县要求实行“大包干”的意见,王郁昭答应把这个意见带到省里向万里汇报。

省委书记万里说:“错了我负责任。 群众怕是怕政策不稳,过去自留地就变过几次嘛。”

1977 年 6 月 22 日,中共中央任命万里为中共安徽省委第一书记、省革委会主任、省军区第一政委,全面主持安徽工作。万里上任后,深入包括凤阳在内的安徽广大农村,就农村迫切需要解决的政策问题,倾听基层干部和社员群众的要求和意见,掌握第一手材料。经过 3 个月的调查研究,形成了安徽省委《关于当前农村经济政策几个问题的规定(试行草案)》(简称“省委六条”),并于 1977 年 11 月 20 日以省委文件的形式向全省广大农村干部群众进行了传达。

1978 年 1 月 19 日,省委第一书记万里来凤阳检查工作。此时“实践是检验真理的唯一标准”大讨论已经开展了两个多月,人们的思想已发生了较大变化,要求改革的呼声已经响起,在这种形势下,陈庭元把马湖公社实行的“联产计酬”责任制的情况向万里做了汇报。万里返回合肥后,于 6 月 23 日派省农委副主任等 3 人来凤阳帮助总结大包干到组生产责任制。他们在滁县地委、凤阳县委诸多同志的协助下,以凤阳县委的名义,撰写了一篇题为《农业经济管理的一项重大改革——关于在农村实行“大包干”办法的报告》,上报安徽省委和滁县地委。这篇报告略加删减,并改名为《农业经济管理的一项改革——凤阳县在农村实行“大包干”办法值得提倡》,在 8 月 8 日的《安徽日报》一版头条位置刊登。这篇文章的发表,标志着安徽省委对凤阳大包干的正式肯定并在全省推广。自此,凤阳大包干名声大振。

1978 年 10 月初,万里为参加党的十一届三中全会,准备了一份书面材料——《农业上需要解决研究的几个重大问题》①。在这份材料中,有关劳动计

① 中共安徽省委农村工作部.安徽省农业生产责任制(资料选编).内部材料,1983:1-11、114-146。

酬问题，便把马湖公社的“分组作业、以产计工”作为唯一成功的例子，上报给党中央。后来，十一届三中全会通过的《中共中央关于加快农业发展若干问题的决定（草案）》，吸收了万里上报材料的意见。《决定（草案）》中规定：“可以在生产队统一核算和分配的前提下，包工到作业组，联系产量计算报酬，实行超产奖励。”凤阳县马湖公社所实行的“联产计酬”生产责任制，终于得到了中央的同意。

1979年1月5日，万里再度来凤阳检查工作。当他听到实行“大包干”干部怕错、群众怕变时，他指出：“错了我负责任。群众怕是怕政策不稳，过去自留地就变过几次嘛。”

1979年2月6日，万里在安徽省委常委会上，主张在肥西县山南公社进行包产到户试点。万里指出，包产到户问题，过去批了十几年，许多干部被批怕了，因而使得一些人见了“包”字就害怕，一讲到包产到户，就心有余悸。可以说，谈“包”色变。但农民普遍希望包产到户，普遍要求包产到户。过去批判过的东西，有的可能是批对了，有的也可能本来是正确的东西，却被当作错误的东西来批判，必须在实践中加以检验。

万里视察小岗，是永载小岗史册的一件大事。万里不仅批准了小岗的包干到户，而且批准了小岗的经验可以学习。万里的讲话，很快传遍了梨园公社，传遍了板桥区，传遍了凤阳各地。每当区社干部制止和纠正包干到户时，社员们都说：“万里都批准我们可以学习小岗，你们为什么不同意？”群众运用万里的讲话，强有力地保护了包干到户的实行。

1981年9月5日，中国农村发展问题研究组撰写的《巨大的变化、深刻的启示——安徽省凤阳县小岗、雁塘生产队包干到户的典型调查》，从理论上探讨了包干到户生产责任制符合社会主义方向。

1986年5月，深圳电视台将当年小岗人捺手印的过程首次用电视片《征服饥饿的人们》，在全国部分省（区、市）电视台播放。

1991年6月12日，小岗村创办了一所小学，村里的适龄儿童就近入学。

1994 年 10 月 19 日，全国人大常委会副委员长费孝通视察小岗村，并题写了“凤阳县小岗村”村名。

1995 年 1 月 13 日，中央电视台在小岗拍摄专题片《中华之魂》《农民访谈录》以及大型专题片《邓小平》。

1997 年 2 月 21 日下午，小岗村当年大包干带头人及全村 100 多名村民不约而同地汇集到村委会，在邓小平遗像前，沉痛悼念邓小平同志。

长江村为小岗村修了一条路，小岗村给长江村送来 60 箱粉丝和 80 箱麻油

小岗村自迈出中国农村改革第一步，就迅速解决了温饱问题。大包干元年 1979 年，小岗村的粮食产量就达到 6.65 万公斤[①]，比 1978 年增长 4 倍；人均收入 400 元，比 1978 年增长近 20 倍；这一年，小岗人向国家交售粮食 3.25 万公斤，油料 1 万公斤，还贷 800 元。

但是，由于地域、自然条件等方面的原因，小岗村与发达地区的兄弟村比，差距在拉大。这些年来，虽然他们试图寻求和外界合作，但一直没有机会。

1997 年春，在安徽省滁州市委书记张春生的提议和江苏省张家港市委书记秦振华的安排下，经解放日报社牵线搭桥，凤阳县委和张家港市委进行了互访。不久，张家港市委正式决定，长江村和小岗村开展合作。

长江村在张家港市颇有名气，村党委书记郁全和带领村民在 1987 年靠 8 把瓦刀、9 条破船和 3 台缝纫机起家。仅 1997 年全村实现销售收入 5.1 亿元，利税 3 200 万元，人均收入超 8 000 元。

合作协议签署之前，郁全和与时任小岗村党支部书记严德友有过一次促膝谈心。

严德友时年 28 岁，是大包干时期小岗生产队队长、“十八颗手印”发起人之

---

① 1 公斤 = 1 千克，下同。

一严俊昌的儿子。既然小岗村和长江村“结亲”,严德友和盘道出了实情。

郁全和问:“农家孩子愿不愿念书? 学校在哪里?”

严德友答:“愿意,村里有一、二年级教室,三年级以上去外面念。”

郁全和问:“有无幼儿园?”

严德友答:“没有。”

郁全和问:“人均几亩地?”

严德友答:“5 亩,村里粮食多,但加工水平低,靠卖原粮。40 岁以下出去打工的不到 10 个人。”

……

这一问,郁全和心里有底了。

1997 年 11 月 21 日—23 日,张家港市长江村、凤阳县小岗村东西部经济合作发展研讨会在凤阳宾馆召开。万里同志委托《农民日报》原总编辑张广友参加会议,安徽省人大常委会原副主任、大包干时期的凤阳县委书记陈庭元也专程赶来了。会上,凤阳县、张家港市的有关领导和代表就长江村和小岗村首批合作项目进行了磋商和研究,双方达成了协议,其中有如下条款:

——长江村为小岗村提供首批农业发展资金 20 万元;长江村每年向小岗村按市场价购买 12 万斤优质粳米。

——长江村以电梯、自动扶梯、电气开关、服装等企业为依托,帮助小岗村办 1~2 个经济实体,企业性质属福利厂。

——小岗村选派村干部、优秀青年和办厂所需劳动力到长江村办的优秀企业进行免费技术培训。

1998 年正月初八那天,长江村出资建设的“友谊大道”破土动工。这条长 1 100米、宽 7 米、总投资 70 万元的道路,于 1998 年 3 月底竣工。长江村 30 人来到距张家港 600 千米的安徽省凤阳县小溪河镇小岗村参与修路。

“长江村和小岗村这‘亲家’算是结对了!”1998 年 3 月,长江村党委副书记卢振英在接受笔者采访时激动地说。

她介绍,1998 年 1 月 16 日,郁全和专程去小岗,为老人送上 54 套棉被。1998 年 1 月 20 日,小岗村来了 8 个人,给长江村送来 60 箱粉丝和 80 箱麻油。

1998 年 9 月 22 日下午,中共中央总书记江泽民,在温家宝、曾庆红、王克、回良玉等有关领导的陪同下,专程来到小岗村,与当年捺手印的大包干带头人座谈。江泽民总书记说:“我过去虽然没有来过小岗,但我一直很关注小岗,因为邓小平同志开创和领导的改革开放事业,首先是在农村开花结果的。而小岗村又是率先进行农村改革的。家庭承包经营这一政策要长期坚持下去,是不会改变的。”

2001 年 4 月 5 日,在葡萄种植示范园的带动下,小岗村近百户农民都种植了葡萄。21 年里,长江村无偿为小岗村修建了宽 7 米、长 1 100 米的高标准主干道“友谊大道”;无偿为小岗村建成占地面积 75 亩的小岗葡萄示范园;向 100 多户小岗村村民每户赠送一台 29 英寸彩色电视机;小岗村 30 多名青年来到长江村工作。

“虽然小岗村通过农村改革解决了农民吃饱饭的问题,但由于缺乏持续和大力度的改革创新,在一段时间里落后了。在这方面,长江村的发展值得我们学习。”小岗村党委第一书记李锦柱说,2017 年,小岗村村集体收入突破 800 多万元,村民人均年收入超过 1.8 万元,80%的村民集中居住,条件越来越好,基本公共服务逐步完善。

投资 350 万元的“大包干纪念馆”系小岗村的“标志”性建筑,还有郁郁葱葱的 40 多公顷葡萄园

2006 年 5 月,距离小岗村实行大包干 28 年,小岗村党委正式挂牌成立。小岗村党委会的成立,使小岗村的基层政权建设有了一个相对稳定的组织,党委会、村委会的成员都要正常办公,处理小岗村内部事务,并负责小岗村与外部的联系。

2007 年 5 月 28 日,在小岗村党委办公室,接受笔者专访的是小岗村党委副

书记史学亮,他是小溪河镇镇政府的公务员,属于派出人员,工资还在乡财政领。见面说明来意,史学亮笑呵呵地说:“欢迎佳宁教授来采访。”

“我们一直在探索致富的路子,尝试了开发蘑菇大棚种植,也进行了招商引资,还搞了土地流转,引进安徽科技学院的大学生创业,这几年做了不少事情。”史学亮开门见山。

据这位党委副书记介绍,2007 年,小岗村村民的年人均收入 6 000 元,在凤阳县算是中上水平。主要来源是葡萄园收入、农民出租土地和外出务工的收入以及蘑菇大棚的收入。

2006 年 5 月,安徽科技学院王中华等几名大学生来到小岗村,尝试种植大棚双孢菇,率先开始了大学生在小岗村的创业。刚开始村民们对蘑菇大棚种植并不看好,而且对这几个年轻人搞农业种植并不信任。但到第一季菇收下来,几个年轻人的双孢菇大棚平均收益就达近万元。这让村民们看到了希望,原本那些持怀疑和观望态度的村民,也纷纷要求加入。建起 9 个双孢菇生产大棚后,许多在校大学生也积极响应他们的行动,带动村民发展双孢菇 300 余棚共 10 多公顷。凤阳县委相继出台《关于鼓励大学生到小岗村创业的实施意见》等文件予以扶持。此外,从 2001 年起,小岗村开始推广葡萄种植,种植面积达 40 多公顷。

小岗村完成行政区划调整后的第一次村“两委”换届选举,产生了新的格局:在原来的基础上,将周边的严岗、石马两村纳入其中,三村合并成新“小岗”。合并之后,小岗村人口从 400 多人增加到近 4 000 人,土地也由 120 公顷增加到 580.87 公顷。与原来的小岗村相比,辖区面积更大,人口更多,推进新农村建设的任务更艰巨。新当选的“两委”中便有新并入两个村的村民。

值得驻足的是,2005 年 6 月 19 日开工、于 2006 年 6 月竣工的“大包干纪念馆”,已成为小岗村的“标志”。据介绍,该馆投资 350 万元,分别由省、市、县三级出资。纪念馆位于小岗村东部,白色的纪念馆在空旷的土地上显得有些“扎眼”,“大包干纪念馆”几个字是安徽省委原书记、全国人大常委会原委员长万里题写的。正对展馆门口的18个人雕塑——《十八颗红手印》是展馆内最引人注目的一角,馆内分“抉择”“追梦”“关爱”三个展区,分别介绍了大包干的背景、过程和结果,真实再现了当年“大包干”从酝酿到发生、发展的惊心动魄的历史变革过程。对于公众关心的18个人,凤阳县委、县政府决定给12位依然健在的“大包干”带头人和6位已故“大包干”带头人的遗属每月发放500元的生活补贴。

“大包干纪念馆”门票20元一张,不算便宜。

10年前,小岗村没有餐馆、招待所。来参观、调研的外地人只能返回凤阳县城吃和住。

从土地“三权分置”破题,小岗村实现人人分红,提升了农民的获得感和幸福感

2018年4月,笔者带领重庆智库、大运河智库联合调研组再度踏访小岗村。当年按红手印的18位农民如今只剩11人,两位当年参与按手印的严金昌和关友江依然精神矍铄。严金昌的农家乐“金昌食府”,一年四季生意不断……因为来小岗旅游的、参观的、学习的人比以前更多了。严老说:“2017年,俺的农家乐收入有12万多元,2018年可能会达到15万元。”如今,小岗村像严金昌家这样规模的农家乐就有10家。

凤阳县委办公室副主任、小岗村党委第一书记李锦柱非常热情。他介绍,在稳定所有权、承包权的基础上,放活经营权,小岗村土地“三权分置”改革深入推进。作为挂职干部,李锦柱如数家珍:小岗共流转土地8 885.6亩[①],占全村耕地面积的61.2%。与此同时,新型经营主体蓬勃发展,22户农民获得的由承包经营权抵押的贷款累计1 500万元。首先,围绕市场需求变化,小岗拓宽了农产品供给渠道。2017年,小岗与北京恩源科技共建的公共服务平台启动,与吉林

① 1亩≈666.67平方米,下同。

等12个省32家农合组织签订了合作协议。目前,小岗农户开通网店数量已达200多家,部分农户网店通过运营实现了5 000多元的增收。十几种小岗优质农产品通过村集体组织的平台找到了客户,当期交易额达到200多万元。小岗村集体收入壮大了,村民收入增加了。

其次,重庆智库、大运河智库联合调研组了解到,2012年,小岗成立了“村企一体”的小岗村创新发展有限公司,负责集体资产的经营管理,该公司通过承包工程、租赁、合作等多种方式,实现村集体资产保值增值。至2016年,小岗村集体资产股份合作社与小岗创发公司按比例搭建股权结构。合作社探索以品牌作为无形资产和经营性资产联合入股小岗创发公司,作价3 026万元,赋予权能,量化到村民。为此,小岗村集体资产股份合作社成立了监事会和理事会,认定村集体经济组织成员1 028户、4 288人,折算每股人民币10元,人均705股。同时,建立股东台账,以户为单元,给村民颁发了股权证。2017年,小岗村集体收入和村民人均可支配收入分别达到820万元和18 106元。小岗村集体资产股份合作社获得分红156.8万元,提取部分收益作为公益和发展公积金后,村民每人分红350元。李锦柱说,人人分红,标志着农村集体经济不断发展壮大,提升了农民的获得感和幸福感。

中央农办副主任、农业农村部副部长韩俊表示,小岗实现人人分红的生动实践再次证明,让农业成为有奔头的产业,让农民成为有吸引力的职业,让农村成为安居乐业的美丽家园,就必须坚定不移地坚持农村改革,坚定不移地为农村改革提供制度性保障。

源头背景

朱元璋与凤阳

凤阳古为淮夷之地,后为钟离之国。早在5 000年前,这里就有人类繁衍生息。唐虞之时,此地隶属扬州;战国时代,起初为越地,后为楚国所属。隋朝起,这里成为豪州,唐元和三年(808年)改豪州为濠州。后来各朝几乎都延续未变。直到明朝时，朱元璋才赐给这里“凤阳”之名，此名沿用至今。所以，今天人们在讨论凤阳县和小岗村时，都会情不自禁地联想起这里曾出了个农民起义的领袖、明朝开国皇帝朱元璋，而且也会把这里的人、这里的文化与那段重要历史联系起来。

凤阳是明朝开国皇帝朱元璋的家乡。1328 年 10 月 21 日，朱元璋就出生在这里的一个贫穷农民家里。小时候，他放过牛、种过田，当过和尚要过饭。后来为生计所迫，参加抗元起义，加入了濠州的红巾军，并扛起了红巾军大旗。经过长达 16 年的南征北战，终于登上皇帝的宝座，建立起统一的王朝——明朝。

朱元璋在建立明朝之后，出于乡土情结，在临濠府营建中都城，有在此定都之意。因中都城在凤凰山之南，故朱元璋在 1374 年将这里易名为“凤阳”，意思是凤凰山之阳面。据袁文新《凤阳新书》卷三记载：“国朝启运，肇建中都，营皇城宫阙……席凤凰山以为殿，势如凤凰，斯飞鸣而朝阳，故曰‘凤阳’。”

被誉为“龙兴之地”的凤阳，从明朝开始，由于得到皇权的保护和青睐，曾一度获准免纳各种赋税、徭役；又加上大兴中都城，这里曾出现昙花一现般的繁荣。

洪武四年（1371 年），朱元璋为了提高中都的地位，将临濠扩大为九州十八县。1373 年将临濠府改为中立府，次年 8 月，改中立府为凤阳府，并把临淮县的太平、清洛、广德、永丰四乡划出，设立了凤阳县。清代基本沿袭明代的建制，辛亥革命后，凤阳府取消，凤阳县直属安徽省。

源头链接

皖省五级建制

【安徽省】位于华东腹地，属于我国中部地区。总面积 13.96 万平方千米，约占全国总面积的 1.45%，居华东第 3 位，全国第 22 位。辖 16 个地级市、44 个市辖区、6 个县级市、55 个县。2017 年全省户籍人口 7 059.2 万人。全省进城务工人员总量 1 918.1 万人，其中外出进城务工人员 1 415.4 万人。

【滁州市】滁州地处长江下游北岸，长江三角洲西端，安徽省东部，苏皖交汇地区。距省会合肥市 120 千米，距江苏省会南京市 59 千米，距上海市 300 千米。辖 2 个区、4 个县、代管 2 个县级市，土地总面积 13 398 平方千米，常住人口 403 万人。

【凤阳县】地处安徽省东北部，淮河中游南岸，北邻蚌埠市，西与淮南市接壤，东距南京 150 千米，南到省会合肥市 130 千米。辖 1 个乡、14 个镇、1 个经济开发区、2 个省级工业园区，2017 年总面积 1 949.5 平方千米，总户数 215 996 户，常住人口 67.4 万人。“中国优质石英砂原料基地”“中国文化旅游大县”。

【小溪河镇】小溪河镇是凤阳县东部重镇，距县城 34 千米，面积 206 平方千米，辖 14 个行政村和 1 个街道居委会，人口 5.4 万人，小岗村位于该镇的西南部。全镇承包耕地面积 8.63 万亩，实有耕地 21 万亩，以水稻、小麦等粮食作物和花生、黑豆等经济作物为主。

【小岗村】位于安徽凤阳县东部，隶属小溪河镇，距京沪铁路 5 千米，距省道 307 线 7 千米。

源头延伸

回望大包干

1978 年，安徽省部分县遭遇大旱。凤阳县、肥西县、无为县等地出现了农民自发改变经营方式的现象，得到了省、地、县一批领导干部的支持，农业生产得到恢复和发展。

十一届三中全会在做出全党工作重点转移的同时，也制定了关于涉农的两个重要文件，即《中共中央关于加快农业发展若干问题的决定（草案）》和《农村人民公社工作条例（试行草案）》。文件强调放宽农村政策，建立农业生产责任制，允许“包工到作业组，联系产量计算报酬，实行超产奖励”。但文件仍规定“不许包产到户”，并将“包产到户”与“分田单干”等同起来。甚至到 1979 年 9 月，十一届四中全会正式通过的《中共中央关于加快农业发展若干问题的决定》

仍明文规定:“不许分田单干。除某些副业生产的特殊需要和边远山区、交通不便的单家独户外,也不要包产到户。”

包产到户等责任制形式对延续几十年的农村生产经营方式形成了强烈冲击,引起了全国范围的讨论与争论。在安徽一些“左”倾思想支配和干预下的地区,出现了“刹车”“纠偏”,甚至批斗推行责任制的干部群众现象。结果是生产和人民生活受到了很大影响,1980 年安徽省粮食减产 15.5 亿公斤。

在人们认识产生混乱之际,1980 年 5 月 31 日,邓小平同志对农村改革问题发表重要讲话,肯定了“包产到户”,他说:“凤阳花鼓中唱的那个凤阳县,绝大多数生产队搞了大包干,也是一年翻身,改变面貌。有的同志担心,这样搞会不会影响集体经济。我看这种担心是不必要的。”根据邓小平讲话精神,1980 年 9 月中共中央印发了《关于进一步加强和完善农业生产责任制的几个问题》的通知。

1981 年 10 月,全国农村工作会议在北京召开。中共中央于 1982 年 1 月 1 日批转了该次会议的《会议纪要》。《会议纪要》指出,目前实行的各种责任制,包括小段包干定额计酬,专业承包联产计酬,联产到劳,包产到户、到组,包干到户、到组等,都是社会主义集体经济的生产责任制。不论采取什么形式,只要群众不要求改变,就不要变动。至此,全国农村绝大部分地区都建立和稳定了家庭联产承包责任制,中国农村一次大规模的生产关系变动宣告基本结束。

从 1982 年到 1985 年,中共中央连续 4 年把指导农村经济改革的文件,作为当年第一个文件发出,在不断总结完善承包责任制的同时,又从政社分设、所有制形式、计划管理体制和农村商品流通体制等多方面进行了调整改革,以进一步纠正管理上的过分集中、生产上的瞎指挥、分配上的平均主义以及农村经济形式过分单一等缺点。在这些文件的指导下,农村经济改革逐步得到了深化。

联产承包责任制从根本上否定了人民公社的经营管理体制,打破了农业生产经营和分配上的“大锅饭”,使农民真正有了生产经营上的自主权,调动了他们的劳动积极性和创造性;它把国家、集体、个人利益有效地统一和协调起来,责、权、利结合,创造了一项适应农村生产力发展水平的发扬经济民主的形式;

它否定了传统的集体劳动的形式，给农民以人身自由，为他们进一步发挥各方面的才能创造了条件。这个变动从根本上解决了绝大部分农民的温饱问题。

十一届三中全会公报指出：只有大力恢复和加快发展农业生产，坚决地、完整地执行农林牧副渔并举和“以粮为纲，全面发展，因地制宜，适当集中”的方针，逐步实现农业现代化，才能保证整个国民经济的迅速发展，才能不断提高全国人民的生活水平。

十九大报告提出乡村振兴战略，以此统筹城乡发展，推进社会主义新农村建设。解决好农业、农村、农民问题，事关全面建成小康社会大局，必须始终作为全党工作的重中之重。

文骐看源头

乡村振兴：农民希望得到白纸黑字上规定的好处

“农业丰则基础强，农民富则国家盛，农村稳则社会安。”对于世代生于斯长于斯的中国农民而言，建设新农村描绘了传统生产生活方式和人居环境彻底改变约愿景。

中国的农业文明始于“以农立国”的传统，其言论屡见史籍。《论语》曾云：“禹稷躬稼，而有天下。”《管子》指出：“仓廪实而知礼节，衣食足而知荣辱。”事实上，中国两千年来的发展进程无不揭示重农思想和农政演变。1982—1986年，中央连续发了5个“一号文件”，其主题分别是：正式承认包产到户合法性，农业生产超常规发展；放活农村工商业；疏通流通渠道，以竞争促发展；调整产业结构，取消统购统销；增加农业投入，调整工农城乡关系。在进入新世纪以后的2004—2018年，中央又连续发了15个“一号文件”，其主题依次是促进农民增收、提高农业综合生产能力、推进社会主义新农村建设、发展现代农业和加强农业基础建设进一步促进农业发展农民增收，及至乡村振兴。15个“一号文件”涉及的一系列惠农支农政策皆凸显高层强烈的民生观和发展观。因而，准确把握15个“一号文件”的脉络，是升华乡村振兴战略思维的要旨。

在大局思维的率先选项下进而考量核心问题，当代最资深的农村问题专家杜润生先生一直认为“中国最大的问题是农民问题，农民最大的问题是土地问题”。而土地问题折射的是农民权益问题。它让地方官员迄今清晰可见，协调市场机制与行政机制的关系是通过农村土地流转实现资源优化配置的关键。

18位村民的敢作敢为启迪我们，在农民应享有的权利与应得的利益中，土地问题实乃肯綮。几千年历史的积淀，使“土地就是命根子”成为农民根深蒂固的观念。而小岗村农民自发的包产到户，使农村土地承包经营为党中央所肯定，进而推广到全国农村。正是在土地承包制的基础上，中国农村经济才得以渐进发展并壮大。小岗村的“石破天惊”告诉我们，乡村振兴的大局思维应落实在操作方式上，具体指向必须建立在农民自主权的基础之上，有一整套体现程序公正的制度设计，具体做法应当是自下而上的，有不同利益群体表达和参与的机制，充分听取农民意见、经由农民讨论，最后由农村基层组织批准。这本身也是一个培养新型农民的过程。

中国改革开放40年来，农民为经济社会发展做出了巨大贡献。大批农村人口为城市化建设、城市服务业和出口贸易加工业，提供了廉价的劳务。各地快速增长的GDP和出口贸易盈余，有相当一部分源于农民的辛勤和汗水。因此，基于城乡地区经济发展、居民收入和社会保障等领域的差距拉大及快速的工业化进程使农村与城市之间的利益摩擦时而凸显等事实，不外乎制定乡村振兴目标的背景。

2

中国第一个经济特区
——深圳

特区重担深圳首个扛
艰辛转型鹏城自奋蹄

2018 年 4 月 13 日，习近平总书记在庆祝海南建省办经济特区 30 周年大会上的讲话赋予了经济特区新的战略定位：经济特区要成为改革开放的重要窗口；经济特区要成为改革开放的试验平台；经济特区要成为改革开放的开拓者；经济特区要成为改革开放的实干家。2018 年 7 月 17 日，重庆智库、大运河智库联合调研组抵达深圳时，正值深圳市委六届十次全会召开，全会提出，要使深圳经济特区继续成为改革开放的重要窗口、改革开放的试验平台、改革开放的开拓者、改革开放的实干家。

小平拍板深圳叫特区

1979 年 3 月 5 日，经国务院批准，宝安县改为深圳市。当时的广东省委决定，按地区一级配备干部，调广东省计委副主任张勋甫任市委书记。

1980 年 9 月 26 日，根据中国政府与联合国开发计划署的协议，由国家进出口委员会和全国人大法制委员会、财政部税务总局、外贸部国际贸易研究所以及深圳和厦门两市组成的经济特区考察组，在时任国家进出口委员会副主任兼秘书长江泽民的带队下，开始了一次由联合国资助的考察。整个代表团由 10 名中国人和 1 名德国人向导组成，成员包括时任深圳市委副书记秦文俊、黄施民。从 9 月 26 日到 11 月 1 日，考察团取道香港考察了东南亚、北美和欧洲的 6 个国家 10 多个城市。在新加坡、爱尔兰等国，详细了解出口加工区、自由贸易区以及边境工业区的各种做法和规章制度。回来之后，大家又在一起讨论分析了各国开发区和加工区的得失利弊。

据当时随团考察的厦门市委书记陆自奋后来回忆，江泽民对中国与世界发达地区之间的差距感到震惊，当时他把新加坡的巨龙工业园区和爱尔兰的香农自由贸易区以及中国香港的发展模式，作为中国内地学习的榜样，并有了如何组建特区的构想，在这种构想中，自由贸易区被列为深圳特区可能的发展模式。

《江泽民传》中谈到1980年出国考察时，中央再三交代负责带队的江泽民，学习这些地区如何利用外资、物资和技术，而不是意识形态。考察回来后，考察组经过反复讨论，写出了一份《出口加工区考察报告》上报中央，其中包括允许地方政府授权减免税收、转让土地和保留外汇等。另外，报告建议允许外资企业按其自身意愿雇用和解聘工人。

在考察团走出国门之前，关于在深圳、汕头等地划出来的这块地叫什么名字，官方迟迟未有定论。吴南生（时任广东省委书记）接受媒体采访时曾经回忆："叫自由贸易区，就好像把资本主义摆在了脸上，叫工业贸易区吧，又实在不像。"当时好几个名字摆弄来摆弄去的，一直也没有拿定主意。而自由贸易区被否决的根本原因，就在于"保持社会主义性质"是原则大事，绝不能"越雷池一步"。在这种情况下，特区的名字也关系到特区的定性，马虎不得。

难题上报到了广东省委，随后又汇报到邓小平那里。1979年4月，中央工作会议召开期间，各个小组会议发言后，谷牧向邓小平汇报说，深圳、珠海、汕头等实行特殊政策的地区该叫什么名称才好？"贸易合作区""出口工业区""自由贸易区"等，都觉得不合适，定不下来。邓小平当时给了一句话，"就叫特区嘛！陕甘宁就是特区"。

吴南生说，这句话很重要，有了这句话就好办了。

最初的组织架构

1980年8月26日，五届全国人大常委会十五次会议上，经国务院提出，全国人大常委会通过，在深圳等市设置经济特区，由广东省委书记吴南生兼任深圳市委第一书记。1981年3月，调广东省委常委、副省长梁湘任市委第一书记，吴南生同志不再兼任深圳市的工作。

中共中央1981年27号文件提到要加强特区领导班子的配备。根据中央的精神,1981年8月1日,广东省委集体办公会议研究了这一问题。时任广东省委书记任仲夷提出,深圳市要按照广州市同一级来配备干部。当时,还没有副省级这个说法,在行政编制中有省辖大市这一级。如广州、武汉、成都、沈阳等这类大城市,其主要干部实际上是按副省级配备的。根据上述精神,中央组织部和广东省委组织部组成联合工作组,到深圳调查研究调整深圳领导班子的问题。

1981年10月15日下午,在深圳市委大楼六楼礼堂,召开深圳市公社以上干部大会。由时任省委书记王德宣布任职决定,并做重要讲话:

一、关于深圳市的规格待遇,广东省委决定将深圳市的待遇提高到同广州市一样。

二、深圳领导班子要“四化”(革命化、年轻化、知识化、专业化)。这次会议上,王德宣布了深圳新的领导班子成员,他们是:

梁湘——任中共深圳市委书记,深圳市人民政府市长;

周鼎——任中共深圳市委副书记,深圳市人民政府党组书记、副市长;

周溪舞——任中共深圳市委常委,深圳市人民政府党组副书记、副市长;

同时被任命的还有方苞、刘波、林江和罗昌仁四名分管不同工作的市委常委。

三、对深圳市委、市政府以及在深圳工作的同志提出希望。

四、要加强团结,加强民主集中制,努力把工作搞好。要求特区工作者,必须严格要求自己。

蛇口工业区承载一段历史

1979年7月20日,全国人大常委会通过在深圳等市设置经济特区之前,蛇口工业区已经开始正式运作。香港招商局的第29代掌门人袁庚,受命于危难之际。1978年,61岁的袁庚出任香港招商局第29代掌门人。这个由李鸿章一手创办的招商局，经过无数磨难，只剩下一个小小的码头和几间破旧的房子，资产不到 1.3 亿元。

袁庚上任不久，即起草了一份《关于充分利用香港招商局问题的请示》（简称《请示》），并上报中共中央和国务院。《请示》中认为香港招商局应“冲破束缚，放手大干”，经营方针应是“立足港澳，背靠国内，面向海外，多种经营，买卖结合，工商结合”，并希望“确定其就地独立处理问题的机动权”。1978 年 10 月 12 日，请示上报 3 天后，获中央批准，有人认为这是香港招商局重获新生的转折点。

据《袁庚之谜》的作者陈禹山回忆，袁庚在考察国际航运市场之后，认为要重振招商局雄风只有两条道可走，一是扩大船舶的修造业务，二是增加中流作业的能量。前者需要增设浮船坞，后者需增加驳船仓库、兴建集装箱码头，说白了两者都需要土地作为承载。袁庚虽有心重振招商局，奈何香港寸土寸金。招商局如何发展？袁庚将目光投向了与香港一海之隔的宝安县蛇口。

经充分准备，1979 年 1 月 31 日上午 10 时，袁庚带着蛇口蓝图飞抵北京汇报，同时奉上地图，当时他已向中央许诺，不要国家一分钱。他最后只要了 2.14 平方千米的土地，开发用地约 20 公顷。袁庚在这个“试管”开始了一系列的试验，包括新的干部体制、新的用人制度、新的工资政策、新的民主管理、新的住房制度……

“时间就是金钱，效率就是生命”，这是改革开放以来最响亮的口号，被誉为“冲破思想禁锢的第一声春雷”。那个 1982 年立在蛇口工业区马路边的标语牌，现在已被送进中国革命博物馆。

1979 年的 12 月，蛇口工业区引来了外资，却一直通不了电话，外商只好派人去广州打长途。为此，蛇口工业区向广东省申请工业区自办通信，省里很快批复。

从 1978 年 10 月缔造“蛇口试管”开始，到 1992 年袁庚隐退，香港招商局的资产从 1.3 亿元增长到 200 余亿元，蛇口也从最初的荒滩野岭变成了繁荣的海港城区。如今“蛇口试管”已功成身退，但它走出了中国改革开放的第一步，曾经创造多项国内“第一”：第一个在全国搞工程招标；第一个搞职工聘任制；第一个搞住宅商品化改革；还成立了全国第一家股份制保险机构（平安保险公司）；创办了第一家由企业创办的银行（招商银行）；建立了国内第一家中外合资兴建的大型深水港（赤湾港）。

胡耀邦视察　提议搞股票

1983 年 2 月，胡耀邦莅临深圳视察特区建设，鼓励深圳集资办企业。在先后视察蛇口工业区和罗湖、宝安等地，并了解到特区建设普遍面临资金难题后，时任中共中央总书记的胡耀邦提议可以尝试发行股票。胡耀邦说，当年陕甘宁边区困难的时候也是这样，就用一个办法，发一个凭证，也就是救国公债券，用来募集资金。当时陪同视察的招商局集团负责人袁庚多年后回忆起来，仍然称赞胡耀邦的大胆提议。

谁也没有想到的是，中华人民共和国的第一只股票是在特区之外的宝安县诞生的。其实，宝安县联合投资公司发行第一只股票是被现实逼出来的。特区建立时，宝安县迁至二线之外，要重建一个县城，还要发展各项事业。但当时宝安县财政年收入仅 1 000 万元，搞基建、办工业都力不从心。时任县长李广镇非常着急，而胡耀邦的提议让他看到了一丝曙光。发行股票当时在香港已深入人心，不过在一河之隔的深圳，确实是几十年不敢提、不敢说的事情。

李广镇提出搞一个联合投资公司，向全社会招股，集资办大事。于是，第一家经地方政府批准向社会招股集资的公司——宝安县联合投资公司应运而生，它就是在深交所上市的中国宝安集团股份有限公司（深宝安，2008 年 5 月再次更名为中国宝安）的前身。不过在创办时它只有县财政拨出的 200 万资金。

1983 年 7 月，经宝安县政府批准，宝安县联合投资公司实行“入股自愿、退股自由，保本、付息、分红”的方式向社会招股集资，首次共集资 130 多万元。中华人民共和国的第一只股票“深宝安”诞生。1983 年 7 月 8 日，由深圳市宝安县联合投资公司向社会公开发行的股票正式面世。同年7月25日,宝安县联合投资公司在《深圳特区报》上刊登招股启事:"欢迎省内外国营集体单位、农村社队和个人(包括华侨、港澳同胞)投资入股,每股人民币10元。实行入股自愿,退股自由,保本付息,盈利分红。"

当时的宝安县联合投资公司的公司章程规定:私人股份可以继承和转让。股东所得股金红利属合法收入,受法律保护。这些规则与正规的股市无异。为了打消股民的顾虑,章程中还有"可以退股、保本付息"的条款。但这一条因不符合股市规则,后来被取消了。

深圳第一槌　脱胎于香港

1985年,时任国务院副秘书长的李灏"空降"深圳。"当时深圳内外交困",他回忆说,由于中央并未给深圳多少资金支持,许多企业搞短平快项目,进口一些商品卖给内地,致使舆论认为深圳的发展是赚内地的钱,靠"输血"来维持。特区的建设到处都需要钱,但政府却囊中羞涩。1985年,由于搞"七通一平"(土地前期开发)的费用很大,市政府向银行举债6.5亿元,每年要还利息5 000万元左右。而土地使用费收入最高的年份1985年,大概也只有1 200万元,还利息都不够。当年,有香港人士来深圳考察时一语道破了天机:"你们是在抱着金饭碗要饭吃啊!深圳大把黄土,遍地都是金子。"这句话似乎给出了一个特殊的方法。

1986年11月17日,一个由主管副市长带队,以深圳市委政策研究室和市政府基建办共同组织的深圳市房地产改革赴港考察团开始了赴港考察。1986年12月28日,一份名为《深圳市房地产改革赴港考察报告》的调研报告交到了市领导的手中。在考察报告的基础上,1987年7月,一份《深圳经济特区土地管理体制改革方案》又提交给了市委、市政府。该改革方案提出了如下基本设想:"所有用地实行有偿使用,协议、招标、公开竞投。各搞一个试点,先易后难。第一年准备,第二年试行,第三年总结提高……其中,公开竞投与招标是有偿使用土地的更有效形式，有利于尽早收回土地开发成本，增加政府的财政收入；有利于政府控制投资环境。通过竞争，价高者得或择优而取，有利于发挥土地的最大效益。竞投或招标是国外与中国香港地区的习惯做法。投资者乐于接受，有利于增强客商投资信心。”

“考虑到拍卖、招标可能会引起一些人的反感，所以我们把‘拍卖’改成了‘公开竞投’。”一位当事人事后回忆到。

1987 年深圳特区的初期建设进行得如火如荼，罗湖、上步一带的开发区已经基本建成。这时，《中华人民共和国土地管理法》正式颁布实施刚刚一年。

1987 年 12 月 1 日下午 4 时，在深圳会堂，轰动全国的第一宗土地拍卖正式开始。拍卖的宗地编号为 H409-4，位于罗湖布心路深圳水库附近，用地面积近 8 588 平方米，性质为住宅用地，使用期 50 年。在拍卖前 3 天，共有 44 家企业领取了正式号牌参与竞投，其中外资企业 9 家。

地块的拍卖底价为 200 万元，竞价幅度为 5 万元，在拍卖师叫价后，场上竞投激烈，每当拍卖师喊出一口价时，总有几十个竞争者举牌应价。在价格攀升到 400 万元时，场上只剩下深圳经济特区房地产公司、深圳市工商银行房地产公司、深华程开发公司 3 家。当叫价升到 520 万元时，深圳经济特区房地产公司经理骆锦星站起身来高高地举起了手中的 11 号牌，最高价——525 万元！

这一槌理所当然地引起了深圳河对岸的香港的关注。翌日，香港《大公报》报道称：“深圳土地第一拍，突破了新中国实行了 38 年的旧土地管理制度。”很多媒体还将此事誉为“第一次土地革命”。

“四个难以为继”袭扰深圳

2006 年 8 月 21 日，这是一个离深圳经济特区诞生 26 周年纪念日只差 5 天的日子。一向被认为是观察当今中国的权威报纸，中共中央的机关报《人民日报》在第 1 版上，发表了一则该报驻深圳首席记者胡谋采写的新闻：《“深圳速度”放慢的背后》。这篇报道第一次以权威的声音，向外界透露了一个具有“颠覆性”的新闻：据深圳市统计局公布的信息，2006 年上半年中国第一个经济特区深圳的经济增速只有 13.5%。既低于同期广东省 14.4%的平均速度，又低于深圳经济特区过去 25 年年均 28%的增长速度。13.5%，这个速度，甚至低于 2003 年上半年“非典”疫情暴发期间的 15%～16%的波动速度。

长期以来，深圳早已成了人们心目中的标杆，是中国经济发展奇迹的代表。“三天一层楼”“时间就是金钱，效率就是生命”“速度”已成为“深圳”的代名词。过去的深圳“速度”和现在的深圳“速度”，今天看来依然值得国人关注，令国人惊讶。

作为人均 GDP 比国内其他城市平均水平高 7 倍的特区城市，深圳在发展的道路上，最先碰到了缺乏足够的能源、资源、环境条件支撑的困局。同时，也正在承受这一发展困局所带来的阵痛。

首先，深圳不少企业的劳动力绝大多数是外来的，总人数在 900 万人左右，也就是说，除去具有深圳户籍的人，其余全部是外来的。最低工资不断上涨，持续挤压企业利润。而且在包括劳动力等要素可以相对自由流动的前提下，一个地区不可能永远依赖低劳动力成本来维持竞争力。

其次，资源价格持续上涨，深圳作为最下游用户集中的地方，对商品市场价格几乎没有影响能力，只能被动接受。有色金属、化工原料、棉纺毛纺半成品、燃料和油气等价格上涨，都在挤压企业的利润。

再次，深圳连淡水都要靠埠外的河流供给，本地河流径流量非常小，河流短、水流量低而难以支撑深圳作为千万级别人口城市的生活和生产需要。

最后，产品制造出来后进入市场时，面临非常激烈的竞争，其中主要是价格竞争。而作为全国企业成本最高的地区之一，深圳是无法长期靠低廉的价格优势来参与国内市场和国际市场竞争的。

因为深圳企业的高度外向性，深圳外贸依存度超过 140%，超过全国平均水平 1 倍以上，超过发达国家 6～8 倍（一般都在 20%以下）。而如此高度的对外贸易依存度，让经济发展面临很高的国际市场波动风险。同时，这种以加工贸易为主的工业，其特点是原料供应和市场销售为“两头在外、大进大出”的外源型经济，根据专家的看法，对深圳本地经济带动作用有限，特别是对经济增长后劲提升所需的资金、技术、人才积累等方面贡献不大。

因此，如此粗放型大量耗用资源的生产方式，在没有任何重要自然资源的深圳，是难以长期维持的。已经运行 1/4 个世纪的经济模式，在深圳走到了需要调整的地步。深圳需要从注重量和外延的增长，转向侧重质和内涵的增长。

而上述，正是 2006 年时任深圳市委书记的李鸿忠对深圳经济社会发展中存在“四个难以为继”准确判断的大背景。李鸿忠提到的所谓“四个难以为继”，具体说来，就是土地有限，难以为继；资源短缺，难以为继；人口不堪重负，难以为继；环境承载力严重透支，难以为继。

土地方面，深圳土地面积相对较小，总面积为 1 953 平方千米，可建设用地只有 760 平方千米，且绝大部分集中于二线关外。如果以每年 10 平方千米的速度开发，20 年后，深圳将无地可用。

水资源方面，深圳市是全国七大严重缺水城市之一。人均水资源占有量仅为广东省的 1/6，全国的 1/5。随着近年人口持续增长，以水资源为主的环境承载压力不断增大。但自 2004 年起，深圳市用水每年以约 7 000 万立方米的速度增长。

人口方面，深圳市实际管理的人口已超过 1 200 万，其中 1 026 万为暂住人口，本地户籍人口在 200 万左右。伴随大量外来人口集聚在深圳，所衍生的是一系列环境和社会管理承载力严重透支的问题。

空气和水体污染方面，因为工业发展和排污处理欠缺，2004 年，深圳市的多条河流污染较重；同时，因为汽车尾气增加等原因，阴霾天气超过 1/3。而且，这个问题还影响了一河之隔的香港。

深圳经济社会发展中遭遇的“四个难以为继”，其实也是全国经济发展遭遇增长极限制约的一个先期反映。但是历史的辩证法同时也决定，当“四个难以为继"成了制约深圳发展的四大瓶颈时,也成为深圳转向注重效率的可持续发展的契机。

现代化延期与发展模式转型

"速度"与"效益",两者本质上虽不是一组对立关系,但时常表现出一种深刻的矛盾性。这给通过探索解决矛盾,提出了全新的课题。

2004 年 2 月 28 日,在深圳市三届人大六次会议上,李鸿忠正式当选为深圳市市长。

2005 年 5 月 19 日,在深圳市委四届一次会议上,李鸿忠正式当选为深圳市委书记。此刻,作为新一届班子,他们的时机是面对"四个难以为继","速度"与"效益"矛盾的十字路口。他们的使命是贯彻科学发展观,服务于广东及全国的发展战略,果断选择并坚决推进发展模式转型。

切入点是什么,动力何在?

其实,比出现"四个难以为继"还要早,暴露出深圳发展瓶颈的一件事是深圳现代化指标体系及相关指标调整。

还是在跨世纪的年代,深圳提出了率先实现现代化,作为追求与激励自己发展的目标。为此,深圳曾在专家论证的基础上,制订过一个时间表,同时提出了"率先"实现的指标体系。按该指标,2005 年就是深圳原计划"基本实现现代化"的年头。但是随着全国都发展的背景与"四个难以为继"发展矛盾的渐渐凸显,深圳意识到,必须进入一轮调整。于是,深圳在距实现现代化原定时间表还剩一年的时候,公布了推迟实现原定"率先"现代化的时间表的消息。

2004 年 2 月 18 日,深圳市三届人大常委会三十次会议审议并通过了深圳市"十五"规划有关基本实现现代化指标体系及相关指标的调整方案,并将深圳基本实现社会主义现代化的时间,由 2005 年推迟至 2010 年。

深圳推迟实现现代化时间表的主要原因是 23 项指标存在差距,一时难以完成。其中主要为:一是人均 GDP。经济指标中按人均 GDP 国际化城市的指标值是 20 000 美元以上，深圳 2002 年的指标值是 5 561 美元。二是第三产业占 GDP 的比重。根据国际化城市的指标值规定，第三产业占 GDP 的比重是 70%以上，但 2002 年深圳第三产业的比重是 44%。三是金融指标。国际化城市的金融保险业增加值占 GDP 的比重在 25%以上，但深圳只占 11%左右。其他有差距的指标还包括外资金融机构的数目、研发费用占 GDP 的比重、高等教育毛入学率、恩格尔系数等。

在新调整的指标体系中，指标数由 42 项减少为 38 项："经济发展"为 9 项，"社会发展"为 10 项，"城市功能"为 10 项，"可持续发展"为 9 项。其中将原"社会进步"与"生活水平"两大类合并为"社会发展"；增加"城市功能"类评价指标；经济发展类，增加金融保险业增加值占第三产业增加值比重指标；删除科技进步贡献率、社会劳动生产率、高新技术产业增加值占国内生产总值比重 3 项指标；删除基尼系数、城市人口占总人口比重、城镇居民千户拥有电脑数、广播电视覆盖率、百人电话用户数、人均公共体育场馆面积、人均年生活用电量、万人刑事案件立案数、万人拥有机动车数 9 项指标；增加登记失业率指标。

2005 年 9 月 13 日，温家宝总理在深圳考察并召开经济特区工作座谈会并发表讲话指出：深圳经济特区在发展中培育出敢想敢干、敢闯敢试、敢为人先的创新精神，催生出"时间就是金钱、效率就是生命""追求卓越、崇尚成功"等一系列新理念，创造出许多改革开放新鲜经验，极大地鼓舞和激励了全国人民，有力地推动了全国改革开放和现代化事业，为从理论上和实践上深化中国特色社会主义的认识起到了重要作用。这种思想上、精神上的巨大作用是不可估量的。

2008 年 4 月，中共深圳市委、市政府印发《关于进一步解放思想学习追赶世界先进城市的决定》(以下简称《决定》)，旗帜鲜明地提出一个目标，"学习追赶世界先进城市，建设国际化城市"。

这一令人瞩目的变化开始于 2007 年 12 月底。当月 25 日，广东省委召开十届二次全会，主政广东伊始的省委书记汪洋表达了对深圳的期待，"深圳作为全中国的窗口和形象,现在就是要和全世界比,与国内城市比没出息”。一直倡导“世界眼光”的刘玉浦,2008 年 1 月 2 日就任深圳市委书记,他明确表态:要敢于挑战世界一流水平,与世界名城媲美,把深圳建设成具有中国特色、中国风格、中国气派的国际化城市。

此外,《决定》还制定了一个学习追赶“线路图”:近期目标,力争用 10 年左右时间,在高新技术、现代金融、国际贸易、国际航运、文化创意等优势领域,取得向新加坡等亚太地区先进城市看齐的历史性突破。中长期目标则确定为,携手香港,致力于深港大都会建设,力争在 21 世纪 30 年代,使深港大都会与纽约、伦敦、东京并驾齐驱。

曾先后在新华社安徽分社、上海分社、北京分社、中宣部和广电总局担任领导职务的时任河南省委书记徐光春认为,特区精神的内涵是敢为人先、敢于突破、敢于创新和敢于进取。

2008 年 3 月 7 日,温家宝总理在全国“两会”上说:“深圳特区还要办下去,这个特区办下去不是主要在于给予多少政策,而在于深圳特区是全国的一面旗帜,我认为深圳的担子重,因为全国人民乃至国际都在关注你们。”

2008 年 6 月 7 日,中共深圳市委四届十次全体会议一致表决通过了《深圳市委、市政府关于坚持改革开放推动科学发展努力建设中国特色社会主义示范市的若干意见》。其中,局级干部差额票选、区级人大代表直接竞选和区级党代表大会常任制等策略“个性”鲜明,因为扩大党内民主,实现民主化、公开化、透明化必将是未来一段时间的深圳改革路线图。

2018 年 1 月 17 日,《深圳市政府工作报告》指出,深圳的基本公共服务无论是质还是量都有很多短板。学前教育总体水平偏低、监管不到位,中小学优质学位紧、班额大;医疗资源总体不足,医生缺、床位紧,基层医疗服务能力不强,千人床位数仅为 3.6 张,低于全国 5.1 张的平均水平,三甲医院只有 16 家,远低于北上广等城市。

重庆智库、大运河智库联合调研组认为,深圳把优先发展教育放在非常突出的位置，不是一句空话，政府将在用地、资金、资源、人才、激励政策等方面优先保障。重庆智库、大运河智库联合调研组发现，2018 年深圳全市财政预算支出中将安排教育支出 634 亿元，占全市财政支出的 16%左右，比 2017 年增加 25%。

未来深圳发展的“七大突破”

“我们来瞻仰邓小平铜像，就表明我们将坚定不移推进改革开放，奋力推进改革开放和现代化建设取得新进展、实现新突破、迈上新台阶。”2012 年 12 月，习近平总书记在深圳的庄严宣示，铿锵在耳。

深圳市委六届十次全会提出未来深圳发展的“七大突破”，前三个是：在新时代改革开放上率先突破、做得更好，当好展示我国改革开放成就的重要窗口、国际社会观察我国改革开放的重要窗口；在发挥高新技术产业示范带动作用上率先突破得更好，打造可持续发展的全球创新之都；在构建推动经济高质量发展的体制机制上率先突破、做得更好，打造高质量发展示范区。

“在建设现代化经济体系上率先突破、做得更好，形成具有世界级竞争力的现代产业体系。在形成全面开放新格局上率先突破、做得更好，建设服务全国、面向世界的全球城市；在营造共建共治共享社会治理格局上率先突破、做得更好，建设最安全稳定、最公平公正、法治环境最好的城市之一；在提升党的建设质量上率先突破、做得更好，努力打造向世界全面彰显中国共产党先进性、纯洁性精彩样板”则是“七大突破”的后四个突破。

“改革开放 40 年，中国最引人瞩目的实践是经济特区。全世界超过 4 000 个经济特区，头号成功典范莫过于深圳。”英国《经济学人》这样评价。特区建立前，深圳农民一天收入不过 1 元，人均 GDP 只有 606 元。2018 年，深圳人均 GDP 突破 18 万元，在内地各大中城市里居第一位，是全国平均水平的 3 倍多；进出口总额高达 2.8 万亿元，占全国 1/10 左右；出口额连续 25 年居内地城市第一。深圳全社会研发投入占 GDP 比重为 4.13%，接近全球最高的韩国、以色列水平;PCT国际专利占全国的43.1%,连续14年居全国城市第一位;2017年高新技术产业增加值占GDP比重高达32.8%。“全国经济中心城市”“科技创新中心”“区域金融中心”“商贸物流中心”等称谓接续加冕,皆为深圳发展的有力注脚。

“向前走,莫回头!”6个黑色大字在深圳蛇口改革开放博物馆的墙上,分外夺目。《深圳市2018年政府工作报告》指出,当前深圳整体处于“高位过坎、稳中求进”的阶段。重庆智库、大运河智库联合调研组认为:“木桶原理”的真谛在于既善于补齐短板,又注重加固底板,坚持底线思维,从最坏处着眼,做最充分的准备,朝好的方向努力,争取最好的结果。如是,可为深圳方略。

源头背景

前所未有的重视

1980年5月,《国务院关于〈广东、福建两省会议纪要〉的批示》(中发〔1980〕41号)文件指出:积极稳妥搞好特区建设,将“出口特区”改为“经济特区”。特区政策可以再放宽些。

1980年8月26日,第五届全国人民代表大会常务委员会第十五次会议决定:批准国务院提出的《广东省经济特区条例》。

1987年10月25日,中国共产党第十三次全国代表大会报告《沿着有中国特色的社会主义道路前进》指出:必须继续巩固和发展已初步形成的“经济特区—沿海开放城市—沿海经济开发区—内地”这样一个逐步推进的开放格局。从国民经济全局出发,正确确定经济特区、开放城市和地区的开发与建设规划,着重发展外向型经济,积极开展同内地的横向经济联合,以充分发挥它们在对外开放中的基地和窗口作用。

1992年10月12日,中国共产党第十四次全国代表大会报告《加快改革开放和现代化建设步伐　夺取有中国特色社会主义事业的更大胜利》指出:兴办深圳、珠海、汕头、厦门四个经济特区是对外开放的重大步骤,是利用国外资金、技术、管理经验来发展社会主义经济的崭新试验,取得了很大成就。实践证明,经济特区姓"社"不姓"资"。在兴办经济特区之后,又相继开放沿海十几个城市,在长江三角洲、珠江三角洲、闽东南地区、环渤海地区开辟经济开放区,批准海南建省并成为经济特区。对外开放不断扩大,两亿人口的沿海地带迅速发展,有力地推动了全国的改革开放和经济建设。

1997 年 9 月 12 日,中国共产党第十五次全国代表大会报告《高举邓小平理论伟大旗帜,把建设有中国特色社会主义事业全面推向二十一世纪》指出:进一步办好经济特区、上海浦东新区。鼓励这些地区在体制创新、产业升级、扩大开放等方面继续走在前面,发挥对全国的示范、辐射、带动作用。

2007 年 10 月 15 日,中国共产党第十七次全国代表大会报告《高举中国特色社会主义伟大旗帜　为夺取全面建设小康社会新胜利而奋斗》指出:更好地发挥经济特区、上海浦东新区、天津滨海新区在改革开放和自主创新中的重要作用。

2018 年 1 月,深圳出台了营商环境改革 20 条,提出对标新加坡和中国香港等发达国家和地区,打造国际一流营商环境。2018 年 6 月,深圳推出了被外界称为"二次房改"的住房新政。6 月底,深圳发布首批 100 个"不见面审批"服务事项清单,其中一半以上涉及企业服务。关注营商环境改革,助力企业发展壮大,是深圳一以贯之的工作主题。

源头链接

近观广东　打量深圳

【广东省】简称"粤",位于中国大陆最南部。东邻福建,北接江西、湖南,西连广西,南邻南海并在珠江三角洲东西两侧分别与香港、澳门特别行政区接壤,西南部雷州半岛隔琼州海峡与海南省相望。下辖 2 个副省级城市,19 个地级市,119 个县级行政区(60 个市辖区、20 个县级市、36 个县、3 个自治县)。自 1989 年起,成为中国第一经济大省,地区生产总值从 2012 年的 5.8 万亿元增加到 2017 年的 8.99 万亿元，连续 29 年居全国首位。地方一般公共预算、政府性基金预算、国有资本经营预算收入合计从 8 545 亿元增加到 1.7 万亿元，地方一般公共预算收入从 6 229 亿元增加到 1.13 万亿元，成为全国首个超万亿元的省份。珠江三角洲 9 市联手港澳打造粤港澳大湾区，成为与纽约湾区、旧金山湾区、东京湾区并肩的世界四大湾区之一。

【深圳市】简称“深”，别称“鹏城”，中国南部海滨城市，毗邻香港。下辖 9 个行政区和 1 个新区，总面积 1 997.27 平方千米。截至 2017 年年末，常住人口 1 252.83万人，其中户籍人口 434.72 万人，实际管理人口超过 2 000 万，城市化率 100%。2017 年生产总值 2.24 万亿元，地方一般公共预算收入 3 332.1 亿元。

1979 年 3 月，中央和广东省决定把宝安县改为深圳市，受广东省和惠阳地区双重领导。

1979 年 11 月，中共广东省委决定将深圳市改为地区一级的省辖市。

1980 年 5 月，中共中央和国务院正式将深圳定为“经济特区”。

1980 年 8 月，全国人大常委会批准在深圳设置经济特区。

1981 年 3 月，深圳市升格为副省级市。

1988 年 11 月，国务院批准深圳市在国家计划中实行单列，并赋予其相当于省一级的经济管理权限。

1992 年 2 月，全国人大常委会授予深圳市人民代表大会及其常委会、市政府制定地方法律和法规的权力。

源头延伸

五个经济特区

随着深圳经济特区的建立，“经济特区”这种特殊的改革产物在我国如雨后春笋般发展起来，1980 年开始建设珠海经济特区，1981 年开始建设厦门经济特区，1981 年年底，我国最小的经济特区、面积仅 52.6 平方千米的汕头经济特区成立。1982 年开始建设汕头经济特区。1988 年 4 月 13 日七届全国人大一次会议通过了《关于海南经济特区的决议》,划定海南岛为海南经济特区,实行比中国其他经济特区更加开放、灵活的体制和政策,授予海南省政府更大的自主权。至今,全国共有5个经济特区。无论从城市的GDP还是社会的满意程度以及创新能力来讲,深圳都无愧于五大经济特区之首,是我国除海南省以外最大的经济特区。珠海经济特区,没有深圳的名气,是靠澳门的内地城市。在多年的发展中,珠海经济没有出现过较大偏差,这座新兴的海滨城市最大的特点就是清洁、空气清新,曾被联合国评为中国最适合人类居住的地方。

经年累月,深圳、珠海、汕头、厦门、海南5个经济特区在体制改革中发挥了"试验田"作用,在对外开放中发挥了重要"窗口"作用。5个经济特区中,海南是唯一的省级城乡特区。与深圳、珠海、汕头、厦门等城市特区相比,海南虽然面积大,但基础差,起步晚,所以发展较慢。海南既有经济发达的城市,也有比较落后的山区,农村人口占总人口的80%,少数民族人口占1/6,呈现典型的二元结构。海南的发展道路坎坷,但海南的经验有另外的典型意义。也正是在这个意义上,邓小平同志说:"海南岛好好发展起来是很了不起的。"

文骐看源头

深圳转型将留下什么

习近平总书记在十三届全国人大一次会议上参加广东代表团审议时指出,"广东是改革开放的排头兵、先行地、实验区,在我国改革开放和社会主义现代化建设大局中具有十分重要的地位和作用",要求广东"在构建推动经济高质量发展体制机制、建设现代化经济体系、形成全面开放新格局、营造共建共治共享社会治理格局上走在全国前列"。

从蛇口的开山炮,到前海的攻坚克难;从邓小平给深圳路径吃"定心丸",到习近平总书记强调"再创新格局";从罗湖的"三天一层楼",到深南大道带来的"时间轴";从1987年土地拍卖"第一槌",到2018年"营商环境20条"出台;从在高交会上融到220万美元的腾讯,到5个海归留学博士生组建的光启……

诚然,深圳长期积累的一些矛盾和问题也越来越突出,特别是遇到了土地、资源、人口、环境四个"难以为继"的矛盾,但是"难以为继"发展瓶颈的约束性前提,决定了深圳经济的发展模式必须转变,从速度型发展转入效益型发展和高质量发展。

从经济学角度观瞻,深圳面临的实际上就是资源紧约束,这将逼出市场上的两大相关主体——政府与企业努力通过管理增效、技术升级和科技投入带来减量,以及利用循环经济来拓展新的效益空间。深圳效益要的是更蔚为壮观、真实的经济增长。这是顺应今天经济发展规律的必然选择。

深圳经济发展中遇到的类似瓶颈,在国际上有杰出学者早在1972年就预测到了。这就是四十多年前罗马俱乐部学者的第一部里程碑著作《增长的极限——罗马俱乐部关于人类困境的报告》。1968年,正当工业化国家陶醉于战后经济的快速增长和随之而来的"高消费"的"黄金时代"时,来自西方不同国家的约30位企业家和学者聚集在罗马,共同探讨了关系全人类发展前途的人口、资源、粮食、环境等一系列根本性的问题,并对盛行于西方工业国并向发展中国家等其他国家流传的高消费高浪费经济发展模式提出了质疑,这批人士的聚会后来被称为罗马俱乐部。

国际经验证明,在新兴经济增长的过程中,随着经济总量基数的增大,发展速度的降低是不可避免的。因为,无论是深圳还是全国,今天的发展格局已经发生了翻天覆地的变化。作为一个处在动态发展中追求现代化的城市,其现代化的指标体系应因时而变。因为,现代化是一个动态的、比较的概念,并不是超越了某个固定、静态的点,就达到了现代化的水平,而是要不断与整个世界的发展水平做比较。这就要求任何城市在追求现代化过程中,指标体系的调整都应因时而变。

现代化的本质含义并不是看一个城市GDP增速的快慢,而更要看最终落实到每个人的收益,不光是经济收益,还有精神收益;不光是当代人的收益,还有未来子孙的收益。这就要讲究“以人为本”“可持续发展”。因此,深圳现代化指标的修订是深圳可持续发展理念的体现。

霍华德说:“和任何时期一样,今天人类的和社会的最大需求是:一个有价值的目标和实现它的机会;工作和值得为之工作的成果。”①

21 世纪是中国的世纪。发展城市,是 21 世纪中国现代化建设的一个大主题。英国是最早完成城市化的国家,城市化率从 30%提高到 75%用了 200 年时间,美国用了 100 年时间,日本用了 70 年时间,韩国用了 50 年时间,而有人预测,中国只需用 40 年时间。用 40 年时间走过发达国家 100 多年的城市化过程,世界罕见,绝无仅有。

---

① 埃比尼泽·霍华德.明日的田园城市[M].金经元,译.北京:商务印书馆,2010:98.

3

中国第一个合资企业
——北京航空食品有限公司

合资第一号悄然诞生
民航配餐业机舱求解

关注中国对外开放进程的人士起码有这样一个共识,中国经济的快速发展与对外开放密切关联,这其中各种不同所有制企业竞相发展足可展示中国经济全貌。当我们今天看到不计其数的合资企业,是否有一探源头的冲动和念想呢? 1980 年 4 月,京港合资北京航空食品有限公司获准成立,这是中华人民共和国成立以来第一家合资企业,也是改革开放以后,中国内地批准的第一家合资企业,其在国家工商行政管理局的注册编号为“001 号”。1980 年 5 月 2 日,北京航空食品有限公司挂牌,开启了中国内地引进外资的序幕。

“001”的诞生

现在乘坐飞机长途旅行的人,在飞机上总能品尝到多种口味的餐食,这些餐食干净可口,色香味俱佳。在几千上万米的高空,尤其是乘坐头等舱的旅客,不管是想吃中餐还是西餐,即使想为孩子点份童餐,或给自己来份清真餐,机上的空乘都会让你如愿以偿。如果是在指定的航线上,你还可以在购买头等舱、公务舱机票时,根据自己的口味预订各种美味佳肴,飞行途中即可享用。

然而,北京航空食品有限公司成立之前,航空餐食可不是这样的。20 世纪 70 年代香港《快报》上曾刊登过一篇文章,题目叫《飞机餐又冷又硬,烤鸭片既脆且香——大陆饮食好坏评》,文中对当时中国民航提供的航空餐食是这样形容的:“鸡腿淡而无味,肉硬而不滑,简直比不上香港街边只卖一元八角的‘炸鸡’。午餐肉似乎是刚从罐头中取出,未经烹调,冰冻得难以下咽。飞机餐的糕点则是坚硬无比。”虽然这位旅客说的可能只是“一家之言”,但当时中国航空配餐业的水平由此可见一斑。

1978 年 12 月十一届三中全会以后，中国民航事业也迎来了前所未有的好时机：国际航线开通、波音机群引进。显然，简单的面包、罐头之类的航空餐食已经无法适应航空业的发展，尽快建立并发展中国的现代化航空配餐企业已迫在眉睫。

当时，国内航空配餐业一无设备、二无技术、三无经验，寻求与境外地区和国家合作就成了顺理成章的事。最初，民航北京管理局有关人士找了几家日本航空公司，但因对方条件苛刻而协商未果。此后，他们仍在不懈地寻求着合适的合作伙伴。

这当口，香港贸易中心协会常任理事伍淑清应新华社香港分社的邀请，到内地参观访问。在从武汉到广州的火车上，伍淑清听到广播里播报鼓励外商到中国投资的头条消息，联想到自己家族在经营食品方面颇具经验，伍淑清萌生了一个念头：中国打开国门之后，将吸引世界各地的企业家前来投资。但在内地的飞机上，空姐送来的食品竟是冰凉的，同机的香港人还纷纷抱怨，为什么我们不可以在内地成立一家航空食品公司，来改变这种状况呢？回港后，她把拟在内地成立合资配餐企业，把做食品的经验和中国航空服务业的发展结合起来的想法，跟父亲伍沾德先生一说，立即得到了伍沾德先生的支持。

伍沾德先生是香港知名饮食集团——美心集团的主席，该集团在海内外有 300 多家餐饮企业。伍沾德先生一贯热心社会公益事业，他对女儿想在内地投资成立航空配餐公司的想法表示支持。他马上与女儿一起来到北京，和中国民航总局商谈合作做航空食品。

1979 年 6 月，双方谈了 3 次，谈得十分费劲："我们也不会讲普通话，用纸和笔沟通。有一个人懂一点点广东话，也帮我们沟通。"谈判并没有实际的进展，到了 9 月双方又接着谈。伍淑清回忆说："那时，中国刚刚表示要开放，合资企业还没有先例，前途未知，外商心里不是十分有底，觉得风险很大，担心以后被吃掉。当时这种心理很普遍。"

伍淑清和父亲分析，中国民航要开通国际航班，国际航班上就要有合格的食品。让中国飞机上的餐饮率先走向世界，使它成为打开国门的第一个窗口，食品虽小，意义却不小，应该是有信心的，要接着谈。然而，因为是有可能成立的第一家合资企业，有关部门要研究研究，在当时的情境下，似乎也可以理解。

用今天的眼光看，当初的合同是一份相当粗糙的企业合同。但就是为了审批这个合同，国家经委、国家外国投资管理委员会、财政部以及税务、海关等部门先后开了3次会，每次会都争论不休。毕竟是第一次与外资打交道，谁都没有经验。

几经商议，各方面还是统一不了思想。同时上报审批的还有建国饭店、长城饭店两家合资企业。最后，有关部门想到了搞过合资企业的荣毅仁，于是便请德高望重的荣老来做裁决。荣老在大会上说："这三个单位的合同、章程我都看了。根据国际惯例，我认为这些条款都是可行的。"

"我那时既没有门路，又不认识人，常常是单枪匹马地去谈判。当时人也年轻，有着一股傻劲，怀着一份理想，没考虑过困难。我相信大家都是中国人，只要有诚意，可以开门见山地谈。"在这个过程中，民航总局还把准备和香港食品公司合资搞航空食品的事情汇报给了邓小平。邓小平当即表示了肯定。国家领导人的直接关心，给了伍氏父女极大的信心。他们下定决心要做成这件事情。终于在一个清晨达成了协议，双方共同协作，成立"北京航空食品有限公司"。按照合同规定，双方共投资588万元人民币，中国民航占投资总额的51%，香港贸易中心占投资总额的49%，合作期为8年，正式开业时间就定在1980年5月。

事实上，几百万元人民币的投资总额并不算多。但在当时，作为第一家合资企业，这家公司的政治象征意义远远超过了它的经济意义。

1980年4月21日，北京航空食品有限公司（以下简称"北京航食"）与北京建国饭店、长城饭店一起被国家外资管理委员会正式批准成立。他们成为新中国第一批合资企业，而北京航空食品公司则荣幸地拿到了第一号合资企业营业执照和第一号合资企业经营许可证，理所当然地成为新中国第一个合资企业，其在国家工商行政管理局的注册编号为001号。而伍淑清的"速度"在这个时候再次发挥功效：协议未被正式批准之前，她就耗资500万元，将所需的食品机械从海外订好并启运，因此批文下达的第二个月，公司就正式开业投产了。

曾任中国国际航空公司总裁的徐柏龄见证了这一历史时刻：1980年5月2日，春光明媚。这天，在首都机场宾馆西侧的广场上，北京航空食品有限公司召开了隆重的开业典礼。时任中国民航总局局长沈图和香港贸易中心代表伍沾德及中国民航和香港贸易中心的数百人，出席了隆重热烈的开幕典礼和剪彩活动，时任中国外国投资管理委员会副主任江泽民同志亲自到场祝贺，场面喜庆热烈。

北京航空食品有限公司的诞生，宣告了中国没有航空配餐公司的历史一去不复返了！

在北京航空食品有限公司总经理办公室的档案中，至今仍珍藏着当年盖有大红印章的中华人民共和国外国投资管理委员会的批准证书，上面清楚地写着"外资审字〔1980〕第一号"。由于是航空食品业，这家公司更被人形象地称为"天字第一号"。

"001"的冲击

"天字第一号"开张之后，伍淑清又相继在上海、天津、大连、青岛、海口、厦门等多个城市兴办了航空食品、航空地毯、饮料等合资或独资企业。北京航空食品公司本身也经历了3个发展阶段：1980—1988年，拥有第一家工厂；1988年5月—2003年4月，扩建了一家工厂；2003年5月以后，伍淑清又启动了第三个扩建工厂的计划，以适应2008北京奥运会的需求。

"001"引发的各种冲击，至今让投资者刻骨铭心。

回首当年，公司刚成立时的配餐间，只是一幢三面合围的"凹"字形建筑。

尽管配餐间设备简陋,但运作井井有条,建制齐全,四个分队的职能与今天的总经理室、生产部、业务部、综合保障部类似。由于配餐量少、餐食品种单一,“大师傅们”干起活儿来不分你我,冷厨也好热厨也罢,从切牛排到加工鱼,从原始粗加工到装配结束,“拳打脚踢”全都招呼。整个配餐间只有十几个人,无法做到精细分工,操作起来人人上演身兼数职的“全武行”。

那时,不像现在这样灶具、炊具都是既结实又好洗好擦的不锈钢材料,而是木质案台、木墩、木把刀、煤炉、铁灶、煤烤炉,既不耐脏又不好擦洗。冷库也不是风冷的大冷库,而是水冷的,因此夏季常要买冰块帮助制冷。

尽管如此,那隆隆作响的冷却机,却是职工们耳边最悦耳的声音,它是当时唯一的设备。送餐的运输工具是仅有的一部电瓶车,那时人们只有祈祷:这宝贝可千万别坏了,否则送餐就只能靠自行车了。

在公司老职工的记忆中,当年真有骑着自行车送餐的情景。自行车上带个小箱子,里面装着五六份餐食,人骑着车在机场附近来去。公司一般送餐时开电瓶车,如果餐食需要量大,就得向民航北京管理局借食品车,当时公司连一部食品车也没有。

如今,尘封在历史档案中的简陋设备早已被现代化的机械设备所替代,而留在老航食人脑海中拂不去的记忆,是合资之初带来的那种感觉和对心理的冲击。

合资不久,伍沾德先生来公司实地考察,他带来了一批供外航用的、代表当时国际水平的配餐材料,有三文鱼、牛柳,还有为牛柳配餐用的专门调味汁及很多不知做什么用的进口原材料。这些叫不出名字的冷冻半成品和配料,不要说当时没人见过,连听都没有听说过。还有那些新奇独特的生产工艺及操作方法,简直让内地的同行们看得目瞪口呆。

眼前的一切,对于演奏惯了中餐“锅碗瓢盆交响曲”的“大师傅们”来说,既陌生又充满诱惑。于是,从前的行家们似乎一下子变成了门外汉。怎么配餐,怎么操作,一切从头学起,甚至连锃光瓦亮的不锈钢器具该如何使用都要仔细揣摩。大权全交给港方人员去调度、去指挥。而面对金发碧眼、嘴里叽里咕噜说着听不懂的外语的洋上司,“大师傅们”还要“看老外脸色”行事,心里也不免有几分失落、几分尴尬。

然而,正如当年一位年轻厨师所说,在那些美味佳肴面前,虽然“还不敢企望自己能亲手如法炮制,但已着实让人心动了”。确实,看到外方厨师那规范严格的操作程序和认真态度,看到那现代化的机械设备和烹饪出来的精美食物,身为厨师,谁不想在自己的职业生涯中添上浓墨重彩的一笔,谁又能放过眼前这学习的机会?

心动就要行动。正是站在这“第一家”合资企业的平台上,员工们看到了一个更为广阔的世界,知道了什么是航空配餐业的“国际水平”,眼前树起了新的要求、新的标准、新的高度。也正因此,这些“天字第一号”的中国厨师们,在国外先进配餐技术、配餐理念的冲击下;在经历了困惑、失落、不解、羞愧、敬畏、羡慕等种种复杂情感的历练后;在残酷的“山外有山、天外有天”比较学的洗礼下;在“知耻者后勇”的刻苦努力中,渐渐成长为当之无愧、能够代表中国航空配餐业较高水平的行家里手。

也许是因为航食人刻苦努力很快掌握的配餐技术,也许是因为国家正式批准的“第一家”合资企业的响亮招牌,公司成立不久便在故宫博物院、北京国际俱乐部等外宾经常光临的地方建立了良好的信誉和知名度。

此后,航食人又凭着足以让人信服的实力,带着自己的产品先后走进神圣的人民大会堂及一些著名饭店。再以后,尽管有越来越多的合资企业接踵而来,但“天字第一号”这块金字招牌,在航食人不懈的努力下,被擦得越来越亮。

近年来,谈论“创新”成为时尚。管理创新、制度创新、技术创新、服务创新、组织创新、文化创新等,创新的词汇比比皆是。然而,一切创新都离不开人们观念的创新。中国几千年的传统文化最反对的就是变,古人有“天不变,道亦不变”的说法,说明传统文化中因循守旧、求稳厌变的思想根深蒂固。

而作为中国第一家合资企业,北京航食从诞生起,就直面挑战中国传统旧观念。不管是面对西方先进配餐技术的诧异,还是面对合资企业管理的迷茫,航食人在新旧观念交替的裂变中,最早冲破了计划经济时期形成的思维定式和陈旧观念,走出了自己的创新之路。

"001"的历程

20 世纪 80 年代,改革开放后的中国有一句流行语——和时间赛跑。当人们深入了解了北京航食的发展速度后,禁不住感慨:时间,是那样富有魔力。

北京航食从一个技术落后、设备简陋的小配餐间,发展为资产总额达 2.5 亿元、销售收入累计约 40 亿元、为国家创造税收累计约 12 亿元、实现利润总额约 10 亿元的具有国际先进配餐水平的大型现代化企业。这突飞猛进的巨变缘于它诞生之日起就占有的中国改革开放的天时、地利,还有人和。

这天时、地利就是内地与香港虽然几十年来社会制度不同,但同根同源的文化、相互毗连的地理位置、首家合资企业在中国市场的"独一份",以及公司选址就在首都机场附近的便利条件等,使双方的合作更加顺畅。

人和又是最重要的因素,双方的合作者,从一开始就是为了一个共同的目标而走到一起的。双方产权清晰、职责明确,在管理及处理业务方面,双方平等协商、友好合作,都有比较充分的自主权。双方员工作为中国第一家合资企业的见证者、参与者,个个都心气高、干劲足。

在这样"天时、地利、人和"的环境下,北京航空食品有限公司像株茁壮成长的小苗,以飞快的速度成长着、壮大着。到 2018 年,公司已长成一棵枝繁叶茂的大树,拥有员工 2 800 多人,总配餐面积达 76 000 平方米,日均配餐量 10 万余份,每天可为数万名旅客提供上千种航空餐食,拥有国内、国际航空公司客户 40 多家,赢得了"股东满意的投资回报、员工收入的不断提高、上交国家的利润逐年增长"的多赢局面。

时光流转,岁月变迁,北京航空食品有限公司的变化映照在员工的眼眸中,反映在员工的生活上,温暖在员工的内心里,这些变化从看着公司走过的每一个脚印、伴随公司的发展而成长起来的员工嘴里说出来，更使人感到真实而亲切。

【行政总厨师长　付艳军】我在北京航食工作已经 37 年了。北京航食是中国改革开放后，政府批准的第一家中外合资企业，也是国内第一家从事专业航空配餐服务的企业。成立之初是一个规模不大只能提供寥寥几种餐食的食品生产车间。现在的北京航食，配备了国际先进的烹饪设备，器具、食品酸碱度检测仪器等一系列先进设备，公司能够为客户提供包括中餐、西餐、日餐、印度餐、韩餐以及清真餐、素餐、婴儿餐、低脂肪餐等特殊餐食在内的 2 500 多种餐食。到 2018 年，北京航食日配餐量达到 10 万余份，日均服务航班 500 余架次，约占北京首都机场 70%的份额，航空配餐市场除了主要为国航提供配餐服务外，还承担着德国汉莎、美联航、阿联酋航空、全日空、东航、南航等 40 多家中外知名航空公司的航空配餐服务。北京航食从当时的小车间，发展成为现在拥有东、西区 2 座面积近 76 000 平方米的现代化配餐间，职工近 2 800 人的国内一流航空配餐企业。

【业务部　吴耀彬】我记得开业之初，民航北京管理局只有几十架飞机，两架新引进的波音 747-SP 飞机还没有装机图，航机员只能凭印象和飞机上实际情况进行装卸工作。当时没有现在这种现代化的食品运输车，只能靠两部破旧的电瓶车装卸波音 747-SP 飞机，食品车所升的高度不够，必须靠人往上抬、用肩往上扛，劳动强度很大，效率也不高。后来，公司利用引进的资金从香港地区购买了两部大食品车，加上北京管理局调来的两部车，解决了装卸波音 747-SP 飞机的困难。以后随着航班的增加，设备也不断引进。食品车从原来的 5 辆发展到 2013 年的 70 辆，航班从每天只有几班发展到 2013 年每天 500 多班，而且各种机型都有装机图，使航空餐食装机工作井然有序。

【总控室　李光会】公司成立之初，没有专职生产调度员，对外联系、要配餐人数、抄写航班动态都是由配备供应品的员工代管。一个大约 2 平方米的角落里放着一张三屉桌，上面一部电话、一部直通对话机就是当时调度室的全部家当。电话是对外联络的唯一工具，由于当时的通信手段比较落后，对外打电话索要配餐人数时，电话经常拨不出去，有时为了掌握一个航班的配餐人数要打几十分钟的电话才能联络上。随着公司业务的发展，总控室渐渐有了外线电话、内线直通、内部广播、报话机，有了对外联系的电传机、英文打字机。总控室有各种功能的电脑终端机 10 多台，生产任务的订单和送货单都有了统一的固定格式。做生产计划、安排每日生产都运用电脑配餐系统，要查问的航班信息全都可以从电脑信息运行系统中获得。

【运输室　孔力】我有幸在二期合作的 1998 年 5 月 1 日前来到公司，分配到当时的大车班工作。大车班的工作就是将餐食运送到飞机上。20 多年过去了，现在运输室管理水平有了很大的提高。食品车的机械检查已经制度化、规范化。每周对食品车机械设备进行一次检查，检查后还要记录备档。每月还对 70 多辆食品车进行一次保养工作，使车辆设备始终保持较好的工作状态，大大降低了事故的发生率。

【生产部　毛占龙】我是 1980 年从部队转业到公司来的，那时的配餐间看上去更像一所院落，青砖青瓦，内部设计成办公室那样的格局：一条狭窄的走廊连接所有房间，显得老旧而沉重。这在当时已经很不错了。那时也不分什么配餐工、厨师，一律都称“大师傅”，感觉挺自豪的。合资后，看香港厨师做的餐食美观又好吃，让人心里也想学，如西点、面包等。他们动作熟练，工作特别认真，也让人印象深刻。北京航食最让我留恋的是一种情感，这些年我和它一起走过来，经历了很多风风雨雨，感情很深。

一滴水可以反射太阳的光辉，从以上员工所讲述的总控室、运输室等部门这些年的变化，可以清楚地映照出“001”前进的步伐。

如果说这些描述还不能使我们了解公司的生产情况，而了解一个企业最直观的方法就是看它的营业额和利润指标，那么，让我们沿着双方三期合作的历史轨迹，从北京航空食品有限公司历年的配餐量、营业额、利润总额的对比中，去领略它的发展速度吧！

"001"的骄傲

第一期合作

1980 年 3 月 8 日，中国民航北京管理局（甲方）与以香港伍沾德先生为代表的香港北京航空食品有限公司（乙方），在北京签订合资成立北京航空食品有限公司的合同，双方分别投资 300 万元和 288 万元人民币，开始了为期 8 年的第一期合资。

合资之初，公司只是一个手工作坊式的食品操作间，日配餐量只有 600 来份，资产总额不到 600 万元，利润总额 47 万元。成立北京航空食品有限公司 8 个月以后，公司的日配餐量就达到 1 300 份，年营业额为 300 多万元。1982 年日配餐量为 2 800 份，1987 年达 7 100 份，营业额是合资前的 27 倍多。

从 1980 年 5 月 1 日起到 1988 年 5 月 1 日止，历时 8 年的第一期合作中，双方共同努力，风雨同舟，荣辱与共，在经营活动中相互理解和支持，取得了良好的成绩。合资头 3 年，就收回了合资的全部投资。到 1988 年第一期合资结束时，公司已拥有一套现代化的厂房，资产比 1980 年扩张了近 3 倍，累计利润达到5 600万元，双方所得利润均在投资额的 4 倍以上。

第二期合作

1987 年 5 月 30 日，中国民航与香港贸易中心双方又签订了第二期合同，双方总投资额为 2 000 万美元，注册资本为 800 万美元，合资期限 15 年。

合作期间，双方坦诚合作，始终恪守"安全、卫生、快捷为中外客户提供优质服务"的企业宗旨，坚持"以安全求生存，以质量求信誉，以效益求发展"的企业经营理念，在市场的大风大浪中，逐步成长为拥有精良设备、掌握先进配餐技术、实行现代化管理、与国际配餐业接轨的中国一流航空配餐企业。

从以下数据人们可以更清楚地了解北京航空食品有限公司在第二期合作中的发展情况。

配餐生产情况

配餐生产量2004年度达到1 260万份，比1988年增长了6倍。服务的航班量2004年度达到7 000多架次，比1988年增长了10倍。公司配餐市场份额占北京配餐航班总量的80%以上，且增长势头良好。

生产规模

1988年公司资产为4 400万元，1993年为2.4亿元，2004年达到2.5亿元。从1988年第二期经营开始到2004年年底，公司资产比1988年增长了6倍多。

获利能力

1988年，公司年利润总额为1 800万元；1989年为2 100万元，比上年度增长16%；1993年利润总额为8 200万元，年度增长率为29%。

从上述利润总额数据可以看出，北京航空食品有限公司具有良好的获取利润能力。自公司成立以来，无一年亏损，利润总额稳步增长，不仅保证了投资者的投资安全，而且为公司进一步增资扩股创造了有利条件。

资产收益率

净资产收益率作为反映企业所有者自有资产获取利润能力的重要指标，不仅能反映一个公司自有资产的回报水平，而且在某种程度上体现了该公司管理者驾驭资产的经营能力和管理水平。在与香港合资经营的第二期过程中，从1988年到2004年，北京航空食品有限公司平均净资产收益率为65%，自有资产回报水平较高。同时，良好的自有资产回报水平也反映了北京航空食品有限公司管理者较高的经营水平。

资本积累

资本积累作为维持简单再生产及扩大再生产的第一需求，反映着一个公司的发展后劲。北京航空食品有限公司在经营中不断实现着连续、稳定的资本积累，为公司稳步发展打下了坚实的基础。公司储备基金、企业发展基金连年递增：1988年储备基金和企业发展基金都不到200万元；1993年储备基金接近800万元，企业发展基金超过1 000万元；到2000年，公司的储备基金超过了

1 600万元,企业发展基金则达到 2 400 万元。

股东回报

截至 2000 年,经过 20 年的发展成长,北京航空食品有限公司不但取得了良好的业绩,而且也给了股东相应的良好回报。在第二期经营期间,公司共计分配利润高达 3.2 亿元,实现了良好的投资回报。

第三期合作

2003 年 4 月 10 日,合资双方在北京又签订了延长经营期限的合同,期限定为 20 年。

在签订第三期合同的前后,北京航空食品有限公司遇到了意想不到的不利情况,即 SARS 对全国乃至全球航空业的影响。在艰难的市场大环境下,公司新争取到埃航、国泰、法航等公司的配餐服务协议。当年首都机场日需配餐量 4.1 万份,其中北京航空食品有限公司日均配餐量 3.5 万份,占市场总量的八成以上。

2004 年,公司配餐量与 2002 年相比增长近 20%;配餐服务航班比 2002 年增长 25%;完成产品销售收入比 2002 年增长 5%。双方配合密切,公司运转正常,生产保持良好的增长势头。

2009 年 2 月 6 日,中国航空集团公司与其在香港的全资子公司中国航空(集团)有限公司合资成立的中翼航空投资有限公司在北京举行了开业仪式。作为中航集团在国内市场经营航空相关产业的专业化公司,中翼公司的成立标志着中航集团正式启动运营航空相关产业的投融资和发展平台,北京航空食品有限公司因此成为集团旗下第一家实体企业。

北京航食通过不断完善和创新,先后通过 ISO 9001 和 HACCP 体系认证,为 40 多家中外航空公司提供机上配餐服务,其中包括汉莎、美西北、美联航、日航、加航等 30 多家外国航空公司以及国航、东航、南航等 7 家国内航空公司。公司拥有东、西区两座现代化大型配餐间,员工 2 800 多名,总配餐面积达 76 000 平方米,日均配餐量超过 10 万份,每日服务航班超过 500 架次。北京航食拥有海关监管库 3 000 平方米，具备冷藏库 91 个、冷冻库 21 个、装卸平台口 79 个、大型食品运输车 70 辆，产业规模和技术实力在国内居于领先水平。

北京航食针对不同国家、地域的饮食习惯以及消费者身体状况的差异性，不断加大食品研发力度，推出中华美食、西餐、日本餐、亚洲食品等特色餐别，最大程度地满足航空食品的个性化需求；同时，公司还提供糖尿病餐、素餐、婴儿餐、低脂餐等，满足了各种特殊乘客的需求；公司还突破了航空食品不能即席烹饪的难题，把具有民族特色的烤鸭、托蒸鱼、锅塌鲍鱼等中华经典美食送上了蓝天，捧到了顾客的面前。2018 年，公司推出的冷荤、热食多达 2 500 多个品种，在提供专机、包机配餐服务中，多次受到外国元首和国家领导人的称赞。

以上数字和现象只是笼统反映北京航空食品有限公司成立以来快速发展的一个方面。从这些数据可以看到，北京航空食品有限公司投资双方携手共进，走出了一条成功之路，其成果不仅体现在利润上，而且还体现在加速了企业工业化步伐，进一步拓宽了国内外市场；摸索出企业发展和管理的规律，使企业核心竞争力不断得到提升。

航空餐饮业引申的航空公司服务竞争

1987 年前，我国的航空食品企业大部分是民航各地区管理局的一个生产工厂。1987 年后，民航各管理局、航空运输企业、机场三者分开，航空食品企业分别划给各航空运输企业或各机场。紧接着航空运输企业、机场逐步公司化并改革经营机制，大部分航空食品企业逐步成为航空运输公司、机场公司的分公司、子公司或者控股子公司。2003 年，中国航空集团公司、中国东方航空集团公司、中国南方航空集团公司成立，这三家航空集团公司所属各航空运输公司的航空食品企业进一步改组为三家航空集团公司控股的航空食品公司。

民航系统对航空公司提供飞机餐并没有硬性、统一的要求，各航空公司按照“行规”对不同航线进行配餐：航班遇午餐、晚餐时间，且飞行时间在一个半小时（包含一个半小时）以上的，应向乘客分发正餐。一个半小时以内，只分发小点心，如花生米、饼干等。而在一些飞行时间不足一个半小时的热门航线上，如北京至广州、上海至香港等热门航线上，各航空公司也拿出各自的招牌菜式来吸引客源，如烤鸭、烧鹅等各地特色食物均会出现在旅客的餐盒里。

我国航空配餐行业除了执行国家统一的《中华人民共和国食品卫生法》外，还特别执行《中华人民共和国民用航空食品卫生标准》，该标准对航空公司在餐食制作，原材料的购买、储存、运输，机供品的配备以及装机等方面都有明确的规定，由各公司的质量控制部门进行检查，并由相应机场卫检局进行统一监督。此外，还有目前全球最为权威的食品企业质量控制体系 HACCP，它主要用于食品加工过程中关键点的控制，是防止出现不安全食品的一种安全保障体系。

重庆智库、大运河智库联合调研组了解到，到 2018 年 3 月，全球航空配餐企业有 700 多家，市场规模总产值达 65 亿美元以上，其中美国约占 20 亿美元，欧洲占 25 亿~28 亿美元，而我国只占 4 亿多美元的产值。目前我国国内航空餐主要来源于以下 3 类配餐公司：航空公司旗下的配餐公司、机场旗下的配餐公司和不依托航空公司和机场而独立存在的配餐公司。目前，国内四大航空公司的航空餐一般是去程自己公司配餐，回程订购降落站提供的航空餐。为了减少利润外流、解决航空公司分流人员或家属的就业问题，地方航空公司也大都设有配餐公司。全球航空配餐市场增速为 2%~3%，我国航空食品市场增速为 5%~6%。我国航空食品业迅速发展的同时引发了航空配餐行业的激烈竞争。整个航空食品市场的竞争呈现集团化、全国化和国际化的新格局。

源头背景

应运而生

1980 年 5 月 2 日，高举邓小平改革开放大旗应运而生的“外审字〔1980〕中外合资企业 001 号”中外合资企业——北京航空食品有限公司隆重开业，常年为多家进出首都国际机场的中外航空公司航班提供配餐及延伸服务。2018 年，日配餐量和配餐航班已分别达到 100 000 份和 500 余架次航班，位居行业前列。

北京航食的初始投资为588万元人民币。中国民航和香港贸易中心双方的投资比例为51∶49,合作期为8年。1988年双方商定继续合作15年,投资比例为60∶40,投资总额为2 000万美元。2003年,鉴于双方真诚的合作、成功的业绩和共同追求的目标,双方又把合资合作的时间延长了20年(到2023年4月30日)。

源头链接

“001”的发源地

【北京市】四个中央直辖市之一,位于华北平原西北边缘。全市土地面积16 400平方千米,共辖16区、147个街道、38个乡和144个镇。

【朝阳区】位于北京市主城区的东部和东北部。东与通州区接壤,西与海淀、西城、东城、崇文等区毗邻,南连丰台、大兴两区,北接顺义、昌平两区。朝阳区是北京市面积最大的近郊区,土地总面积470.8平方千米,其中建成区面积177.2平方千米。

源头延伸

“两份报告”映照开放愿景

十九大报告指出:中国开放的大门不会关闭,只会越开越大。

2018年3月5日,李克强总理在《政府工作报告》中强调:促进外商投资稳定增长。加强与国际通行经贸规则对接,建设国际一流营商环境。

2017年,中国实际使用外资8 775.6亿元人民币,同比增长7.9%,新设立外商投资企业35 652家,投资领域涉及服务业、制造业、农业基础设施建设等几乎所有行业,其中高新技术产业和服务贸易企业成为外商投资的热点。

文骐看源头

沐浴开放是一种幸运

北京航空食品有限公司之所以能够成功，有三点重要因素：一是天时，即中央制定的改革开放的重大决策，为公司发展提供了历史机遇；二是地利，公司地处首都北京，地处中国的航空运输中心，飞速发展的中国民航运输业为公司成长创造了前提条件；三是人和，从董事会到员工，大家都很配合，董事会发扬民主。遇事平等协商，友好合作，是公司健康发展的基础保障。

1980 年至今，逾 1/4 世纪，对人，是经历从婴儿、童年、少年到成年的一生中最灿烂的年华；对历史，却只不过是弹指一挥间。如今，在过了 38 年之后，让我们回过头来审视从前，才蓦然发现，北京航食已走过了那么长的一段历程，发生了巨大的变化。

自 1978 年 12 月中国共产党召开了十一届三中全会起，中国大地就开始了从"以阶级斗争为纲"到以经济建设为中心、从僵化半僵化到全面改革、从封闭半封闭到对外开放的历史性转变。

如果把时间定格在 20 世纪 80 年代那一瞬间，这瞬间便记下了历史的永恒；如果把如梭的岁月拽回到最早那个小小的配餐间，这配餐间就是航食人放飞理想的地方。38 年前，北京航食人刚刚想干点什么，就被改革开放的幸运之箭射中，成为中国首家合资企业的第一批员工，有幸挖到政府对合资企业各种优惠政策下的"第一桶金"。

然而，对已经习惯了只讲政治不讲经济、习惯了大锅饭和平均主义的原国有企业职工来说，"合资"使他们兴奋、好奇，也使他们惊诧、迷茫。究竟什么叫"合资"？与外方合资后，公司职工还是企业的主人吗？那些以前只在繁华闹市中带着好奇远远看一眼的洋人如今成了与自己朝夕相处的上司，又该如何与之相处？原来国有企业那套生产运作要被全部否定吗？国际标准的航空配餐又是怎样的？港方的管理理念和规章制度，真的可以畅通无阻地在内地实施吗？

这是一个全新的事业。在当时,合资企业究竟怎么搞,谁也说不清。就连今天再简单不过的合同如何签订,章程怎么起草,也不是每个人都可以说清楚的。然而,经历了类似北京航空食品有限公司的阵痛、历练和兴奋,中国人十分自信:合资企业的路走对了!中国对外开放也渐次步入坦途!

4

中国第一个摘掉人民公社牌子的地方

——向阳

向阳提心吊胆摘牌子
光南明修栈道促政改

对于四川省广汉市的向阳镇,笔者有一种别样的情结,一则因为曾于1998年2月专访过广汉县委书记常光南,对这位虽偏居一隅,但力推"社改乡"和"乡政村治"体制建立的老人敬佩有加;二则因为曾于2006年12月专访向阳镇,有感于镇党委书记王洪的一席话;三则因为2018年再访向阳镇,对现任镇党委书记的"补短板"一说印象深刻。

"定盘星":县委书记常光南

向阳撤社改乡是在1980年4月。其时,人民公社在中国已存在了22年,向阳撤社改乡5年后的1985年,人民公社这种体制方退出历史舞台。作为一种政社合一的组织,人民公社凭借政权的力量,其本身在那时还是一枚无人敢吃的"禁果"。那么,是什么推动了向阳勇敢地吃下这枚"禁果",进而引起全国瞩目的呢?

1979年9月,四川省广汉县选择在向阳人民公社开展了"政社分开"改革试点,将公社机关20名干部分为三块,一块负责党务和行政工作,共6个人;一块负责农副业生产,共10个人;一块负责社队企业,共4个人,初步形成了党、政、经分设的基本组织框架。1980年6月18日,已经挂了22年的"向阳人民公社管理委员会"的牌子终于被摘下来,换上"向阳乡人民政府"的牌子,建立了乡党委、乡政府和农工商总公司。生产大队改为行政村,生产队改为村民组。由此揭开了四川省乃至全国的"社改乡"序幕。

向阳的确是美丽的。一条青白江穿镇而过,虹桥卧波,阡陌纵横,整洁的街道,簇新的农家小院,向阳就像一颗明珠镶嵌在川西平原上。采访向阳撤社改乡的经过,寻找这一事件的亲历者和当事人,成了笔者 1998 年 2 月首次到访向阳的首要任务。知情人说:"找老书记常光南,向阳改制是由他一手经办的,他是最权威的当事人,他最有发言权。"

原以为寻找常光南要费一些周折,据说他很不好接近,尤其不愿与记者打交道,《人民日报》的记者曾经来采访也被拒绝了。不料,几经辗转,在德阳市政协老干部活动室里,常光南欣然接受了笔者的采访。这位昔日的广汉县委书记,此刻看上去就是一位慈爱的老人,时年(1998 年)72 岁。离开广汉后,他先后做过德阳市委书记和市政协主席,于 1992 年离休。

这是一位在整个广汉和德阳都德高望重的老人。没有过多的寒暄,常光南开门见山地说:"向阳撤社改乡,和当时主政四川的省委书记有关,没有他的支持,向阳不可能最早摘掉人民公社这块牌子。"

事情惊动了四川省委书记

1977 年夏,广汉县委在本县金鱼公社试行的"定产到组"的生产责任制,实际上就是对人民公社在劳动成果分配上"吃大锅饭""搞平均主义"的弊端进行改革。当年这个只有 1 300 多公顷土地的公社,便因此而增产粮食 250 多万公斤。事实证明,要发展生产,要使广大农民尽快摆脱贫困,必须对人民公社"政社合一""政经不分"的管理体制进行彻底改革。

改革人民公社,既是一大难题,又要冒极大的风险。人民公社建立以后,广大农民便觉得不如意,由于"以阶级斗争为纲"的"左"的思想禁锢,群众有意见不敢说。

十一届三中全会以后,广大群众才敢于吐露真言。基层干部说,人民公社是"一平二调的架子,瞎指挥的班子"。农民群众说,"人民公社没有干多少实事"。

希望对公社进行改革。带领广汉干部群众率先进行改革的县委书记常光南,向县委一班人说,参加革命以来,一直是听党的话,党叫干啥就干啥,当干部几十年,老百姓现在还这样贫困,有的连饭都吃不饱,作为共产党员,心里非常难过,这样下去,怎么向人民交代?

1977 年秋,四川广汉的一些生产队长自己主持,向生产队的权力发起了第一次挑战。他们挂起了"分组作业、定产奖惩"的招牌。实行这套办法,势必会对"三级核算、队为基础"的人民公社体制形成强大的冲击。

没有一个得力人物的支持,金鱼公社的生产队长们是不敢这么搞的。这位得力人物就是常光南。常光南看上去像要把"队为基础"的原则抛在一边,现在看来包产到组还不是很彻底的反叛,因为他并没有要生产队长们放弃最终分配产品的权力。为了避免政治方面的各种麻烦,常光南还是有意识地绕开"包"字,把他的办法说成"定"产。尽管如此,但他的压力依然不小。

在县委常委扩大会上,一位年轻的公社干部质问他:"定就是包,包就是定,说法不同,实质一样!"一位下级劝他谨慎行事。另一位上级也跟着出来挡驾:"这个你也敢搞?"但是常光南铁了心,一意孤行。

事情最终惊动了四川省委,省委书记来到广汉视察。

省委书记问常光南:"你为什么搞包产到组?"

常光南说:"我当基层干部几十年,群众连饭都吃不饱,心里有愧。现在粉碎'四人帮'了,既然我当县委书记,我就有责任叫群众吃饱饭。"

省委书记赞许地点点头,说:"你的意见对。在你们广汉搞个点,要克服过去不讲实际的做法,第一要发展生产,第二要增加群众收入,否则不搞。你这个县委书记要把好这个关。"

包产到组好不好,最终还得看农作物的收成。在以后的几个月里,虽然有省委书记的言论支持,常光南和老百姓还是提心吊胆地注视着地里的庄稼。他只能寄希望于金鱼公社的粮食丰收,这是对反对他的人最好的回答。

这样没着没落地过了几个月,到 1978 年夏季,金鱼公社的粮食总产量猛增 250 万公斤,是新中国成立以来粮食年增长量最多的一年,常光南绷紧的心这才稍微放松了些。

1978 年 12 月 10 日,《人民日报》刊发了一篇报道,题目是《广汉县对干部社员实行奖励制度》,介绍了广汉的经验。这条消息犹如一声惊雷,打破了农村经济体制死水般的寂静。

时任省委领导认为这项改革“势在必行”

1978 年 5 月,常光南组织全县 22 个公社,以生产组为单位,普遍实行联产承包责任制后,便带领工作人员到向阳公社进行“改革人民公社”的试点。当时的向阳公社只有 6 000 多人。由于有砂石资源,集体经济转好,干部群众也有一定的改革意识。“文化大革命”后期,公社领导便悄悄地在公社酒厂搞承包经营,规定每年向公社包干上交 5 万元,一切生产经营活动由厂长负责,公社不干预。

常光南在这里搞改革试点,首先从社队企业入手,成立“工业公司”管理企业,改“官办为民办”,并号召干部群众投资入股,谁的股金多,谁当董事长。同时,成立了“农业公司”,负责管理农业生产。将公社供销社改为“商业公司”,管理商业流通。三个公司联合成立“农工商联合公司”,统管全公社的工农业生产和全部经济工作。公社管委会,只负责计划生育、社会治安、文教卫生等行政工作。这样改革,“政社合一”“政经不分”的管理体制便不复存在。向阳的试点改革,得到了省委领导的支持,1978 年年底,四川省委派工作组到广汉调查研究,总结经验帮助广汉县委继续深入地开展农村改革。

1980 年 3 月,四川省委办公厅通知广汉县委书记常光南和其他几位副书记,到成都金牛宾馆座谈广汉的改革问题。常光南在汇报广汉改革情况的过程中,谈到了取消人民公社的问题,省委主要领导听后,当场便向其他省委领导同志说:“要允许广汉进行改革试验,先在一个乡搞,失败了影响不大,失败了重来。”

常光南同向阳公社党委书记李国寿一起,进一步加快各项准备工作,在春耕大忙后的 1980 年 3 月下旬,由李国寿主持召开了公社、大队、生产队全体干部会议,常光南向到会干部讲述了撤销人民公社、建立乡人民政府的意义和具体安排意见,全体干部一致拥护。

1980 年 4 月下旬,常光南到吉林省考察同当地以油换粮的问题,曾到广汉考察过农村改革的吉林省省长张根生接见了他。正在吉林视察工作的国务院一位副总理听说常光南在吉林,也专门接见了他,并要他汇报广汉改革的进展情况,还存在什么问题。常光南在汇报中提出取消人民公社,恢复建立乡人民政府是否可行?副总理说道:"这项改革势在必行。"常光南反复琢磨"势在必行"的深刻含义后心里更踏实,改革的意志更加坚定。

从东北回来后,常光南立即召开县委常委会,研究公社改制问题。常光南谈了他的想法:全国各地都在搞大包干,农民自己做主,生产队成为一级集体经济组织,基本上不负担其他行政工作,生产大队一级则几乎成为空架子,既不核算分配收入,也不好指挥生产,能不能取消生产大队这一形同虚设的经济组织,只行使它的行政职能?至于人民公社,长期党政不分,群众说它是"一平二调的架子、瞎指挥的班子、吃大锅饭的路子",与我们将要成立的农工商总公司在体制上互相摩擦。人民公社已经被架空了,挂着牌子只会阻碍集体经济的发展,把公社改成乡,政社分设,乡政府行使原公社的行政职能,农工商总公司行使原公社的经济职能。

广汉县委常委会最后决定由常光南写份报告给省委。在得到省委同意并支持后,常光南着手改革公社体制。为稳妥起见,开始,向阳乡只是成立乡公所,但乡公所只管国家征购任务,计划生育、文化教育、卫生等工作又不好管。于是常光南又在向阳试点党政分家,取消人民公社这个"政社合一"的领导体制,建立乡人民政府;同时设置乡一级的农工商总公司,行政与经济管理分开,大队改设为村,生产队改称农业生产合作社。

不宣传,不上报,"向阳乡人民政府"挂牌了

1980 年 4 月 15 日,在向阳公社二楼会议室,研究摘"向阳人民公社"牌子的

会议召开，参加会议的有广汉县委书记常光南、县委副书记夏更坤、县委农工部部长皮云述、向阳公社党委书记李国寿及向阳公社全体党委成员。

会议传达了四川省委对向阳公社体制改革报告的批复，研究了摘“人民公社”牌子具体事宜，实行党、政、经分开，成立向阳农工商联合公司，下设农业公司、工业公司、商业公司。党委管党务，政府管行政，农工商联合公司管经济。会议还就此事约定“三不”：不宣传、不登报、不广播。

1980 年 6 月 18 日，向阳召开人民代表大会，选举葛民勋为乡长，周继模、俞素清为副乡长，向阳第一届乡人民政府产生。这天，“向阳人民公社”的牌子被摘下，挂上了“向阳乡人民政府”的牌子。

就这样，在不宣传、不上报的情况下，“向阳人民公社”的牌子被摘下了，“向阳乡人民政府”的牌子悄悄地，但是十分庄重地挂在了乡人民政府的大门上。大队已被改为村，生产队已更名为农业社。全国实行人民公社 20 多年后的第一个乡人民政府，在没有举行任何庆典仪式的情况下，正式恢复。

最先报道向阳取消人民公社的是新华社的一位记者。据说这位记者是被一种叫作“陈豆腐”的向阳小吃所吸引而来到向阳的。此时已是 1980 年 8 月。新闻界的迟钝使得广汉和向阳平静地度过了几个月。记者吃完饭，偶然发现了向阳乡人民政府的牌子，于是拍下照片，并连夜写了份内参发到北京。

从新华社记者所写内参上得知此事的全国人大法制委员会，专门打电话到广汉县委办公室查询，电话是广汉县委办公室主任接的。北京方面问：“广汉是不是有个向阳公社？”“是不是挂了乡人民政府的牌子？”全国人大常委会对于撤销人民公社这一震动人心的事件十分重视，数日后，又专门打电话询问“挂乡政府牌子是通过哪里批准的？”当得知仅仅是在一个乡搞改革试点的情况后，不久便派工作组专程到广汉进行查访，经过深入调查研究，反复座谈讨论，了解真实情况后，中央和全国人大对这一改革予以了充分肯定和支持。至此，常光南和广汉县委一班人才长长地舒了口气。由于得到中央和上级党委的支持，受到广大干部群众的拥护，广汉县委正式做出决定，要求 1980 年年底以前，全县 22 个人民公社,先后召开人民代表大会,全部正式成立乡人民政府。

1982 年 12 月,五届全国人民代表大会第五次会议通过了《中华人民共和国宪法》,其中第九十五条规定“乡、民族乡、镇设立人民代表大会和人民政府”,第一百零七条规定“乡、民族乡、镇的人民政府执行本级人民代表大会的决议和上级国家行政机关的决定和命令,管理本行政区域内的行政工作”,第一百一十一条规定“农村按居民居住地设立的村民委员会是基层群众性自治组织”,从此确立“乡政村治”体制模式。1983 年 10 月,中共中央、国务院发出《关于实行政社分开建立乡政府的通知》中指出,“当前的首要任务是把政社分开,建立乡政府。同时按乡建立乡党委,并根据生产的需要和群众的意愿逐步建立经济组织”。

至此,“人民公社”终于退出了中国的历史舞台!

2017 年 7 月 31 日,常光南在德阳逝世,享年 91 岁。

向阳镇党委书记的理想色彩

2006 年 12 月 28 日,笔者到访向阳镇,还是那座办公楼,还是一群热情的镇干部。刚刚上任才一个星期的镇党委书记王洪热情地接待了笔者。

笔者采访的首要问题还是关于向阳镇的机构变迁。

王洪介绍,经川府民政〔1985〕167 号文件批准,于 1985 年 12 月 31 日撤乡建镇,第一届镇长是钟太银,副镇长是邓跃成、缪培富。2006 年 12 月,王洪任镇党委书记,副书记、镇长罗华忠。

王洪详细介绍了向阳镇政府人员编制情况,向阳镇现有编制涉及:一是行政编制 28 名,其中,书记 1 名、副书记 2 名(其中 1 名由党员镇长兼任)、镇长 1 名、副镇长 3 名、人大专职副主席 1 名。二是工勤控制数 2 名。三是事业编制 11 名,其中社会事业和计划生育服务中心 6 名,农业服务中心 5 名。

“而实际用人情况是”王洪话锋一转说,“现有行政人员 31 人,其中领导干部 9 人,享受正科级待遇 4 人,科员 20 人;工勤人员 2 人;事业编制人员 11 人,其中社会事业和计划生育服务中心 6 人,农业服务中心 5 人”。人民公社已成为历史。以政社合一、一大二公、一平二调为特征的人民公社体制，其根本性缺陷，是它作为农民自己的经济组织有名无实，严重影响农民独立自主地进行经营和建设，致使农民对社会主义制度产生疑虑，对集体经济丧失信心。因而，人民公社的终结和乡政府的建立，就不仅是一场生产体制的变革，更重要的是一场农村基层政权体制的伟大改革，是政治体制改革的重要组成部分。向阳改制的历史意义，就在于它是这场伟大变革的起点。

尽管才到向阳工作没几天，但王洪感慨良多："乡政"是国家与乡村社会之间的中间环节，上接县，下连村，任何孤立或单项的乡政改革都很难取得实质性成效。因此，应进行县、乡、村三级联动式的结构性改革，即由"乡政村治"体制向"县政乡派村治"的制度模式转换，打通"乡政"与"村治"的隔绝机制，建构一个高效廉洁、国家与社会良性互动的乡村治理体系。

王洪说，向阳镇已经逐步建成了以饲料、制药、造纸、化工、电气设备、建材、食品加工等产业为支柱的100多家企业，产品远销日本、德国、美国、中国香港、中国台湾等国家和地区，并带动了其他相关产业的发展。下一步，将以提高科技含量和企业规模来增强抗风险能力，尤其是对电气工业园区的运作进行大力扶持，建立占地3.95平方千米以四川电气设备成套厂为核心的电气工业园区，努力使之成为新的经济增长点。

"下一步，坚持用抓工业的思路抓农业，对农业实行产业化经营、工厂化生产、市场化营销、项目化运作、科学化武装、社会化服务。现已形成以四川绿科农业高技术有限公司、青水屋为龙头的蔬菜生产基地，以江南村牛市为龙头的优质肉牛养殖基地，以四川路桥绿化环保发展有限公司为龙头的花木生产基地。"王洪如是说。

2008年1月8日，在中央财经大学举办、笔者主持的"中国改革开放30年学术研讨会"上，中央党校王东京教授指出，人民公社本身的弊端是促使公社速散的内在驱动力。第一，人民公社的集体平均主义行为严重挫伤了人民群众的主动性、创造性。第二，公社运动存在明显的空想色彩。第三，在某种程度上，公社化运动实质上是一种反现代化运动:其一,把人口固定在农村土地上与城市化相背离;其二,工农商学兵合为一体与专业分层化相背离;其三,农民身份固定化与社会身份流动相背离;其四,社会生活单一化与多样化的发展方向相背离;其四,人民公社忽视了农村社会主体——农民的生存需求和发展需要。

诚然,当我们深刻地体会并认识到生产关系一定要适应生产力的性质和水平这一唯物主义原理的正确性、不可动摇性时,从受挫的试验中汲取教益的不只是广大的中国农村。十一届三中全会以来,以农村为突破口的改革,已触发中国经济和社会的全面变革。

镇党委书记的“补短板”说

2018 年,宋友和杨牧晨分任向阳镇党委书记、镇长。据副镇长杨宏达介绍,向阳镇已经将精准扶贫精准脱贫列入重要工作进行安排,镇党委、镇政府下发文件的表述是:下足“绣花”功夫精准扶贫精准脱贫,确保脱贫攻坚政策落实、措施落实、责任落实、资金落实、项目落实,做到脱真贫、真脱贫。而镇党委书记的“补短板”说,亮点不断。

——围绕“两不愁”补短板。稳定实现扶贫对象不愁吃、不愁穿。围绕实现人均纯收入 4 200 元的年度脱贫标准,坚持贫困群众主体地位,激发贫困群众内生动力,不断增强贫困群众自身发展能力。充分用好以奖代补、以购代捐、量化入股和“返还式扶贫”等模式,鼓励贫困户积极参与发展“三优两高”现代农业,促进贫困户增收;确保 2018 年贫困家庭劳动力就业规模稳定在 600 人以上,组织贫困家庭劳动力参加就业扶贫培训 10 人以上,有劳动能力的贫困家庭至少有 1 人实现稳定就业增收。

——围绕“三保障”补短板。一是强化义务教育有保障。抓好“控辍保学”,落实助学政策,确保贫困家庭学生不因贫辍学;继续实施职业教育“9+3”和“三免三定”计划。二是强化基本医疗有保障。贫困人口 100%参加城乡居民基本医疗保险,优先落实贫困人口“十免四补助”,强化“两保、三救助、三基金”扶持，确保贫困患者县域内住院和慢性病门诊维持治疗医疗费用个人支付占比均控制在 10%以内；实现家庭医生签约服务全覆盖，继续做好 2018 年脱贫攻坚期内贫困人口免费健康体检工作。三是强化住房安全有保障。

——围绕“一低五有”补短板。试点探索“土地银行”扶贫模式，通过“存地”“贷地”“利益分配”，推进土地向家庭农场、合作社、涉农企业等新型经营主体流转，实现农户和村集体经济双赢。持续做好村卫生室、文化室建设，完善相关配套设施，满足群众需求。加快通信网络建设，实现“村村通”通信网络。

——围绕“四个好”补短板。坚持脱贫攻坚与乡村振兴战略相结合，深入开展“四好村”创建活动，创建省级“四好村”2 个，市级“四好村”3 个。坚持扶贫与扶志、扶智相结合，引导贫困户积极参与文化扶贫行动，推进村综合文化服务中心（文化院坝）全覆盖，实现广播村村响、电视户户通、图书常更新，村村有多功能室、文化广场、阅报栏、体育设施和文化活动。积极创建文明村镇和文明家庭。深入开展“万千百十”文学扶贫。继续办好“农民夜校”，完善授课制度，广泛组织贫困群众学文化、学政策、学法律、学技术。通过激发贫困群众内心自觉，积极引导贫困群众养成好习惯、形成好风气。

2017 年 12 月 28 日，重庆智库、大运河智库联合调研组专访向阳镇时，恰逢向阳镇召开十九届人大第三次会议。向阳镇镇长杨牧晨在政府工作报告中指出，2017 年全镇实现规模以上工业总产值 67.2 亿元，完成全年目标任务的 101.45%；实现招商引资到位资金 6.10 亿元，完成全年目标任务的 101.67%；完成固定资产投资 5.60 亿元，完成全年目标任务的 106.00%；一般预算收入 5 968 万元，完成全年目标任务的 123.00%，主要经济指标均圆满完成。

源头背景

人民公社备忘录

人民公社从 1958 年出现到 1985 年结束，前后共经历了 27 年。

1958 年年初，在“大跃进”的催生下，毛泽东指示有关部门起草了《关于把小型的农业合作社合并为大社的意见》和《关于发展地方工业问题的意见》,4月上旬正式下发,一种打破社与社界限和工农业分工的大社开始出现。

1958 年 4 月底,毛泽东在广州谈到我国乡村前景时,设想将会有许多共产主义公社。6 月 30 日,刘少奇在同《北京日报》编辑谈话时提出,对共产主义社会的基层组织,现在就要开始试验。7 月初,谭震林在华北六省市农业协作会议上讲了党中央和毛泽东关于办公社的设想和道理。7 月 1 日、16 日出版的《红旗》杂志第 3、4 期上,分别发表了陈伯达的《全新的社会,全新的人》和《在毛泽东的旗帜下》,第一次公开引述毛泽东的设想和正式使用"人民公社"的名称,对各地人民公社的兴起产生了重大影响。

1958 年 7 月中旬,第一个人民公社河南遂平县嵖岈山卫星人民公社成立。

1958 年 8 月上旬,毛泽东视察河北、河南、山东三省,肯定了"人民公社这个名字好"。随后人民公社在许多地方建立起来。

1958 年 8 月 29 日,北戴河政治局扩大会议通过了《中共中央关于在农村建立人民公社问题的决议》,全国在 1 个月左右的时间里基本实现公社化。到 9月底,共建立人民公社 23 000 多个,入社农户 1.1 亿多户,占全国总农户的 90%以上。

1958 年 11 月 28 日—12 月 10 日,八届六中全会通过了毛泽东主持起草的《关于人民公社若干问题的决议》,针对人民公社存在的问题,主要强调了三点:企图在条件不成熟时勉强进入共产主义是一种空想;向全民所有制和共产主义过渡必须以一定程度生产力的发展为基础;坚持继续发展商品生产和保持按劳分配的原则,社员个人财产永远归个人所有。

1975 年颁布的《中华人民共和国宪法》第七条规定:农村人民公社是政社合一的组织,现阶段农村人民公社的集体所有制经济,一般实行三级所有,队为基础。

1978 年 12 月召开的十一届三中全会制止了"文化大革命"中再度刮起的急于过渡风,全会明确提出,公社现在的三级所有,以生产队为基本核算单位的制度"要继续稳定地实行",不允许在条件不具备时匆忙过渡。

1979 年 7 月 1 日,五届全国人大二次会议通过的《中华人民共和国地方各级人民代表大会和地方各级人民政府组织法》第一条规定:人民公社设立人民代表大会和管理委员会。9 月 28 日,十一届四中全会通过的《中共中央关于加快农业发展若干问题的决定》重申:人民公社、生产大队和生产队的所有权和自主权应该受到国家法律的切实保护。与此同时,各地普遍实行的家庭联产承包责任制迅速取代人民公社生产体制。

1980 年 4 月,四川广汉县向阳镇在全国率先取消人民公社体制,成立乡人民政府。

1982 年 12 月,五届全国人大五次会议修改宪法,决定改变农村人民公社政社合一体制,重新设立乡政府。人民公社宣告退出历史舞台。

1983 年,全国共有 12 702 个人民公社宣布解体;1984 年,又有 39 838 个人民公社宣布解体;1985 年,剩余的 249 个人民公社也全部解体。至此,人民公社和它下属的生产队在我国不复存在,取而代之的是 61 766 个乡镇政府和 847 894个村民委员会。截至 1985 年 6 月,全国共有 56 000 多个人民公社改为乡,同时大队改为村,生产队改为组。彼时,向阳已经获批撤乡建镇。

源头链接

向阳,有幸置身于四川德阳和广汉

【四川省】位于中国西南,地处长江上游,东连渝,南邻滇、黔,西接西藏,北界青、甘、陕三省。东西长 1 075 余千米,南北宽 900 余千米,面积 48.6 万平方千米,次于新疆、西藏、内蒙古和青海,居全国第五位。2017 年实现地区生产总值 30 103.1 亿元、增长 7.9%,地方一般公共预算收入增长 7.9%,城镇居民人均可支配收入增长 8.1%,农村居民人均可支配收入增长 9.6%,城镇登记失业率 4. 1%,居民消费水平上涨 1.5%。

【德阳市】1983 年经国务院批准成立的地级市,地处成都平原腹地,是成

(成都)—德(德阳)—绵(绵阳)高新产业带的重要组成部分。距省会成都50千米,宝成铁路、成达铁路、成绵高速公路和国道108线贯穿境内,南有成都双流国际机场、北有绵阳南郊机场。现辖旌阳区、中江县和罗江县,代管广汉市、什邡市、绵竹市。面积5 911平方千米,户籍人口392万 。2017年实现地区生产总值1 960.6亿元、增长9%,总量与增速均保持全省前列;一般公共预算收入106.2亿元、同口径增长10.2%。

【广汉市】地处川西平原腹地,1988年国务院批准撤县建市,古称汉州,别名雒城。北距德阳市区19千米,南临成都市区24千米,距双流国际机场40分钟车程。全市面积538平方千米,辖18个乡镇,183个行政村,总人口60余万,城区面积34.3平方千米,城镇化率达50%。

【向阳镇】位于成都平原北部,距广汉市区9千米,距成都市30千米,是德阳市的南大门,与成都市青白江毗邻。面积39平方千米,总耕地面积3万亩,人均耕地面积0.87亩,辖15个村,154个社,1个社区,1个居委会,总人口3.44万人,其中农业人口2.13万人,城镇人口1.31万人。2017年,全镇实现生产总值27亿元,同比增长9.6%;实现一般预算收入5 968万元。镇域经济综合实力走在了德阳全市前列,被列为四川全省首批百镇行动试点镇。

源头延伸

从公社到乡镇,回味留给历史

改革开放以来,我国的乡镇改革已走过了25年,大体可分为4个阶段,即1980—1985年的"社改乡"和"乡政村治"体制建立;1986—1989年的"撤并乡镇"和推行"村民自治";1990—1997年的县乡综合改革试点和建立健全农业社会化服务体系;1998年至今的农村税费改革和乡镇管理体制创新。

十一届三中全会公报指出,应该在党的一元化领导之下,认真解决党政企不分、以党代政、以政代企的现象,实行分级分工分人负责,加强管理机构和管理人员的权限和责任,减少会议公文,提高工作效率,认真实行考核、奖惩、升降等制度。

全国农村普遍实行家庭联产承包责任制后，原有的人民公社政社合一的体制已不能适应生产力发展的需要。原有的人民公社、生产大队和生产队三级经济组织实际是上下级之间的行政隶属关系，失去了商品生产者应有的地位和活力。政社不分也削弱了基层政权机构管理行政事务的能力。要发展农村商品经济，就必须对人民公社政社合一的体制彻底改革。

这一改革经历了3个阶段：1979年3月—1982年12月，全国有9个省、直辖市的213个公社开展试点工作，有5个县全部建立了乡政府。1982年12月—1983年秋，新《宪法》规定农村人民公社要改变政社合一的体制，设立乡政府，保留人民公社作为单纯的经济组织。各地继续扩大试点。

1983年10月12日，中共中央、国务院发出《关于实行政社分开建立乡政府的通知》（以下简称《通知》）。《通知》指出，随着农村经济体制的改革，现行农村政社合一的体制显得很不适应。宪法已明确规定在农村建立乡政府，政社必须相应分开。到1984年年底，已有99%以上的农村人民公社完成了政社分开的工作，建立了9.1万个乡（镇）政府，并建立了92.6万个村民委员会。

从1998年起，我国一直开展以“撤并乡镇、精简机构、分流人员”为主要标志的乡镇机构改革。但乡镇机构改革预先设定“精简、效能、节约”的目标并没有达到，同时还出现了许多“按下葫芦露出瓢”的社会衍生现象。总体而言，我国目前的县级机构改革基本是“按兵不动”，乡镇机构改革正处于“动荡不安”的变局之中，继续推行村民自治也处于“左右为难”的境地。可以说，农村政治体制改革这场大戏现在还没有正式“登台亮相”。

在乡镇机构变迁的进程中令人诧异的是，河北石家庄晋州市周家庄人民公社自1958年诞生以来，一直坚持记工分、分口粮、集中耕作、统一分配的集体所有制经济。周家庄人民公社的经济活动，一切劳动计算都是以工分为标准，看大门的、修拖拉机的、开车的，甚至包括公社干部、队长的工资都要到年终按工分进行收入分配。通过发展劳动密集型工业，周家庄2005年的人均纯收入达到 5 000 余元，而全国农民的人均收入是 3 255 元。对于这个唯一存在的人民公社，答案还暂时无法索解。

文骐看源头

我穿过瓢泼大雨，紧急通知村干部……

1983 年，中国大地上的数万个人民公社，呼啦啦改成了乡人民政府，官方当时称此举为“政社分设”。文骐有幸成为这场重大变革后乡政府的首批工作人员。以下撷取的情景和经历，或许对即将展开的县乡两级新一轮改革中的年轻公务员们有所启示。

1983 年 9 月，素有苏北“兰考”之称的江苏省响水县经有关部门批准，成立老舍乡人民政府；这个老舍和著名作家老舍并无关联，只是一个地名。不过，在老舍乡十几年的发展历程中，外县、外省不少人总认为这就是老舍的故乡，借名人扬名，时间一长，这里的干部群众也就不做解释了。也正是这个误解，老舍乡在华东地区还享有一定的知名度，这是后话。而我当时供职的正是老舍乡人民政府。

乡政府的办公用房是在征用的农田上新建的，两排红砖青瓦房，总共 32 间，没有围墙。乡长王维元是刚从邻乡调来的。在乡政府第一次工作会议上，王乡长说：“老舍乡政府刚成立，人手少，工作量大，我们要克服困难，团结一致，把各项工作做好。”因我当时初涉社会，觉得王乡长仅仅是一次动员讲话，然而，那几句今天听来很平常的话显然有其独特的内涵和分量。

乡政府办公室当时只有 3 个人：文书、农情员、通讯报道员。办公室的主要职能是“上传下达”。农情员和通讯报道员对文书负责。我当时的岗位是通讯报道兼写材料。从办公室的配备上可以看出领导意图。全乡农业生产以粮棉为主，农情员负责每天两次向县农业局报告季节性农业生产的进展情况。而我则把农业生产中的新思路、新方法、好人好事写成广播稿寄往县广播站，把各类经验材料写好后定期送往县委办公室。

1984 年 5 月的一天夜里，突然下起了瓢泼大雨，一阵急促的电话铃声把我从睡梦中惊醒，是县防汛指挥部的电话找王乡长。当时乡政府 20 多人共用一部“摇把子”电话。我急忙冲进雨帘，朝后排东边那间房跑。还未到，王乡长已开门出来。接完电话后，王乡长吩咐我和农情员分头跑 3 个村，把支部书记和村委会主任找来开紧急会议。当时容不得我多想，踏着泥泞，我深一脚浅一脚找到了两个村 4 位村干部家，待赶回乡政府已是凌晨 3 点。王乡长紧急部署抗洪排涝方案，从田间排水说到引水入河，又说到如何安置因房屋进水而受灾的困难户，前后只布置了半小时，那几位村干部便急匆匆离开了乡政府办公室回村执行方案去了。

那一年，老舍乡的小麦丰收了，县政府发了嘉奖令。针对这件事，后来我一直在想：如果当时也像现在这样通信便捷多好，就不会在大雨天里奔跑只为了传递几句话。如今通信很发达，打个电话便能解决一些小问题已不足为奇，但在少数地方，农民到乡政府办事还会“跑断腿”。

想法很多，但往往是因环境因条件因人而左右思维的。就在 1984 年的秋天，老舍乡拾份村支部书记周鹤生因承包 6.67 公顷荒地种水稻大获丰收，轰动了全省。当时我想，中央有文件鼓励土地向种田能手集中，周鹤生是个典型，也是很好的报道素材。一星期后，我写的这条消息登上了《人民日报》。这条消息登上了大报，也为我的 18 岁生日增添了一道亮丽的风景。生日那天，乡政府 28 名干部一起来祝贺，李道成文书还把这件事写进了第二年 3 月的《老舍乡政府工作报告》。

往事历历。35 年后的今天我还在思考，为什么当时乡政府办公室 3 名工作人员以办公室为家，月工资拿 32 元，不要宿舍也心甘情愿！

5

中国第一个综合配套改革试验区

——浦东

开发浦东看伟人决策
第一试验眺多重谋略

浦东新区地处中国沿海开放地带的前沿和长江入海的交汇处，紧靠基础雄厚的上海老市区，背倚人杰地灵的长江三角洲，面对东北亚和东南亚经济最发达的国家和地区，处于约占世界 GDP 总值 27%的"亚太经济走廊"的中点，雄踞亚太海空航线的要冲，是一块由于各种历史原因延至 20 世纪 90 年代方得以开发建设的"黄金宝地"。开发开放浦东，是中国改革开放进程中的"重大项目"试验，唯一取向——只能成功。

国家战略——开发浦东决策是如何诞生的

20 世纪 80 年代初，上海市曾多次提出和讨论开发浦东。

1983 年，在《上海经济发展战略》研究中，有关学者就提出上海向多功能中心发展和开发浦东的建议。

1984 年年底，国务院改造振兴上海调研组和上海市人民政府联合制订了《上海经济发展战略汇报提纲》，提出了南下、北上和东进改造与振兴上海的三个方案：南下，就是开发吴泾、闵行、金山一直到杭州湾；北上，就是开发吴淞、宝山，与建设中的宝钢连为一体；东进，就是开发开放浦东，重塑现代国际大都市形象。

然而，当时的上海却陷入重重困难，那的确是一段让上海人民永远无法忘怀的艰难时光：财政收入不断拉响"滑坡"的警报，城市"膨胀病"愈演愈烈，城市基础设施欠账累累，城市发展空间日益狭小，住房拥挤，交通堵塞，通信不畅，环境污染严重……苦于自身条件的严重束缚，上海一时无法展现其雄风，人们唉声叹气，情绪浮躁。

1984 年,上海市委、市政府决定成立课题组,由副市长倪天增担任组长,对浦东地区的规划和布局进行专题调研,初步提出了开发浦东的基本构想,当时主要是从整个上海的发展来考虑浦东"一盘棋"的。

从 1986 年到 1988 年,上海市官方召开了多次国际性的研讨会,民间学术机构也乐此不疲,纷纷加入探讨上海的发展和开发浦东的阵营。

1986 年,国务院在对《上海城市总体规划方案》的批复中明确指出,"要把上海建设成为太平洋西岸的经济、贸易、金融中心之一""有计划地建设和改造浦东地区"。

在市长江泽民的支持下,1987 年 6 月,上海市政府成立了浦东开发研究小组,上海市原市长汪道涵应邀担任总顾问。罗伯特·劳伦斯·库恩的《江泽民传》特别提道:"最远大的计划是为未来浦东新区的发展打下基础,这是影响及于全国的重大地区发展尝试。江泽民让汪道涵负责考察这一项目,草拟初步方案。"

与此同时,上海市还成立了上海浦东开发联合咨询小组,邀请著名美籍桥梁专家林同炎等 10 人参加,开始进行前期准备工作。

1988 年 5 月 2 日—4 日,"浦东开发国际研讨会" 在上海西郊宾馆召开。上海市委书记江泽民同志在会上发表讲话:"中华人民共和国成立 40 年来,我们重视了经济的发展,特别是工业的发展,但由于种种原因,来不及相应地进行城市改造和建设,以致削弱了经济中心的功能和对外对内枢纽的功能。这种状况当然不允许再延续下去。"他道出了 1 000 万上海人民的心声。

时任上海市市长的朱镕基同志在一次干部大会上激动地这样呼吁:"起来,不愿上海沉沦的人们,让我们一起重振上海雄风!"与会的国内外专家学者纷纷发表意见和建议。浦东,第一次进入了世界的视野。

1989 年邓小平同志说了一段语重心长的话:"现在国际上担心我们会收,我们就要做几件事情,表明我们改革开放的政策不变,而且要进一步地改革开放。"做几件什么事情呢? 当然不可能是小事,而必须是能改变国际观感、能体现中国形象、能显示中国分量的大事。邓小平同志高瞻远瞩，总揽全局，把握历史机遇，把进一步扩大改革开放的目光投向了长江三角洲，投向了启动中国经济的王牌——上海，投向了有着巨大潜力的浦东。从政治上看，开发开放上海浦东，将具有继续毫不动摇地推进对外开放和扩大对外开放的标志性意义。

在邓小平同志的倡导下，以江泽民同志为核心的党中央做出了开发开放上海浦东的战略决策。

1990 年 1 月，邓小平在上海过春节，上海市委书记、市长朱镕基向邓小平同志汇报浦东开发开放的设想和准备。邓小平同志说，这是个好事，早该如此，可惜迟了 5 年。他还说要做几件事情，一下子把开放的旗帜打出去，要有点勇气。2 月中旬，邓小平离沪回京，在汽车上，邓小平转过身来很严肃地对朱镕基说："你们提出来开发浦东，我赞成。"2 月 17 日，邓小平接见香港基本法起草委员会的全体成员时，对在场的几位中央领导说："我已经退下来了，但还有一件事要说一下，那就是上海的浦东开发，你们要多关心。"同年 3 月 3 日，邓小平又与中共中央总书记江泽民和国务院总理李鹏进行了一次十分重要的谈话，明确指出："要实现适当的发展速度，不能只在眼前的事务里面打圈子，要用宏观战略的眼光分析问题，拿出具体措施。机会要抓住，决策要及时，要研究一下哪些地方条件更好，可以更广大地开源。比如抓上海，就算一个大措施。上海是我们的王牌，把上海搞起来是一条捷径。"①在邓小平同志的亲自关怀下，国务委员、国家计委主任邹家华受国务院委派立即飞赴上海对浦东进行初步考察。

1990 年 2 月 26 日，上海市委、市政府正式向党中央、国务院提出了《关于开发开放浦东的请示》。同年 3 月 28 日，中共中央政治局常委、国务院副总理姚依林再率庞大的工作班子飞抵上海，从浦西到浦东进行深入细致的调查，两次与上海市党政领导及有关专家座谈、商谈，最后形成了《关于上海浦东开发几个问题的汇报》。同年 4 月 10 日，中共中央政治局常委、国务院总理李鹏在北京

① 中共中央文献编辑委员会.邓小平文选:第三卷[M].北京:人民出版社,1993:355.

主持国务院会议，听取姚依林关于开发浦东的专题报告，并对开发开放中的若干问题逐个做了研究。两天以后在同一个会场，中共中央总书记江泽民主持中央政治局会议通过了浦东开发开放的决策。

1990 年 4 月 18 日，李鹏代表党中央、国务院在上海大众汽车成立 5 周年大会上正式宣布中央同意上海加快浦东开发。从此，历史翻开了上海浦东开发开放的扉页。中国开发、开放上海浦东的决定甫出，外电纷纷评论，随着浦东建设的启动，应当在国际视野下重新认识和逐步深化上海的战略定位。

1992 年春天，邓小平同志再次来到上海，并在上海市委书记吴邦国和上海市市长黄菊的陪同下，视察了南浦大桥和杨浦大桥建设工地现场。在先后听取了吴邦国和黄菊的汇报后，他说："浦东开发比深圳晚，但起点可以更高，我相信可以后来居上。"1993 年 12 月，邓小平同志顶着凛冽的寒风走在杨浦大桥上，眺望热闹的浦东建设景象，十分感慨地说："喜看今日路，胜读百年书。"这是中国改革开放的总设计师看到浦东开发的成功之路后的欣喜和肯定。

江泽民同志曾经 19 次去浦东视察，做出了一系列重要指示，要求"把浦东开发这项跨世纪的伟大工程搞好"。

胡锦涛总书记 2004 年 7 月 26 日—29 日到浦东调研时指出："要继续搞好浦东开发开放，加快体制创新，不断提高外向型经济层次，努力在更高的起点上实现快速发展。"

渐次转型——机构沿革折射浦东变迁

浦东最初的规划控制区位于黄浦江以东、长江口西南、川杨河以北，紧靠浦西老市区，面积约 350 平方千米(1992 年扩大为 522.7 平方千米)。1992 年最终形成了"一个龙头，三个中心"，即以浦东的开发开放为龙头，把上海建设成国际经济、金融、贸易中心之一的战略定位。在 20 世纪 90 年代的浦东开发中，浦东的行政管理体制经历了三次大的调整，并演进至保持建制前提下的综合配套改革试点的新阶段。

上海市人民政府浦东开发办公室（1990—1992 年）

浦东 350 平方千米的规划控制范围内，含三区两县（南市、黄浦、杨浦三区和上海县）的部分地域，以及川沙县全境。开发初期，为了快速启动建设和实现在体制机制上的转变，上海市在浦东新区建立了行政协调的管理体制，即原有的三区两县的行政管理职能不变；设立浦东开发办公室，作为市政府派出机构，对浦东的开发建设进行总体构思、组织协调。

浦东开发办公室首任主任杨昌基，男，1932 年出生，大学学历，教授。历任河南省人民政府第一副秘书长兼办公厅主任，上海市浦东开发领导小组常务副组长兼上海市浦东开发办公室主任，国务院生产办副主任，国家经贸委常务副主任，中国联通有限责任公司董事长、党组书记，高华证券股份有限公司独立董事、中国会计师协会专家顾问等职。

同时，上海市各委办局凡有需要的，在浦东设立开发办（处）；设立浦东新区规划设计研究院，对浦东新区开发进行总体规划研究和设计。

这种开发建设管理与日常行政管理并行的管理模式，在浦东开发初期取得了明显的成效，保证了开发初期规划和政策设计的快速、高效。但传统的低效率行政管理体制没有从根本上触动，浦东进入实质性开发阶段以后，上海市对开发初期的管理体制进行了调整。

中共上海市浦东新区工作委员会和上海市浦东新区管理委员会（1993—2000 年）

1992 年，经国务院批准，将黄浦、南市、杨浦三区和上海县的浦东部分，从原行政区划出，撤销川沙县，设立浦东新区。1993 年年初，成立了中共上海市浦东新区工作委员会和上海市浦东新区管理委员会，其作为中共上海市委、市政府的派出机构，由上海市副市长赵启正（任职时间：1992—1998 年）担任党工委书记兼管委会主任，新区管委会下设 10 个局办。浦东新区不设人大和政协，由市人大和市政协派驻联络处。这期间浦东新区的管理体制有以下特点：一是党政合一、政企分离；二是高级别、高授权，新区党工委和新区管委会，“一把手”均为副省级；三是机构精简、统一。当时，上海市政府有100多个委办局，浦西的每个区县也有50个左右的局办。而浦东新区管委会下设10个局办，800个编制，比浦西的区县减少了一半。

浦东新区的管理体制大体延续了改革开放初期经济特区的模式。高级别、高授权，有利于突破旧体制的束缚，有利于争取和行使国家优惠政策；较为精简的政府机构有利于提高行政效率。20世纪90年代浦东新区的高速发展，与这种精简、统一、高效的管理体制有很大关系。

然而，作为经济转型和大规模开发期特定的产物，那个时期浦东新区的管理体制又带有很强的计划经济色彩和“非正常”的特点。如浦东新区政府对土地开发和引资的过多控制；在500多平方千米的辖区内，乡镇人大、政协与市人大、政协之间缺少正规的区一级组织的承接，形成了特定意义的体制“断层”。

建立浦东新区党委、政府（2000年8月）

20世纪90年代后期，国家对浦东新区的优惠政策逐渐弱化，新区大规模开发建设基本结束。2000年，在浦东开发、开放10周年之际，上海市政府决定撤销浦东新区党工委和管委会体制，正式建立区委、区政府、区人大、区政协，浦东新区行政管理体制回归到正常的政治架构。

首届浦东新区区委、区政府主要领导分别是：2000年6月，上海市副市长周禹鹏兼任浦东新区区委书记；2000年8月，上海市政府副秘书长胡炜出任浦东新区区委副书记、区长。

虽然从行政区划上，浦东成为上海诸多的区政府中的一个，但上海市委、市政府还是通过领导干部高配等措施，为从实质政策上有异于其他区的浦东罩上了一层特殊的“外衣”。从第一任主要领导迄今，区委书记始终由副部级领导兼任，区长担任者从首任的上海市政府副秘书长到现在的副部级世博会执委会专职副主任，也表明了决策层的态度。

综合配套改革试点时期(2005年6月至今)

2005年6月21日,国务院正式批准浦东进行综合配套改革试点。2006年1月,由上海市发改委牵头制定的综合配套改革"总体方案"和"三年行动计划"获国家发改委正式批复,明确并细化了综合配套改革试点的10项任务。浦东综合配套改革试点以来,已有14个国家部委在浦东开展了23项改革试点。

在上海市推进浦东综合配套改革试点大会上,上海市市长韩正明确提出,浦东要参照"二级市"管理模式进行行政管理体制改革,凡是可以下放的权限都要下移到浦东新区层面。

中央部委与上海市政府联手推进改革,浦东综合配套改革试点实行"双组长部市合作机制",时任国家发改委主任马凯和上海市长韩正担任双组长。迅即落实国务院对浦东综合配套改革试点提出的"三个着力"要求,即着力转变政府职能、着力转变经济运行方式和着力改变城乡二元经济与社会结构。此举预示着浦东新区将从政府、市场、社会三方面全方位"破冰"。

浦东综合配套改革试点过程中的行政管理体制改革的主要内容大致分为三块:分别建立一个集约高效的审批机制和综合执法机制;建立一个以"政府信息公开"为目的的公共服务机制;对政府效能进行监督的监督机制。

浦东综合配套改革试点过程中"两级市"模式的构想,则使"区镇联动"甚至"区镇合一"成为可能。比照"二级市"能够最大限度地化解浦东新区改革中"区镇联动"的体制障碍,"区镇联动"的核心是成立六大功能区,在功能区内以原有的开发区为中心,并把临近的乡镇也一并纳入功能区体系。

现在,浦东设置的"区下区"共有六个,分别是:陆家嘴功能区、张江功能区、金桥功能区、外高桥功能区、三林世博功能区和川沙功能区。其管理机构为功能区党工委、管委会,分别为浦东新区党委和政府的派出机构。从这些功能区的党工委、管委会领导的配置也能一窥浦东模式的特殊,有部分功能区主要负责人的级别等同于常规的上海市直属区的主要领导(正厅局级)。如浦东新区区委副书记张耀伦(正局级)兼任外高桥功能区党工委书记、管委会主任,副区长尚玉英兼任张江功能区党工委书记、管委会主任,等等。

浦东与浦西——在敏感间拿捏分寸

上海浦西的开发和建设,至今已有150余年的历史了。当浦西已经发展成为繁荣的著名大都市、享有“十里洋场”“东方巴黎”之称时,与之一江之隔的浦东却依旧是一派荒凉景象。当然,浦东开发前,并无“浦西”这一称呼,那时说的“上海”主要是指现在的浦西。虽然至20世纪50年代其局部景象颇似国际名城,但其功能却相距伦敦、巴黎、纽约甚远。

上海横跨黄浦江,是世界上著名的跨河型城市。尽管上海很早就在全世界声名远扬,被誉为“远东第一大都会”“东方巴黎”,但浦东与浦西却呈现出极不对称的城市形态。本来,对称或均衡是一条重要的美学原理,城市建设自然也不例外。环顾国际大都市,凡是跨江、跨河而立的,比如伦敦横跨泰晤士河、巴黎横跨塞纳河、布达佩斯横跨多瑙河,都是两岸均衡发展的,唯独上海这个跨河型城市例外。浦西在20世纪初已开始繁荣,而浦东到20世纪末还只有大片农田和少量破旧的厂房及民居。

纵观上海发展史,清晰可见近代上海城市的快速发展肇始于鸦片战争后的“五口通商”,外国殖民者在强迫清政府签订了租界条约之后,肆无忌惮地“越界筑路”,扩张地盘,使上海浦西的城市规模逐渐无序地增大。但是任何一个外国冒险家都不会独自去突破黄浦江这道天然屏障,去投资建设交通不便的浦东。而旧上海当局,当然也不可能有勇气和力量去破解这种畸形,让黄浦江的东西两岸比翼双飞。上海人只能面对浦东这片宝地望江兴叹,浦西繁华、浦东“乡下”,两者不和谐的发展格局,并不是母亲河的偏心,而是外国列强蚕食中国的“后遗症”。面对这种强烈的反差,中国近百年来都曾有人筹划开发浦东。从孙中山先生到著名民主人士黄炎培先生,再到国民政府,都曾经有过开发浦东的打算,但都没有成为现实。难怪民间用“宁要浦西一张床,不要浦东一间房”来形容浦东的落伍。

相对于浦西，建设初期浦东面临的任务，首先不是开发，而是旧城改造。旧城改造，比建一座新城要困难得多。日本原首相田中角荣在《日本列岛改造论》中说，改造旧的东京，比在平地上建设一个新的东京要多花 9 倍的价钱。他所估的数字未必准确，但这个观点是很有道理的。

虽然，浦东开发比浦西晚了百年，比深圳晚了整整 10 年，但是，“坚冰已经打破，航道已经开通”。虽然是迟到的开发，但这毕竟是伟大的历史性的跨越。1990 年迄今的开发建设，使浦东发生了翻天覆地的变化，一个外向型、多功能、现代化的新城区雏形已在黄浦江畔凸现，加上浦西的同步发展，这大大推动了上海城市形态从旧貌到新颜的跨越。浦东经济实力从规模较小（1990 年占 6%）到占上海举足轻重地位的跨越（2005 年占 25%），各重点小区实现了从出形象到出功能、出效益的跨越，实现了从单一的开放引资向全方位、宽领域、多层次开放的跨越，实现了社会发展从农业文明、小城镇建设向现代都市文明的跨越。

浦东新模式——全球化视野下的映照

浦东很小，面积仅为 570 平方千米。2008 年浦东人就在这“有限的空间”里，创造出“无限的可能”——仅 10 万平方米的陆家嘴，聚集了 410 家中外资金融机构；金茂大厦一幢楼一年的税收高达 7 亿元；25 平方千米的张江高科技工业园，有着美国硅谷一半的芯片设计企业；浦东金桥出口加工区，1 平方千米土地的工业年产出可达 61.7 亿元，而在 1992 年还只是 1 800 万元。

上海市委、市政府在浦东开发一开始就确立了“开发浦东，振兴上海，服务全国，面向世界”的方针，自觉地融入上海经济、金融、贸易中心建设与长江流域经济新飞跃的全局之中，融入世界经济全球化的大潮之中。

1992 年 10 月的十四大报告提出“以上海浦东开发开放为龙头，进一步开放长江沿岸城市，尽快把上海建成国际经济、金融、贸易中心之一，带动长江三角洲和整个长江流域地区经济的新飞跃”。

2000 年之前笔者在中央某新闻单位供职时，多次率记者组赴浦东采访，感慨良多：浦东开发不是简单地发展经济，不是简单地把农田变成钢筋水泥的城市森林，而是社会开发，是争取社会的全面进步。在总体规划制订、招商引资、小区开发、基础设施建设的同时，始终突出“功能开发”，促使改革全面推进，各项社会事业和精神文明建设全面发展。如今，作为全国改革的综合试验区，在发展过程中，浦东新区面临如何正确处理改革、发展与稳定三者的关系，如何通过抓改革保稳定求发展，以发展促改革保稳定。

一如浦东如何开发的路径留给我们的记忆：是复制深圳模式，还是另辟蹊径？多方考察和论证后，1987 年，上海市委、市政府向中央提出：浦东不搞“特区”搞“新区”，不搞“开发区”搞“功能区”。反复强调形态规划必须服从功能规划。不搞“特区”，意味着浦东开发建设将不倚重国家给予的特殊政策，而是靠新思路、新理念和新的发展方式，最终达到利用新区开发，带动整个城市的发展，带动长江流域腾飞的目的；不搞“开发区”，则决定了浦东不是一个功能单一的工业项目聚集地，而是集工业、金融、高科技、生物制药等为一体的产业群。

开发浦东，最需要的是资金，最重要的也是资金，最让人头痛的还是资金。怎么办？浦东人不是伸手向国家要政策、要资金，而是摒弃旧观念，创新谋出路。开发浦东，到底需花费多少？当初是 8 000 亿元。浦东开拓者们选择了“两手抓”：一只手是从资本市场上募集资金；另一只手是在土地上做文章，引入了“土地批租”的新模式。“土地批租”就是把部分土地由农村集体所有权和使用权转为国家所有、国家管理；然后，财政进行一定投入（如对土地进行“七通一平”）后取得土地资本，再将之与金融资本，社会、企业、个人资本结合，从而为重点开发小区提供启动资金，逐步形成“土地吸附资金—资金提升土地价值—土地更大规模吸附资金—新区不动产迅速升值”的良性循环。

浦东开发开放的历史进程，既光照中国，又辉映全球，它是中国在全球经济一体化进程中交出的出色答卷之一。浦东以上海 1/8 的人口、1/11 的土地面积，创造了上海 1/4 的 GDP 和工业总产值、1/2 的外贸进出口总额和 1/3 的利用外资总额,等于在短短 18 年间(1990—2008 年)再造了一个当年的大上海。

2004 年 7 月,中共中央总书记、国家主席胡锦涛视察上海时说:"要继续搞好浦东开发开放,加快体制创新,不断提高外向型经济层次,努力在更高的起点上实现快速发展。"

浦东开发开放的演化路径,使浦东这块昔日阡陌纵横的土地,变成了高楼林立的现代化新城区,变成了中国乃至亚洲最富生命力的中央商务区之一,变成了让全球人士为之赞叹的奇迹。江泽民同志曾向世界宣称,浦东是上海现代化建设的缩影,是中国改革开放的象征。浦东的崛起,让上海这颗昔日的东方明珠重新焕发出耀眼的光芒;浦东的腾飞,使亚洲的东方又升起一颗闪耀的新星。

诚然,浦东开发开放是中国改革开放发展的必然结果,又预示着更高规格、更深层次、更大规模开发开放的到来。2005 年 6 月 21 日,国务院常务会议批准浦东进行综合配套改革试点,提出了"三个着力""四个结合"的要求。这是中央对浦东开发开放的再部署。不过,和建设初期不同,国务院此次给予浦东的是一种在制度创新方面先行先试的优先权,而不涉及任何财政上的补贴和让渡。通俗地说,就是没有财税优惠政策。因此,对浦东而言,"二次创业"的担子更重、责任更大。浦东对长三角地区、对长江流域经济发展的带动作用还没有得到充分发挥。"小政府大社会"模式还有待完善,经济运行和增长方式还有很多与社会主义市场经济不配套的地方。由此引发的是,产业结构调整任务依然艰巨,服务业仍为发展"短腿",产业能级、自主创新能力、商务环境与建设"四个中心"核心功能区的要求仍有较大差距;节能降耗减排压力较大,循环经济体系尚未建立;城市管理和社会管理水平不能满足城市快速发展的需要;城乡二元结构有待进一步转变,农民增收长效机制有待完善;动迁矛盾比较集中,动迁难度加大,社会稳定压力较大。

2008 年 6 月 6 日召开的推进浦东新区综合配套改革试点工作领导小组第一次会议决定,在浦东新一轮改革中,上海市将进一步下放原先属于市级政府部门的事权,赋予浦东更大的自主发展权、自主改革权和自主创新权:一是有利于“东事东办、特事特办”，凡是属于上海本市权限的，原则上都要下放给浦东新区政府，浦东自己可以定的事情，上海市各有关部门都要尽可能让浦东自己去做；二是有利于浦东新区发展和创新，凡是国家法律法规没有明文禁止的，上海市各有关部门都要鼓励和支持其先行先试；三是有利于推动上海全局发展，全市要形成合力，争取中央改革试点在浦东先行先试。这些问题和对应方略将无限考验浦东及至上海市官员的施政智慧。

2017 年 9 月 27 日《解放日报》在题为“开明睿智才能进一步海纳百川——‘习近平在上海’系列报道之二中”写道：“2007 年 3 月 31 日，担任上海市委书记仅一周的习近平，来到浦东新区——这里，是他开启全市 19 个区县调研的第一站。”

那是一个春天的下午，风和日丽，阳光明媚，习近平首先来到浦东新区展览馆。他仔细观看一张张珍贵的老图片，了解浦东开发开放的历史进程，观看浦东开发的沙盘图、航拍图……当天在展览馆给习近平当“讲解员”的，是时任浦东新区区委常委、区委办主任、宣传部部长陈高宏。“浦东开发开放的历程，习总书记非常感兴趣。他一路边走边看，听得非常仔细，还不时问我一些细节问题。”十年后回忆当日习近平调研的场景，陈高宏记忆犹新。

在调研浦东时，习近平明确指出：“要进一步深刻认识开发开放浦东这项国家战略的重大意义。”

包括陈高宏在内，一些在浦东新区工作的干部，是从 20 世纪 90 年代初，一路见证并伴随浦东开发开放的脚步，参与其中建设的“新上海人”。

2007 年 8 月 17 日，习近平在上海市委常委会上的讲话指出，推进浦东综合配套改革，一定要按照中央精神，以一往无前的勇气、克难攻坚的胆识和先行一步的锐气，努力取得突破性进展……要为全国的改革开放探索新路、积累经验、提供示范。

浦东现状与愿景的“新措辞”

2018 年 1 月 14 日，重庆智库、大运河智库联合调研组抵达浦东新区政府时，正值浦东新区召开第六届人民代表大会第三次会议，其政府工作报告指出，2017 年实现地区生产总值增长 8.7%、达到 9 651.4 亿元，一般公共预算收入增长 8.5%、达到 996.3 亿元。

重庆智库、大运河智库联合调研组浏览政府工作报告时发现，浦东新区前进中面临的问题和困难表现为，发展不平衡、不充分的问题依然突出，如经济转型升级的压力仍然较大，实体经济的基础有待夯实；区域创新活力需要进一步提升，发展新动能有待进一步培育；城市精细化管理中还有不少薄弱环节，郊区落后于城区、管理落后于建设的问题依然突出；持续改善民生的任务非常艰巨，教育、卫生、养老等社会事业发展仍存在明显短板，统筹城乡发展还需付出长期努力；政府自身建设还存在不足，管理服务水平与构建开放型经济新体制的要求仍有差距。

值得注意的是，在浦东愿景的描述上，其主语均为上海：努力把浦东建设成为上海服务、上海制造、上海购物、上海文化品牌的核心承载区，勇当新时代全国改革开放、创新发展的标杆。

配套上述愿景，其主要措施和抓手是：

——对标国际最高标准、最好水平，全面深化自贸试验区改革。建设开放和创新融为一体的综合改革试验区；建立开放型经济体系的风险压力测试区；打造提升政府治理能力的先行区；建设服务国家“一带一路”、推动市场主体走出去的桥头堡；全力打造国际一流的营商环境。

——深入推进科创中心建设，不断提升集中度和显示度。加快建设张江科学城，提升临港主体承载区功能；大力集聚创新创业人才，加强产学研用联动协同。

而浦东官方在 2018 年各种报告和文本中的表述可谓特色明显，如：

“2+2+2+1”。这是浦东新区第四次党代会确定的今后五年中心工作。2——努力建设高度开放的自贸试验区和加快建设科创中心核心功能区两大国家战略;2——大力提升“四个中心”核心功能和推进实现更高水平的城乡发展一体化两项重点任务;2——牢牢守住土地资源、人口规模、生态环境、安全保障城市发展底线和坚决防范经济金融风险两条底线约束;1——加强党的建设。

“三区一堡”和“三个联动”。“三区一堡”是《全面深化中国(上海)自由贸易试验区改革开放方案》确立的上海自贸试验区的建设目标,即建设成为开放和创新融为一体的综合改革试验区、开放型经济体系的风险压力测试区、提升政府治理能力的先行区、服务国家“一带一路”建设和推动市场主体走出去的桥头堡。“三个联动”即上海自贸试验区与上海国际金融中心建设的联动、与科技创新中心建设的联动、区内改革与全市改革的联动。

国际贸易“单一窗口”3.0 版。上海市建立国际贸易“单一窗口”,按照“一个平台、一次提交、结果反馈、数据共享”的理念,在口岸监督环节和国际贸易管理各主要环节,实现企业通过单一窗口向监管部门一次性提交申报,监管部门通过单一窗口向企业反馈办理结果和共享监管信息。3.0 版本包括九大功能板块,兼具监管和服务功能、覆盖口岸通关全流程和贸易监管主要环节、可以跨区域申报。

“一张蓝图、两个抓手、五大领域”。这是浦东新区推进更高水平上城乡发展一体化的 2020 年行动计划的总体部署。一张蓝图,指发挥浦东新一轮总体规划的战略导向、基础引领作用。两个抓手,即美丽家园和美丽乡村。五大领域,即聚焦美丽家园、美丽乡村、基础设施、社会事业、产业转型,实施一批重点项目。

在浦东两天调研结束之际,重庆智库、大运河智库联合调研组由衷地感叹,浦东的各种方略全是“干货”!

源头背景

伟人构想

开发浦东是几代人的夙愿。早在1918年,中国民主革命的先行者孙中山在他的《建国方略》"实业计划"中已明确提出以浦东为基地建设东方大港的设想。然而,在当时的历史条件下,中山先生的愿望仅仅是一个美丽的梦想。

1949年,陈毅市长也曾经有过开发浦东的设想。他用睿智和深邃的目光眺望黄浦江东岸,动情地说:"浦东是块处女地,一江之隔,就变成了遥远的地方,多可惜啊!"但中华人民共和国刚刚成立,百废待兴,令他无力顾及。后来的历届上海市领导也都曾一再将浦东开发提到议事日程上来,但都由于发展生产的现实要求压倒了发展城市的长远利益而只能作罢。上海,这个共和国的"长子",当时每年需向国库提供近1/6的财政税收,而无力改变自己的面貌,黄浦江涛声依旧,浦东面貌依旧。

计划经济体制下,长期的"鞭打快牛"和不断的"挖潜",终于使上海到了不堪重负的地步,这座城市已经开始落后于许多兄弟省市的前进步伐。压力终于转化成为人们强烈要求改变现状的巨大动力。十一届三中全会激荡解放思想的春潮,深圳等沿海经济特区结出的改革开放硕果,在黄浦江两岸激起了开发开放浦东的思想涟漪和智慧火花。从此,上海开始酝酿重新改造大上海的地方战略。

1990年4月18日,浦东开发揭开大幕。上海市委、市政府立即提出了明确的方针:"开发浦东,振兴上海,服务全国,面向世界。"

源头链接

直观浦东

浦东新区(准确地说是川沙)最早的历史沿革可追溯到南北朝时的梁大同

元年(535 年),那时设有昆山县,隶属信义郡;古代的川沙是戍卒屯垦的海疆,唐天宝十年(751 年)属华亭县;到了元至元二十九年(1292 年),归属于上海县;清雍正三年(1725 年)后分隶南汇和上海两县;嘉庆十五年(1810 年)开始由上海、南汇两县划出,设川沙抚民厅;辛亥革命(1911 年)时改厅为县,直隶江苏省;1950 年由南汇划入 29 个乡;1958 年川沙从江苏省划出,改属上海市管辖;1961 年成立才两年的浦东县的农村部分全部划入川沙,并将沿黄浦江边的高庙地区划归杨浦区;1984 年再将沿黄浦江的塘桥、陆家嘴、洋泾一带划归黄浦区,把周家渡至杨思等沿江地区划归南市区。到 1985 年县境的面积已是中华人民共和国成立前的 2 倍。1990 年 4 月,中共中央和国务院决定开发浦东,1993 年浦东新区管委会成立,川沙县的建制撤销,同时将划归到南市、黄浦、杨浦的地区及闵行的三林乡收回,成立了浦东新区。

浦东新区位于上海市黄浦江东岸,地处中国沿海开放带的中心和长江入海口的交汇处,倚靠蓬勃发展的长三角都市群,面向浩瀚无垠的太平洋。东濒长江口,南与南汇区、闵行区接壤,西和北分别与徐汇、卢湾、黄浦、虹口、杨浦、宝山 6 区隔江相望。境内地势东高西低,平均海拔 3.87 米。因地层为长江冲积层,地形略呈三角形,海岸线全长 115 千米。面积 1 210 平方千米,常住人口 550.10 万人,现辖 12 个街道、24 个镇。

源头延伸

“两会”争锋

浦东开发作为中国规模最大、起点最高的城市开发,是经济全球化与中国改革开放相结合的产物,是中国改革开放的历史必然与历史能动的产物。

2008 年 3 月召开的“两会”上,来自湖北的 38 名政协委员和 42 名人大代表分别递交提案和议案,吁请中央在武汉设立国家第三个综合配套改革试验区,为中部地区体制机制创新积累经验;与湖北相邻的湖南省人大代表和政协委员也提出建议,将长株潭(长沙、株洲、湘潭)城市群设立为国家综合配套改革试验区，担当引领中部崛起的重任。来自辽宁省的人大代表也不甘示弱，向大会提交了一份名为《关于请求国家支持沈阳沈西工业走廊开发建设的建议》，核心内容是请国家批准这一区域为综合配套改革试验区；来自海南的全国人大代表，则干脆吁请国务院将海南列为全国综合配套改革试验区。

为什么各省区都争相把“综合配套改革试验区”揽入怀中？盖因改革试验区其实就等于“新特区”，其意义可以与改革开放初期设立深圳等经济特区相比。所以，国家综合配套改革试验区将成为中国下一阶段深化改革开放的前沿阵地，必然会给所在省区带来优先发展机遇。

试验区最大的吸引力是以“试验”的名义向地方让渡了中央的部分职权，使地方拥有更大的自主权。各省争夺“综合配套改革试验区”实际上就是争夺属于中央的经济特权。浦东和天津滨海新区的经验表明，一旦成为综合配套改革试验区，在金融、土地、税收、财政等政策上将有很多优惠。

试验区许多方面的改革都是非试验区不可比的。天津滨海新区还重点推进以下几方面的改革：提升发展混合所有制经济的层次，通过推行股份制，大力引进外资、深化国有企业改革、促进民营经济发展齐头并进，更多地引进先进技术、管理经验和高素质人才；建立城乡一体化制度保障，打破城乡分治的管理体系，统一城乡社会保障制度、就业制度、户籍制度和医疗卫生制度；全面推进现代市场体系建设。以金融、劳动力、土地等要素制度创新为重点，扩大金融领域对外开放，形成与经济发展水平相适应的金融服务体系；进行土地管理体制创新，推进土地市场建设；大力发展现代公共服务事业，推进新区行政管理体制改革，建立统一、协调、精简、高效、廉洁的管理体制。改进政府管理方式，完善管理制度，理顺政府机构和层级，提高管理效率和服务水平，等等。

试验区同时也将承担一部分政治体制改革的任务。比如，综合配套改革试验区的机构设置不必完全和中央的机构设置相对接，试点地区可以减少行政层级的设置、简化审批程序等。

试验区往往也是中央各部门关注的重点。以上海浦东新区为例，人民银行上海总部已经挂牌，国家外汇管理局批复在浦东实行跨国公司外汇管理方式九条试点措施，人事部则在浦东实行了公务员聘任制，监察部在浦东也实行了电子行政效能监察的试点。

文骐看源头

竞逐试验区：鲇鱼效应？骨牌效应？

2005年6月21日，国务院批准上海浦东新区为全国第一个国家综合配套改革试验区；2006年6月，国务院又正式批准天津滨海新区为国家综合配套改革试验区。

2007年6月8日，国家发展和改革委员会批准重庆、成都为统筹城乡综合配套改革试验区。

2007年12月8日，国家发展和改革委员会批准武汉城市圈和长（长沙）株（株洲）潭（湘潭）城市群为“全国资源节约型和环境友好型社会（简称“两型社会”）建设综合配套改革试验区”。之后，广东、广西等省区也通过不同方式运作，争当下一个“综合配套改革试验区”。

不过，重庆、成都作为统筹城乡综合配套改革试验区，以及武汉城市圈和长（长沙）株（株洲）潭（湘潭）的“两型社会”试验区的“试验规格”要明显低于上海浦东新区和天津滨海新区。渝、成和长株潭“试验”范畴单一，而上海浦东新区和天津滨海新区“试验”范畴宽泛。特别是批准后两者试验的是我国最高行政机关——国务院，而批准前两者试验的是国务院组成部门——国家发展和改革委员会。

试验区的吸引力在于以“试验”的名义，中央向地方让渡部分职权。透过新华社公开披露的深圳、重庆、成都、湖南长株潭城市群、武汉、杭州、广西北部湾、苏州工业园区、哈大齐工业走廊区等近20个以各种名义申报试验区的情形，以及中央相关区域政策的实施效果看，地方政府对中央政策的响应能力决定区域发展的速度，市场原动力的形成左右政策调整的成效。在这根链条上，试验区的催生改革模式功能，抑或示范、引导，一如“鲇鱼效应”，即试验区对周边城市、省份的隐性激励。从区域发展格局考量，第三个试验区理应落户重庆。重庆成为中央直辖市20多年来，在多个改革领域积累了一定的“试水”经验。2007年3月，胡锦涛指出：“要把重庆加快建成西部地区的重要增长极、长江上游地区的经济中心、城乡统筹发展的直辖市，在西部地区率先实现全面小康社会的目标。”这是重庆成为第三个试验区的重大背景。

重庆、成都成为统筹城乡综合配套改革试验区以来，通过区域性的体制机制的率先创新，推动面上的改革。着眼点将以统筹城乡协调发展为主线完善宏观调控、优化产业布局，进一步在金融、土地、税收、财政等政策改革上创见，助推成渝经济区建设和大西南六省区市的融合，进而产生对西北的影响，西南西北“活”，则西部“活”，西部“活”，则区域“一盘棋”游走自如，谓之典型的“骨牌效应”。

经济发展不是在每个地区都以一种同样的速度进行的，而是在不同时期，增长的势头往往集中在某些主导部门和主导行业，而这些行业和部门一般集中在某些城市和地区，这些增长极与增长区域存在着良性互动关系，增长极的持续发展离不开区域市场和多种资源的支持，而区域经济社会发展也需要某一增长极的引发与带动，印证并迎合了以全球化、区域化为宏观背景的世界经济大趋势。

6

中国第一个进出口商品交易会
——广交会

中国第一展南粤摇枝
悠悠六十载谁主沉浮

就像任何社会链条都无法脱离它的历史背景一样，广交会也是一面镜子，在当初快速创汇的同时，也搭建了一个记录国家发展进程的书写平台，每一处细微的点滴，都是其上的见证者和承载者。而我们要正视这面镜子，无须大而全地纠结每一个细节。因为，广交会以她独有的方式，见证并将继续见证“中国制造”这个全民梦想，在穿越 60 年的烟云之后，开始迈向一个可以触及的现实。

2016 年 10 月 15 日，第 120 届广交会开幕之际，中共中央总书记、国家主席、中央军委主席习近平致贺信，中共中央政治局常委、国务院总理李克强做出批示表示祝贺，充分肯定了广交会在我国改革开放和经济社会发展中的重要地位和积极贡献，指明了新时期广交会的工作重点和努力方向，对广交会进一步扩大对外开放、培育外贸竞争新优势、加快建设经贸强国、推动广交会改革创新具有十分重大的意义。

广交会承载着国家使命

1956 年 11 月 10 日，人们从当日《人民日报》的社论《祝中国出口商品展览会开幕》上得知，一个全国规模最大的展览会在“南大门”广州诞生。也就在那一天，新华社记者杜修贤抱着老式长镜头，穿梭于广州中苏友好大厦前的人群里，捕捉那些被巨大的喷泉和热闹的歌舞激发得兴奋不已的面孔。仅仅是 8 万平方米的展厅，仅仅是 1.2 万种陈列商品，已经给当时大多数远离经济生活的民众带来了一次巨大的物质冲击。

在这场“国际大赶集”中，高达 5 380 万美元的出口成交总额，更使长期处在西方“封锁、禁运”政策困扰中的社会主义中国找到一条突围的道路。1957

年 4 月 25 日，在 1956 年“冬展会”的基础上，中国出口商品交易会（简称“广交会”）在广州正式拉开帷幕，此后每年分春秋两届召开，到 2008 年春季已经召开 103 届（其中，从第 101 届开始，广交会更名为中国进出口商品交易会），成为 52 年来中国发展对外贸易和展示建设成就的重要窗口。

广交会诞生于计划经济体系建立初期，背景是西方国家对新中国实行贸易封锁，中国需要建立一个窗口同有贸易联系的国家进行出口贸易，换取外汇，所以广交会的政治导向要比行业的商品订货会更明显。

中国对外贸易中心主任、广交会副秘书长胡楚生于 2006 年 10 月 18 日向在粤采访的笔者表示，广交会要继续起到中国出口贸易晴雨表的作用。而研究者则普遍认为，除广州自身具备的深厚的市场根基之外，政府的主导和大力支持是广交会成功的一个必要和重要的条件。

广交会像连接着两个时代的纽带，虽然政府主导的色彩没有变，但在不同时期经历了不同的办展方式。当年能进入广交会工作的，不但要是业务骨干，而政治上更要可靠。有资料表明，1966 年秋交会上，广交会场馆内的大大小小的语录标语贴了 2 673 条，领袖照片 445 幅。进入 20 世纪 80 年代，中央提出宣传工作要讲究实效，不搞形式主义，场馆内的标语才被撤下。作为各院校学习外贸的学生的实习基地，当年进场当翻译的学生是要经过政审的，但今天，大学生们只要拿块牌子到展馆门口一站，就可以寻找主顾打工了。

1997 年 7 月 31 日，国务院办公厅发布《关于对在我国境内举办对外经济技术展览会加强管理的通知》，针对我国境内举办的对外经济技术展览会相关问题做出规定。内容包括：对外经济技术展览会的主办和承办单位，必须具有外经贸主管部门批准的主办和承办资格；境外机构在华举办经济技术展览会，必须联合或委托我国境内有主办资格的单位进行。对展览面积在 1 000 平方米以上的对外经济技术展览会，实行分级审批管理。加强协调管理，严格审批办法，避免重复办展，规范展览行为。对 1 000 平方米以上展览的境外展品进境及留购，由海关凭本通知规定的审批单位出具的正式批准文件按规定办理，对 1 000

平方米以下的,海关凭主办单位申请按规定办理。

1978 年 12 月,十一届三中全会将党的工作重心重新拉回经济建设上来,整个国家回归理性。随后两年,在“讲究实效,不搞形式主义”的思路下,广交会拆除了楼顶仅剩的 50 米霓虹灯标语,将其变成名牌产品的大幅广告。

20 世纪 80 年代,当不少人仍费尽心思去论证中国姓“资”还是姓“社”的时候,泱泱大国已经逐渐显露其惊人的吸纳能力,包括资本和新知。凭借廉价的劳动力和庞大的消费市场,中国拉开了制造业大发展的序幕。

海尔集团在 1988 年的春交会上首次亮相,并展出了亚洲第一台四星级冰箱;1990 年,“美的”将她的风扇和窗式空调摆上了那个仅有 9 平方米的摊位……自 1993 年春交会开始,广交会改变了 36 年来外贸独家经营的局面,一些大型企业开始自主与外商谈判,接单并生产,当届即有 2 700 多家国内企业亮相,5 年后,民营企业也以正式身份亮相广交会,“中国制造”更全面直接地摆在世界面前。

20 世纪 80 年代至 21 世纪初,广交会的出口成交总额呈稳步上升态势,2000 年全年交易总额已经高达 280 多亿元。这一时期广交会不同种类商品间成交额的对比情况也发生了很大的变化,初级产品的比重不断下降,工业制成品特别是机电产品的成交总额则不断上升。

1997 年春,广交会在展馆内首次设立“中国国际电子商务中心”,同年秋交会,信息产品及食品展区也首次增设。2005 年春交会(第 97 届广交会),家电及消费类电子产品出口成交 24.55 亿美元,占机电产品出口成交的 43%,成为当届成交量最大的机电产品类别。

中国制造走过了云谲波诡的 50 年,如今仍然继续在世界产生震撼效应。所有生活在这片土地上的人们都在努力地适应变化,思考未来,并不断寻找财富的内在价值和在全球化浪潮中的自处之道。

2002 年 2 月,“中国制造”成了当期美国《商业周刊》杂志的封面故事,文章用近乎溢美的笔触写道:“中国是最适宜制造商的地方,那里有持续的经济增长、丰富而训练有素的工人以及精致的制造流程。”

2006 年 10 月 15 日—30 日,广交会召开 50 年 100 期的盛典。对于不了解历史的人来说,一个会展的 50 年 100 期也许并不稀罕。然而,历史上的广交会并不是一个普通的商业会展,它曾经承载了这个国家太重的使命,远远超越了一个普通会展应该承载的责任。50 年来,哪怕时代变幻莫测,这个以国家信誉作为后盾的会展仍然风雨无阻,成为那个年代一个绝无仅有的奇迹。

2007 年 12 月 7 日,商务部发布《服务贸易发展“十一五”规划纲要》,其中在“利用各种会展平台,加强国际交流”一小节中提道:“支持和组织服务业企业赴境外参加各类服务行业专业展会,同时以国内著名综合性展会为平台,充分发挥中国国际软件交易会、文博会、中部博览会、广交会、东盟博览会、厦洽会、北京国际图书博览会、中国国际教育展、中国国际广播影视博览会等国内知名展会的作用,增加服务贸易内容,开展多种形式的服务贸易促进活动,整体宣传我国服务业企业形象,通过展览和洽谈,寻找出口和对外合作商机。”

事实上,广交会并不是广州的广交会,而是全国的。所以上海、深圳等城市曾打过广交会的主意:我们这里也有展馆,也有举办的能力,为什么广交会不能巡回办展?为了留住广交会,广州也下了功夫,比如投入几十亿元兴建琶洲展馆。

之所以能引起城市间的争夺,是因为广交会的成功能给举办城市带来实实在在的收益。与此同时,很多政府主导型展会在靠地方政府的财政补贴撑着,少则几十万元,多则几百上千万元,并且有越补越多的趋势。尽管如此,很多展会还是面临办不下去的窘境,根本原因在于缺乏市场根基,竞争力持续下降。

可见,一个展会是否能够成功,根源不在于是否由政府主导,而是如何定位。广交会从改革开放前中国唯一的外贸渠道,变成今天这样一个其市场可以分割、其模式可以复制的贸易平台,可以说见证了中国以贸易自由为核心的商业文明扩展的历史。

说得清道得明的困惑

无论“文化大革命”，还是改革开放，都没有让广交会中断，其发展一直很平稳，阶段性并不明显，除了展馆面积持续扩大、展位持续增加之外，最明显的体制变化就是由按地域组馆到按行业组馆了。如今，广交会不但自身还在发展，还带动了周边地区的展会业，如义乌举办的国际小商品博览会（义博会）就在秋季广交会举办的前三天开幕，广东省其他地区也有一些展会在广交会的同时期借势开展。

商务部的前身——原外经贸部副部长谷永江曾经指出，专业外贸公司垄断外贸进出口，是计划经济遗留下来的产物，这种实际上由政府垄断外贸经营权的做法，无疑在有外贸经营权和无外贸经营权的企业之间造成事实上的不平等，其结果就是限制了市场、限制了竞争。

一直到现在，省级外贸系统都有按产品种类而划分的外贸公司。在计划经济年代，由外贸公司组织企业产品参展，获得订单后再由企业组织生产出口，由外贸公司完成出口和收汇的流程已成为一种惯例。

但是到了改革开放之后，这种惯例出现了很大的问题，这是因为不从属于传统经济体制的私营经济出现了。这些更有活力的经济单位进入市场之后，同样存在着寻找外贸机会的诉求，这种诉求使他们同样不惜代价地试图冲破体制障碍，挤入外贸机会众多的广交会，这种矛盾导致了各种关于广交会展位的故事出现。而浙江由于是中国民营经济最为发达的省份之一，因此这种矛盾显得格外突出。

其实，就广交会展位名额而言，不管在什么体制之下，由于中国的市场幅员辽阔，外经贸部只能把展位名额分配到省，然后再由省经贸厅根据具体情况分配给各个企业。这其中当然会包括外贸部门原有的专业外贸公司，然后才是受保护的名牌企业、规模企业。而一般具有自营进出口的企业，都需要向省的主管部门——外经贸厅申请。

这样就使这些外贸公司及其派生出来的更小的外贸企业手里掌握了相当多的订单。在很大程度上,这些订单其实掌握在外贸公司的各个部门,形成了一个既有外贸局面。在浙江,这些来自外贸系统内部的订单十之八九在改革开放之后都脱离了从国有外贸公司到国有企业这样一个既定流程,而成为新兴的浙江民营企业的囊中物——因为到现在,除非有产业和技术的高度垄断,浙江的国有企业实在已经不多了。在竞争高度激烈的外贸产品领域,存在的国企更少——浙江出口的产品大量分布于纺织和日用轻工产品。而对于外商来说,产品竞争力和价格才是他们最为关心的,这正是国企在市场竞争中最薄弱的环节。

进而,从广交会出来的另外一大部分订单成了生机勃勃的浙江企业的另一种推进器:外贸公司因为各种原因把订单交给民企,当然这其中已经扣除了外贸企业自身的成本。这就滋养了一大批加工型企业,并压低了它们的成本,使它们更加具有竞争力。一旦这些被外贸公司压低了价格的企业有机会做大的时候,低成本使这些企业的产品有更大的竞争力,能够占有更大的市场。

虎视眈眈的昆明与南宁会展业

广交会作为在很长时间内中国唯一的外贸窗口,对中国经济的加速作用是不言而喻的。在“改革”和“开放”这两个对现代之中国最重要的词汇语义当中,广交会在很长一段时间几乎独担了贸易开放的整个职能。

及至20世纪90年代初期,会展业“形势”变了!

“虎视眈眈”的昆明

1993年,昆明市建成了昆明国际会展中心。同年8月8日—18日,首届中国昆明出口交易会(以下简称“昆交会”)在此成功举办,昆明市及云南省由此开始了角逐中国旅游大省、角逐会展市场的行动。“昆交会”成为云南会展转型跨越式发展的标志，并当之无愧地成为“春城”的名片，成为推动昆明乃至云南经济发展的“助推器”和“发动机”。

云南省社科院的专家表示，云南具有走向东南亚、南亚无与伦比的地缘优势，中国云南与越南、老挝、缅甸三国毗邻，其 4 061 千米内陆国境线，是我国开放条件最好、开放程度最高、地理条件最佳的一段。

优势一旦激发出来，便势不可挡。自 20 世纪 90 年代初至今，昆明国际会展中心已先后举办了第三届中国艺术节、第五届中国金鸡百花电影节、第 29 届国际民间艺术节暨第 6 届亚洲民间艺术节、14 届昆交会、5 届中国昆明国际旅游节、3 届中国国际旅游交易会、首届中国民族服装服饰博览会、首届中国舞蹈节、首届马铃薯大会、世界烟草展、中国国际医疗器械展等数百个国际性、全国性展会。

经济因素如此汇聚，政治思维也孕育而出。2005 年 7 月 5 日，亚洲六国首脑及亚行行长共同出席的“大湄公河次区域经济合作第二次领导人会议”（简称“GMS 会议”）在昆明国际会展中心隆重开幕，温家宝总理主持会议并做主旨演讲。

昆明国际会展中心有限公司董事长赵云忠表示，GMS 会议的成功举办，标志着云南成为中国连接东盟、南亚的重要桥梁，成为东盟、南亚国家经济、科技、文化交流的窗口、区域性国际贸易的平台。

据云南省政府权威部门估算，近几年会展业每年为昆明市带来直接经济效益 10 多亿元，再加上会展商在云南产生的各种消费，昆明国际会展中心为全省旅游业、交通业、服务业等第三产业带来直接和间接经济效益年超过百亿元，占云南省、昆明市第三产业增加值的 50% 以上。以 2003 年中国国际旅游交易会为例，仅参展商 11 830 人在昆明 5 天，吃、住、行、游、购、娱 6 项的消费就达 4 200万元，还不算会期 10 万名会外代表和参观者在昆明和云南其他地区的消费。

从 2005 年起，昆交会正式更名为“中国昆明进出口商品交易会”，标志着昆交会已发展成为一个集进出口贸易、展览展示、投资洽谈、商务合作等功能为一体的大型国际交易会。2005 年的昆交会用专业馆和专题馆取代综合馆，为推动昆交会向专业化、规范化、国际化迈进做了积极的探索。

2005 年 12 月，昆明国际会展中心有限公司成立，注册资本为 1.55 亿元，自有资产 2.95 亿元，托管资产 10 亿元。赵云忠认为，高水平的展会能够大大提升城市的总体形象，改善投资环境，有利于经济结构调整和提高，通过展会这个独特的舞台和窗口，企业得以了解信息、拓宽视野、销售产品、引进技术、树立名牌，对城市文化建设起到独特的作用。同时，会展对于一些相对保守、封闭、落后的地区，还直接起到促使人们解放思想、转变观念、促进文明进步的作用。

争切“蛋糕”的南宁

从 2004 年起，每年在广西南宁永久举办的中国—东盟博览会，让越来越多的中国和东盟企业享受投资贸易自由化带来的便利。在为期 4 天的首届中国—东盟博览会中，来自包括东盟 10 国在内的多个国家和地区的企业与中国伙伴签订了上百个合作项目，投资总额近 50 亿美元，签约的国内合作项目总投资额也超过 400 亿元人民币。

在 2005 年举办的第二届中国—东盟博览会中，境内外参展参会客商、采购商达 2.5 万人，共签订国际投资合作项目 126 个，总投资 52.9 亿美元，比第一届增加了 5.9%。

南宁作为博览会的举办地，在环境、绿化和交通等方面，参会人士都觉得很不错。显然，中国—东盟博览会这一平台已成为 11 国商界交流与合作的桥梁与纽带，成为中国与东盟各国企业家的俱乐部，作为中国和东盟 10 国共同举办的盛会，已经成功扩大中国和东盟作为一个整体在世界的影响力。

从长三角的上海、珠三角的广州和深圳，向南延伸到南宁、河内、曼谷、吉隆坡和新加坡，未来的东亚、东南亚必将形成中国—东盟自由贸易区中心城市的经济链条。把南宁打造成为中国—东盟第一城，不断吸引相关的经济政治交流具有重要的现实意义，与此同时，南宁也将面临国内外众多城市的挑战和竞争。

政府主导型的展会能走多远

政府主导型的展会并不是由广交会带起来的，其他城市的展会，除了上海以外，都没有办出广交会的模式和精髓。在厦门举办的中国投资贸易洽谈会（以下简称“投洽会”）跟广交会也不一样，这种综合性的投资、贸易、经济合作都混在一起的会比较成形，也比较有影响力，投洽会是在福建投资贸易洽谈会办了 10 届的基础上更名而来的。

各省办的政府主导型展会，主要是厦门模式。如果按广交会那么做，技术上是没有问题的。广交会是在原有的比较强的市场基础上发展起来的，其模式在全世界还找不到第二家，它的特色就是出口交易会，展商里面没有准备卖东西给国内的，采购商没有国内的，这是广交会与国内很多展会的不同。如果说有模仿广交会、发展又过得去的，只有一家，就是上海的华东进出口商品交易会（以下简称“华交会”）。

首先是政府主导，这是要素；其次，它是个综合性的活动，展、谈、会、节四合一，有展览、有洽谈、有会议、有节庆活动。因为方便媒体报道，领导来了也有比较丰富的内容，常搞一些焰火表演、文艺演出等配套性的活动。这种活动有非常鲜明的中国特色，效果好不好，并不是以展商和采购商是否满意作为标准。主办方是政府，不是展览公司。如果是公司来做就很简单，培育一个品牌然后挣钱，按企业运作的模式去做。政府往往有多种诉求，除了要让参与各方有收获以外，还要通过这个活动扩大城市影响、推动本地相关产业的发展，还是一个公关的平台。这种模式与现在政府主导经济发展的社会主义市场经济体制是关联的。

政府主导型展会关键在于定位，目的是什么，要做到什么。站在企业或参展方、纳税人的角度，展会要实现三个“效”。

一是“效果要好”。参会各方花了钱来参加，要有收获。展商不一定都拿到订单，但至少要达到宣传目的。比如投资洽谈会，几天之内成交是很难的，有些投资要谈好几年,但要能接触有投资意向的投资商或者寻找投资商的一些信息。同时也要能达到向公众宣传的目的,厂家做广告不是为了订单,而是品牌宣传,展览会也要能达到品牌宣传的目的,这就要求有效受众,一定要是潜在的消费者,这样的展会办起来才有意义。

二是“效率要高”,现在政府主导型展会投入很多的人力、物力、财力,特别是人力,组织机构庞杂,什么“全省总动员”“全市总动员”去办一个会,国外人家一个小公司十几个人搞定的事,我们可能成百上千人来搞,客商提出来的要求人家可能一天或者几个小时就解决了,我们好多天也不行。

三是“效益要有”,有效益就是要挣钱,一个好的展览会就是要赢利,有效的供给满足有效的需求,不应该光是赔钱的。

从世界范围看,各国举办的展会以政府在其中所起的作用可以分为三种:一是欧洲,以德国为代表的政府合作型;二是英美的市场主导型;三是日韩为代表的政府主导型。中国也已经发展成为会展大国,从整体上看中国的会展业,最明显的特征是政府在其中的主导作用。虽然中国特色明显,但依然属于政府主导型。

仅 2005 年,全国举办各类会展 3 800 多个,展馆总面积超过 260 万平方米,超过了世界第一会展大国德国的展馆面积。但是展馆的平均利用率只有 15%,远低于国际平均水平,盈利能力低下。据统计,全国范围内有不下 30 个城市在“十一五”规划中将会展业作为城市的支柱产业进行扶持,号称要打造“国际会展都市”“中国会展名城”等。有专家认为,未来 10 年内,我国城市有望成为国际性会展都市的城市不会超过两个。

会展业有“城市的面包”之称,投入产出比可以达到 1∶8或 1∶9的说法也流传甚广,很多地方政府在这种观念的指引下盲目进入会展经济,而忽略了会展要以事实存在的成熟市场为根基。大多数地方政府在没有基础的情况下,企图人为地创造出一个市场,这就不可避免地导致无效展会的大量涌现,原本的经济行为不可避免地沦为政府出钱为当地老百姓创造节日气氛的活动。

借此引申，经济灵性如昆明、南宁者，优势一旦激发出来，便势不可挡。经济因素如此汇聚，政治思维也孕育而出，中国—东盟自由贸易区中心城市经济链条的深化，从长远来看，更意味着广交会腹地大开。

徐兵细数“家底”之际的官方口径

广交会新闻发言人、中国对外贸易中心副主任徐兵向重庆智库、大运河智库联合调研组介绍，广交会创办 61 年来，累计出口成交额超过 1.2 万亿美元，成交额占全国出口比重峰值超过 50%，近年来每届出口成交额约 300 亿美元。广交会上结识客户还带动了会后的大量成交。据调研，参展企业会后成交额占其广交会客户总成交额的比例约为八成，并呈现逐届增加的趋势。

诚然，改革开放 40 年来，中国对外贸易实现了历史性跨越。2009 年以来中国成为世界货物贸易出口第一大国和进口第二大国，自 2013 年起，中国货物贸易额保持世界第一。

徐兵介绍：“过去，很多企业都是代工和贴牌，金融危机之后，订单慢慢减少，特别是在 2012 年前后，这一影响特别明显，广交会开始有意识地调整参展企业的结构，鼓励品牌建设和自主创新。”

来自商务部推动贸易强国建设的口径是：一是要加快推进外贸转型升级基地建设和国际营销网络建设，并建设一批高水平贸易平台；二是要加快培育外贸新业态；三是要促进加工贸易创新发展；四是继续实施积极的进口政策；五是大力推进贸易便利化，营造法治化、国际化、便利化的营商环境。

2018 年 4 月 17 日，国家发展改革委亮出汽车等制造业对外开放“时间表”，明确 2018 年取消专用车、新能源汽车外资股比限制；2020 年取消商用车外资股比限制；2022 年取消乘用车外资股比限制，同时取消合资企业不超过两家的限制。通过 5 年过渡期，汽车行业将全部取消限制。截至第 122 届，广交会累计出口成交额约 12 937 亿美元，累计到会境外采购商约 822 万人次。61 年来，广交会展览规模已从第 1 届的 9 600 平方米，扩展至第 122 届的 118.5 万平方米；

参展商品由1.09万种增至23万种；到会采购商由来自19个国家和地区的1 223人，增至210多个国家和地区的约20万人；出口成交额由1 754万美元增至301.6亿美元。

习近平著作在广交会“中国主题书展”展出

2017年10月15日，第122届中国进出口商品交易会在广州广交会展馆开幕，其中，位于5号展馆A区名为“中国主题书展”的展位引起了不少参展商的关注。

该展位展出了习近平总书记系列著作，包括《习近平谈治国理政》《习近平讲故事》《习近平的七年知青岁月》《习近平关于党风廉政建设和反腐败斗争论述摘编》《习近平关于全面依法治国论述摘编》《以习近平同志为核心的党中央治国理政新理念新思想新战略》等。

一位来自北非的参展商表示，他已经看完了《中国走社会主义道路为什么成功?》和《习近平谈治国理政》，认为中国的政策若在他们国家实行，也一定会成功的。

来自土耳其的Hasan是个热情的小伙子，现就读于深圳大学，其父亲来中国已有十年之久，此次参加广交会是为了购买电子产品。谈及习总书记的治国理政时，他满脸敬佩地称道：“能把中国13亿人口照顾好不是一件容易的事，习近平总书记真的很伟大!”

重庆智库、大运河智库联合调研组了解到，设“中国主题书展”的目的是讲好中国故事，宣传好“新理念，新思想，新战略”，遵守“共商、共建、共享”的发展理念，积极推进“一带一路”建设。

习近平总书记指出，“过去40年中国经济发展是在开放条件下取得的，未来中国经济实现高质量发展也必须在更加开放的条件下进行”。广交会上展示的开放中国，将不断在扩大开放中实现高质量发展，并与世界共同进步，与世界分享红利。

省长和市长的“同题”各表

2018 年 1 月 25 日召开的广东省第十三届人民代表大会第一次会议上，广东省省长马兴瑞就推进粤港澳大湾区建设，加快构建开放型经济新体制有这番表述：落实粤港澳大湾区发展规划纲要，积极探索推进在“一国两制”和三个关税区条件下的体制机制创新，促进人流、物流、资金流、信息流便捷有序流动，构建“极点带动、轴带支撑”网络化空间格局，携手港澳打造具有全球影响力的国际科技创新中心、金融枢纽和航运中心。加快基础设施互联互通，推动广深港高铁、港珠澳大桥建成通车，开通莲塘—香园围口岸，加快实现主要城市间 1 小时通达，建设宜居宜业宜游优质生活圈。推进“一地两检”“联合查验、一次放行”等通关模式改革，实施出入境、跨境交通等方面服务大湾区建设的 18 项措施，完善便利港澳居民在粤学习就业生活的相关政策。健全粤港、粤澳联合海外招商推介机制。充分发挥珠三角各市在大湾区建设中的积极作用，促进优势互补、协调发展。办好泛珠论坛暨经贸洽谈会、行政首长联席会议。

重庆智库、大运河智库联合调研组了解到，广东省扎实推进国家科技产业创新中心和珠三角国家自主创新示范区建设，区域创新综合能力排名跃居全国第一，全省研发经费支出从 1 236 亿元增加到超过 2 300 亿元，居全国第一，占地区生产总值比重从 2.17%提高到 2.65%。新增 3 个国家级高新区。国家级高新技术企业从 6 652 家增加到 3 万家，跃居全国第一。高新技术产品产值达 6.7 万亿元，年均增长率 11.4%。有效发明专利量、PCT（专利合作协定）国际专利申请量及专利综合实力连续多年居全国首位，技术自给率和科技进步贡献率分别达 72.5%和 58%。2013—2017 年，累计实际利用外资 1 253 亿美元。外贸结构进一步优化，一般贸易和民营企业进出口年均增长 8.6%和 11.6%。

2018 年 1 月 11 日召开的广州市第十五届人民代表大会第三次会议上，广州市市长温国辉就发挥粤港澳大湾区核心增长极作用，作如下表示：落实粤港澳大湾区发展规划，争取一批重大项目纳入国家粤港澳大湾区规划年度计划。

加快推进一批跨区域交通基础设施建设。依托南沙粤港澳全面合作示范区，建设粤港产业深度合作园等重大产业合作平台。推动穗港澳合作，深化医疗、高等教育、科技创新、法律服务、会计服务、知识产权保护等领域政策对接，吸引港澳现代服务业企业落户。推进穗港澳服务贸易自由化，促进穗港澳人流、物流、信息流、资金流的互联互通。

重庆智库、大运河智库联合调研组了解到，广州市将打造南沙高水平对外开放门户枢纽，加快建设国际交往中心。出台建设国际交往中心三年行动计划。加强国际城市交往，新增一批友好城市和友好机构，深化与外国驻穗领馆等机构友好合作。打造国际交流合作平台，筹建广州国际交流合作中心，办好广交会、世界航线发展大会、第四届广州奖等重大活动，建设20个国际旅游推广中心。开展海外展示活动，积极参与对外商务推介展览，推动文化对外交流。营造国际化营商环境，发挥侨务优势，引导海外侨胞到广州投资兴业。完善国际标识系统，优化多语种服务平台，提升公共服务国际化水平。

源头背景

广交会“路线图”

经国务院批准，1957年4月25日—5月25日和10月15日—11月30日，由中国各外贸公司联合在广州举办了春秋两届中国出口商品交易会。从此，中国出口商品交易会成为定期在广州召开的全国综合性的展销结合的贸易大会。周恩来总理亲自定下展会的简称为广交会。

1957年春第1届广交会，仅有13家专业总公司组团参展。

1978年4月22日召开第43届广交会，在广交会干部会上，外贸部部长李强介绍最近访问西欧的情况后，着重讲了邓小平等中央领导同志鼓励外贸部门把贸易做活等问题。

1979年4月，经国务院批准，交易会常设机构实行改革，即将“中国出口商品交易会机关”改名为“广州对外贸易中心”，实行企业化的经营管理。

1980 年 1 月 1 日，广州对外贸易中心成立。对外贸易中心成立后，为交易会提供的经费逐年增加，直至 1989 年承担交易会全部经费，从而结束了国家财政拨款办交易会的历史。

当天全国人大常委会发布《告台湾同胞书》后，第 45 届交易会首次向台湾厂商发出请帖，从此大陆与台湾的贸易联系逐步发展起来。

1981 年，对展馆布局作了较大调整，不再设“工业学大庆馆”和“农业学大寨馆”，也不展出先进单位的典型事迹。同时，要求各展馆的展品实行展卖结合，不卖不展。交易会闭幕后，展品即行拆除，不再开放参观。

1982 年 4 月 15 日—5 月 15 日，第 51 届中国出口商品交易会召开。这届交易会试行缩小规模和缩短会期的改革。

1983 年 10 月 15 日—11 月 5 日，第 54 届中国出口商品交易会召开，84 个国家和地区的 23 882 名客商到会，出口成交额 226 757 万美元，进口成交额 60 200万美元。

1984 年 4 月 17 日，交易会获得意大利“国际墨丘利金奖”。

1985 年 3 月 1 日，经贸部同意中国出口商品交易会会徽于 1985 年春交会正式启用。会徽以中国出口商品交易会的英文缩写字母 CECF 组成交易会大楼正立面图形。图形还像地球和中国拱桥，有“国际性”和“贸易、友谊的桥梁”之寓意。会徽设计者为外贸中心美术家梁炯。

1988 年 4 月 15 日—5 月 5 日，第 63 届中国出口商品交易会召开，这届交易会是中国全面推行外贸体制改革后举办的第一届交易会，国务院副总理田纪云和国务委员张劲夫到会指导工作，田副总理做了重要讲话，还为交易会题词：龙年打响第一炮，创汇更上一层楼。

1989 年 4 月 15 日—19 日，第 65 届中国出口商品交易会召开。交易会从这届起再次缩短了会期，同时实行会期中间星期天不休息；组建有色冶金联会交易团，交易团总数增至 18 个。

1992年10月30日,第72届交易会闭幕。本届交易会正处于外贸体制改革将出台而未出台之际,具有与往届不同的特点:成交难度加大,前期成交进展缓慢;业务协调和管理难度加大;投入了相当大的力量抓1993年春季交易会改革的准备工作,并制定了《1993年春交会改革方案实施细则》。

1993年4月15日,第73届交易会开幕。本届交易会试办轻纺商品交易会,会期由15天改为10天,取消午休;组团方式做了重大改革,由以往国家外贸专业总公司组团和设计专业场馆为主,改为主要由省、自治区、直辖市及计划单列市外经贸委(厅)外贸局组团和布展,共设45个交易团,参加会展企业比上届增加近一倍,给更多的企业创造了展销机会。

1996年4月15日,《经济日报》首次开辟《广交会特刊》。在第79届交易会期间共出了3期,每期对开4版。在第80届至第82届交易会期间,分别出刊6期、4期和3期。

1997年10月30日,第82届交易会闭幕。本届交易会对摊位实行分类管理,设置保证性摊位,突出宣传名、特、优、新产品,使外经贸部提出的"名牌战略"在交易会中得以具体实施。

2001年10月26日,第90届交易会闭幕。本届交易会适逢90届庆典。国务院总理朱镕基、国务委员吴仪等中央领导在参加15日开幕式后,分别会见了海外嘉宾和港澳嘉宾。本届交易会因受世界经济增速明显放缓和美国发生"9·11"恐怖事件等不利影响,客商到会人数和出口成交额均有下降。

2002年,广交会实行重大改革,一届分两期举行,每期6天,4月15日—20日为第一期,4月25日—30日为第二期。同时开幕式开始与开幕招待会一并举行,使得开幕招待会成为每届广交会的重大活动。

2006年10月15日—30日,广交会举行50年100期的盛典。

从第101届起,广交会更名为中国进出口商品交易会,增加进口功能,成为中国进出口贸易双向促进平台。

2008 年第 104 届广交会开始实行一届三期，出口展区参展企业已经突破 2 万家。

2016 年 10 月 15 日，国家主席习近平为第 120 届中国进出口商品交易会致贺信。

源头链接

粤省和穗市

【广东省】地处中国大陆最南部，简称粤。东邻福建，北接江西、湖南，西连广西，南临南海，珠江三角洲东西两侧分别与香港、澳门特别行政区接壤，西南部雷州半岛隔琼州海峡与海南省相望。全省陆地面积为 17.98 万平方千米，约占全国陆地面积的 1.87%；其中岛屿面积 1 592.7 平方千米，约占全省陆地面积的 0.89%。全省沿海共有面积 500 平方米以上的岛屿 759 个，数量仅次于浙江、福建两省，居全国第三位。另有明礁和干出礁 1 631 个。全省大陆岸线长 3 368.1千米，居全国第一位。按照《联合国海洋公约》关于领海、大陆架及专属经济区归沿岸国家管辖的规定，全省海域总面积 41.9 万平方千米。全省地区生产总值从 2012 年的 5.8 万亿元增加到 2017 年的 8.99 万亿元，连续 29 年居全国首位，5 年年均增长 7.9%；地方一般公共预算、政府性基金预算、国有资本经营预算收入合计从 8 545 亿元增加到 1.7 万亿元，其中地方一般公共预算收入从 6 229亿元增加到 1.13 万亿元，成为全国首个超万亿元的省份；社会融资规模达 2.2 万亿元，是 2012 年的 1.8 倍；进出口总额连续 5 年超 6 万亿元，出口占全国比重达 27.5%。

【广州市】广东省的省会，简称穗，中国第三大城市。地处中国大陆南部，广东省中南部，珠江三角洲北缘。广州濒临南海，邻近香港特别行政区和澳门特别行政区，是中国通往世界的南大门。2017 年实现地区生产总值 2.15 万亿元，比上年增长 7%以上；完成固定资产投资 6 000 亿元，同比增长 8%左右；社会消费品零售总额 9 400 亿元，同比增长 8%；外贸进出口总值 9 600 亿元，同比增长

12%;实际使用外资 62.89 亿美元,同比增长 10.3%。来源于广州地区的一般公共预算收入 5 947 亿元,同比增长 14%,其中地方一般公共预算收入 1 533 亿元,同比增长 10. 9%。城乡居民人均可支配收入分别同比增长 8.5%和 9.5%左右。

源头延伸

内陆开放高地释出“智博会”

同属西部大开发口径的西部地区,昆明、南宁会展业已历经多年。就在这些会展业效应频传之际,重庆市从容释出了。2018 年 6 月 26 日上午,国务院新闻办公室举行 2018 中国国际智能产业博览会(以下简称“智博会”)新闻发布会,向中外媒体介绍智博会有关情况。重庆市市长唐良智称,2018 年 5 月,国家批准中国国际智能产业博览会每年在重庆举行,由重庆市政府、科技部、工业和信息化部、中科院、工程院、中国科协共同主办。首届智博会于 2018 年 8 月 23 日—25 日召开,主题是“智能化:为经济赋能,为生活添彩”,契合总书记对重庆提出的“推动高质量发展、创造高品质生活”目标要求。

据悉,智博会突出专业性、国际化、体验感,围绕“会”“展”“赛”和系列专题活动展开,举行大数据智能化高峰会,设置综合展、大企业展、创新展、专题展 4 大主题展区,举办科技大赛、专业论坛等。智博会聚焦大数据智能化引领创新驱动发展,集中发布和展示一批前沿技术成果、“黑科技”产品。在全国率先推出 3 万平方米智慧体验广场,模拟构建智慧出行、智慧医疗、智慧教育、智慧家居等应用场景。

值得注意的是,2017 年以来,重庆大力实施以大数据智能化为引领的创新驱动发展战略行动计划,引发国内外相关领域广泛关注。

文骐看源头

哪里有商业哪里就有文明

广交会是观察中国社会的一个重要窗口。60 年来广交会的变迁,折射出中国现代文明演进的两条脉络：一条是商业自身发展的逻辑，从国家垄断资源的特许贸易制度逐步向一个自由开放的贸易制度转型。众所周知，贸易自由是市场繁荣的基础。另一条是商业文明的发展带来了政治文明，政治对商业控制的力量逐渐减弱，政府作用逐渐回归到适度状态。

改革开放之前的中国外贸体制，主要是"集外贸经营与管理为一体、政企不分、统负盈亏的外贸管理体制"，中央政府以指令性计划直接管理少数专业性贸易公司进行进出口贸易。

由广交会观瞻，展览业的需求来自三个方面：一是展商，它要扩大影响拿到订单；二是采购商，通过展会找展商洽谈业务；三是展览公司，作为展会组织者，它要从中赚钱。需求带动增长。但我们的需求里有一个特殊的因素，多出来一个就是政府。企业要办展是什么原因？赚钱嘛。政府则不是，它有另外的需求：一是希望带动产业，比如办汽车展，希望带动本地汽车产业；青岛办电子展，希望带动当地的电子产业；福建晋江办鞋展，是要带动鞋产业以及上下游产业。二是希望带动本地服务业发展，展览业投入 1 块钱，产出会达到 8 块或 9 块钱。三是以展会作为平台，宣传城市形象，扩大政府影响，迎八方来客，等等。

值得注意的是，作为整个经济体制改革的一部分，中国对外贸易制度的改革是在 1984 年以后才真正开始的，其间中国经营外贸就只是通过这些为数不多的企业进行。

从 1992 年开始，中国的贸易体制改革已经开始以符合"国际规则"为导向。在进出口管理上，1992 年中国取消进口调节税；1994 年取消进出口指令性计划。此后多次降低关税，整体关税已经与国际平均水平大为接近，与世界市场更加接近。

随着中国于 2001 年 12 月加入世界贸易组织，中国外贸体制变革进入了第四个阶段，中国的外贸政策逐渐与国际贸易体制接轨，与发达国家经贸互补性明显，对世界经济的良性影响也逐渐加大。根据中国加入 WTO 的承诺，从 2005 年 1 月起外贸由审批制全面转为登记制，在贸易权方面给予所有外国个人和企业不低于中国企业的待遇。

但在中国外贸体制与国际全面接轨的同时，中国迅猛增长的出口贸易使得“中国制造”引起了主要贸易经济体的担心和抵制。中国“市场经济地位”悬而未决，也给中国外贸体制的未来变迁带来了一个新课题。在这背后，是中国急速上升的外贸依存度。

广交会是中华人民共和国历史最为悠久的贸易盛会，1957 年起，每年春秋各办一届，迄今已走过 60 多年的光辉历程。这是世界瞩目的全球卖场，展览面积超过 118 万平方米、6 万多个展位、2.5 万多家参展企业、210 多个国家和地区的采购商穿行其间……透过广交会这扇“窗口”，变革的呼声已越来越近。

7

中国第一个集体经济示范村

——华西

吴协恩探究农村转型
华西村何以钩沉往昔

华西村，位于江苏省江阴市与张家港市之间，隶属无锡市的江阴市华士镇。华西村东去南通20千米、上海150千米，南距无锡40千米，北临长江20千米，交通十分方便，陆路可直达上海、苏州、无锡、常州、南京等大中城市，水路可通京杭大运河、长江航线。

20世纪80年代以来，有关华西村的报道可谓铺天盖地。如《华西村将招聘万名下岗干部》这一新闻不仅上了首都各大报纸的显要位置，南方一些报纸更是不惜版面为华西村立言。

说起华西村，在中国为官的特别是农村基层干部恐怕无人不晓。如果去一趟华西，自然就会引发许多感慨。20世纪80年代以来，华西率先在全国成为"电话村""彩电村""冰箱村""煤气村""空调村""别墅村"和"中国轿车第一村"。1992年5月24日，国务院总理李鹏同志视察华西村时题词"华西村，中国农村的希望所在"。

去过华西村的人固然有一些感悟，那么，如果没去过华西村，究竟要知道华西村的什么才能释疑？华西村这么多年的发展将引发公众无尽的思考。

金塔，那个标志性建筑

在华西村边缘，便远远望见了那座高98米、耗资达1.2亿元的"金塔"。它掩映在绿树和别墅群中，十分显眼，塔顶上书"中国华西"几个大字，塔尖上是一个金黄色的葫芦，据说共用了35公斤黄金镀成。塔的西侧是龙凤广场，其通向广场的两条长廊入口处分别建成了龙和凤的模样。广场上停满了旅游大客车，甚是壮观。在华西村，已经有一句名言"不登金塔，等于没到华西"。就像来到任何一个旅游景点，进入华西村，先要购买每人 100 元的门票。

正在迟疑的时候，导游招呼笔者上了电梯。塔高有 15 层，底层是大堂和商场，顶层是眺望台，中间各层是华西宾馆，必须乘电梯才能到顶层。乘电梯每人收费 10 元。在电梯上导游介绍说，光靠这部电梯，华西村一年的收入超过 300 万元。因为华西村一年的游客达 100 多万人，肯定每个游客都要上这个华西金塔看华西全貌，这样一来，每部电梯一年可以载 50 万名客人，每人 10 元，就有 500 万元了，当然有些嘉宾是不用买票就可以乘电梯的，因此算下来，300 万元是保守的了。笔者注意到所乘的电梯不大，装七八个人就已经相当挤了；而且这电梯也不是商务写字楼所用的那种快速电梯，速度也不快。

华西金塔顶层的前厅，笔者看见江泽民题写的“华西金塔”四个大字，于是记起在金塔底楼大堂也见到过一幅类似的由杨尚昆题写的大字。同一座建筑，却有前后两任国家主席的题字，笔者好像还是第一次见到。在这个意义上，华西村的“世界第一塔”之称或许也算得上当之无愧了。但来到顶层的后廊，却赫然立着几尊神像（菩萨）的金身。有送子观音、弥勒佛，还有祝寿的寿星、献宝的财神和赐福的天官。这也是一种独特的现象！

在塔顶俯瞰华西，尽收眼底的当然就是屡屡出现在电视画面里的别墅群了！

吴仁宝，农民思想家

1928 年 11 月 17 日出生的吴仁宝。笔者认为，他具有另类思维。

吴仁宝 1954 年 10 月加入中国共产党，拥有高级政工师职称，系高级经济师、全国小康村研究会会长、全国“村长论坛”组委会名誉主任、中国扶贫开发协会副会长。曾任江阴县委书记、华西村党委书记等职。2013 年去世前任职：江苏省政协常委，江苏华西集团公司副董事长兼副总经理，华西村党、村、企总办主任。

如果没有在苏南的经历，和吴仁宝交流很难．因为苏南方言属吴语系，不好懂,好在笔者曾在苏南工作过两年。但吴仁宝还是按惯例带上了“翻译”——他那说普通话的大孙女。

讲话习惯以“我们”一词打头的吴仁宝向笔者介绍(1998 年 6 月):我们华西村,在江苏省江阴市华士镇,是江南的一个小村,面积 0.96 平方千米,350 户,1 500 人。1989 年 6 月建立村党委,下设 11 个党支部、25 个党小组,有 209 名共产党员。

吴仁宝说,我们为什么叫华西村?因为我们村在华士镇的最西边。1961 年农村实行三级所有、队为基础的时候建立了华西大队。在“文化大革命”10 年中,华西这个名字曾有过动摇,不少人建议改掉这个名字。那时候,农村有很多大队的名字改成了“红”字头、“革”字头,叫红什么、革什么的,而我们坚持没有改,不能说名字好听就算好。

吴仁宝认为,一个村庄要“健康长寿”有 3 个条件:一要有自主权,二要有自知之明,三要有高度的事业心。光这 3 条,我们整整感悟了 50 年。在 20 世纪,具体经历了一个“听、顶、拼、醒”的曲折过程。

——50 年代“听”。那时年纪轻,官比吴仁宝大的话都听,上面说啥就做啥,照搬照套。“大跃进”,放卫星。1958 年报产量,人家报粮食亩产 1 万斤,我报 3 700 斤,批评人家报的是假的,我报的虽然比人家低,但也是假的。搞积肥铲脚泥,新房坌 5 寸,老房挖 1 尺,结果老百姓吃苦头,后来看看不行了,不干这些蠢事了。青年人说,你吴仁宝有这么多缺点,我说,你们青年人不要笑我,如果你们也不讲实事求是,今后犯错误要大于我。

——60 年代“顶”。开始是硬顶,一听到不符合实际的事情,就当面顶回去,结果上面说“骄傲自大,目中无人,独立王国,这还了得”。眼看实事求是要明摆着“吃亏”,自己丢掉乌纱帽无所谓,农民要吃大苦头,后来就将硬顶改软顶,当面坚决答应,谢谢领导关心,背后绝不执行。因为官僚主义高高在上,鞭长莫及,“口头落实”就等于“行动落实”了。当然,过去办事缺乏实事求是精神不能全怪上级领导,下面基层干部也有责任,汇报讲好的,视察看好的,上面不按指定的路线参观，心里还有意见。

——70 年代“拼”。我头戴村支部书记和县委书记（笔者注：吴仁宝曾担任过江阴县委书记）两顶乌纱帽，担子重、压力大，于是大干社会主义，拼命改变农业生产条件，以粮为纲，两熟改三熟，平整土地，开河筑路，河里沟里都种稻。什么都拼着命干，既有干对的，也有干错的。干对的多，干错的少。

——80 年代“醒”。解放思想，改革开放，调整产业结构，什么事情都得从实际出发，对的坚持，错的改正。所以，华西从 80 年代以来发展很快，变化很大。

华西在 20 世纪 90 年代以来变化大是有目共睹的，吴仁宝说的“听、顶、拼、醒”的曲折过程，实际上也就是思想路线从不实事求是走向实事求是的过程。事实上，当家人明白了这个道理，集体的事情就好办了，农民的事情也就好办了。然而，在华西村还有鲜为人知的一面。

一村“两制”与一家“两制”

从“村容整洁”来说，华西有“三种房子”：一种叫欧式别墅。这些都是 20 世纪 90 年代初建的，大多数都是华西中心村的人住的。第二种叫 C 式别墅。华西还吸收了 1 000 多名新村民，这些新村民中经济条件比较好的，就住 C 式别墅。一些生活刚刚宽裕或者还没有完全宽裕的，住的都是公寓房，大华西范围内村民住的也绝大多数是公寓房。这一方面适合他们的经济条件，另一方面也是为了节约土地。华西建造的 9 座塔群，实际上就是公寓房。华西首先将山南一、二、三村集中，其他 10 多个村逐步向中心村搬迁。

江苏华西集团公司与华西村是一套班子，两块牌子。华西村的成年村民绝大多数是华西集团公司下属企业的员工。在华西村制订的“村规民约”中第七条明确规定：实行“一村两制”，就是本村村民可以搞集体，也可以搞个体；不允许“一家两制”，就是一个家庭中不允许既有搞集体的，也有搞个体的；更不允许“一人两制”，就是村民个人不允许既搞集体，又搞个体。

这一村"两制"和一家"两制"从制度上、运行机制上保障了集体的利益,防止了村领导、职工以权谋私行为的发生,促进本村村民要么一心一意为集体,稳稳当当走共同富裕的道路,要么就专心致志搞个体,敢冒风险成为暴发户或是破产户。

这一家"两制",是针对社会上出现的不良倾向的。如丈夫在乡镇企业当领导,妻子在个体饭店当老板,企业经济交往中人来客往,丈夫把人领进妻子的店,集体的"肥水"流进了个体的"田"。还比如父亲在企业搞供销、跑业务,儿子在家搞个体加工,父亲联系好业务,先给儿子做,结果"富和尚,穷了庙"。这样,从运行机制上防止了假公济私行为的发生。更不允许一人"两制",指禁止企业职工白天上班干集体,夜晚下班干个体,脚踏两只船。

"华西的干部威信高,一呼百应,因为他们的确做到了'吃苦在前,享受在后'。这里的干部职工多数没有节假日,员工每天干 9 小时,干部每天要干 12 小时。经过长期实践,锻炼出一支能吃大苦耐大劳、一专多能、团结奋斗的干部队伍,他们都成为当今企业的管理人才和骨干分子。"2006 年 10 月陪同笔者采访的江阴市市长助理陈文斌如是说。

华西村对干部的使用相对稳定,有的厂好了,不马上提拔厂领导,弄得不好会两头都出问题。反过来,如果某个厂子情况不太好,只要没有特别大的问题,干部也就能稳定一段时间,因为厂子好不好,还有一个市场周期和大环境的因素。因此,村里在调配干部时,把客观评估作为前提。

有个好的制度是集体经济发展的前提。1995—1997 年,华西村连续 3 年总产值超 20 亿元、利税超 2 亿元,3 年纯收入 5.52 亿元,产值平均每年递增 10%,相当于 1992—1994 年这 3 年总和的 2 倍;效益平均每年递增 18%,是 1992—1994 年这 3 年总和的 2 倍。1997 年集体固定资产达 11.67 亿元,比 1994 年增加了 4.5 亿元。1997 年上缴国家税金 5 237 万元,人均 6.82 万元。

需要用钱，给村里打报告

在华西有一个常令外人敏感而议论的话题,那就是它所实行的分配制度。华西村规定:凡村办企业的工人,每人每月只领取50%的工资,其余50%存在企业作为流动资金,到年底一次性兑现。奖金通常是工资的3倍,但并不发给职工,而是作为股份投入企业,第二年开始按股分红。

有人给华西下了一个十分严厉的判断:在华西没有个人财产的自由支配权。

对个人的财产没有自由支配权的人们,该有着种种不满。不料,当笔者向碰到的每一个普通村民提起这件事时,他们无一例外地都充满了喜悦:"这样好啊! 要不我们怎么能住别墅、开汽车。再说,钱存在村里,还可以分红,富了集体,也富了个人。"

"那你们要用钱怎么办?"

"遇婚丧嫁娶的大事,向村里打个报告,需要多少取多少。平常的生活不缺钱花,有大病村里都包了;米面菜油、各种副食村里发的吃不了,每人每年还有3 000元餐券在村里的大饭店免费吃饭。另外,男到60岁,女到55岁,每月都可以拿到养老金呢!"

笔者记起了吴仁宝说过的一句话:"农民办企业要发展,要壮大,只能靠自我积累,增强自身的造血功能。"眼前笔者看到的事实是,这种做法的确收到了非常好的效果。华西集体经济如滚雪球一样越来越壮大,从表面上看,农民当年分到的现金并不多。但从长远看,"肥水不流外人田",农民的家底越来越厚。而这样做的目的只有一个:共同富裕。用吴仁宝的话说就是:"华西村没有暴发户,没有贫困户,只有家家户户富。"这句简单朴素的话语,似乎道出了社会主义所追求的富裕的本质。

高效的经营机制,必须保证企业是适应市场、依法自主经营、自负盈亏、自我发展、自我约束的商品生产和经营单位,成为独立享有民事权利和承担民事义务的企业法人。这个机制要依托法人产权,实现权、责、利结合,有决策机制、约束机制、动力机制、发展机制。

笔者于 2006 年 5 月在南方一家期刊撰文,指出华西的经营管理机制有四大特点:

——以公有制为主体的法人产权。华西是公有制为主体的集体经济,形成多元化结合:集体为主,人人参股;集体与国有合营;集体与外资合股。形成一个多元、多层次的合作股份经济,在此基础上形成了江苏华西集团公司法人产权。

——党政企"三位一体"的决策体制。在村党委的统一领导下,村行政工作、企业经济工作、精神文明开发公司的农民教育工作,分工负责、协调配合,形成"对下党政企一把抓,对上再分家"的决策体制特色。干部一人身兼数职、一专多能,挂到经济岗位。一个 10 亿元产值的大厂,包括推销员在内,也只有十几个管理人员。

——确立承包者与劳动者长期行为的分配机制。集团公司对下属企业实行承包超额利润"二八开分成",对留给承包企业的 80%超额利润又实现"一三三三"的分配制度,即 10%奖给承包者,30%奖给技术、管理人员,30%奖给职工,30%留给企业。并实行分配总量限制和现金分配限制,以增加公共积累。

——贯彻统一领导、分级管理的管理体制。集团公司实行人员、资金、电力、零配件及辅助材料、基建、设备添置、废品处理和来客住宿安排等"八统一"。

经营机制的灵活运转,使华西的产业结构有很强的竞争力。华西经济包括冶金、化工、轻工、建材、纺织 5 个行业,还有旅行社。已经是注册商标的 3 个品牌更加引人注意:华西村牌、仁宝牌和华辰牌。吴仁宝认为,华西村的产品还不那么有名,用好名村、名人的无形资产,创华西村自己的名牌迫在眉睫。但是,要体现"两手抓",精神文明建设丝毫不能放松。于是,村里办起了国外没有、国内唯一的一家精神文明开发公司。

精神文明开发公司

从“乡风文明”来说，华西应该说是文明了。现在的华西变大了，周边有16个村并入了华西，近4年时间，大华西总人口达到3万多人，面积达到30平方千米。这些地方的老百姓人心所向，一呼百应，文明富裕，社会和谐，达到了“三无”：无上访、无告状、无暗斗，实现了“基本生活包，老残有依靠，优教不忘小，三守促勤劳，生活环境好，小康步步高”。

1994年7月18日，江阴市华士、周庄、陆桥等镇的干部群众像看稀罕景似的，围观着一张张大红通告，只见上面写着：关于检举华西人参赌得奖的补充通告。

通告上写道：过去，华西为禁止赌博，曾在周围村镇贴过通告：凡发现华西人参与赌博，一经查实，奖励举报人1 000元，至今未有人领过这份奖金。为防止今后可能有个别华西人参与赌博（男60岁、女55岁以上的退休老人娱乐性活动除外），自即日起，凡检举揭发华西人参与赌博，一经查实，奖励举报者人民币1万元整，并为举报人保密。特此通告。落款是华西精神文明开发公司。

这张别出心裁的通告，还登上了1994年7月20日江阴市委机关报《江阴日报》报眼位置。对这份特殊的通告，《江阴日报》什么反应？不收费用。值得一提的是没有人领过上述奖金。

吴仁宝说，要把精神文明开发公司当作产业来建设。事实上，精神文明开发公司这一产业不仅生产独特的精神文明产品，而且供销给全国各地。在中国扶贫基金会的主持下，华西精神文明开发公司为我国中西部地区培训了经营、管理、技术人才。在甘肃、黑龙江建设“省外华西村”的同时，在江苏当地还获得了江苏省思想政治工作先进单位、全国先进基层党组织、全国模范村民委员会等多项荣誉。

“两个文明”建设都搞上去了，那么，华西人究竟有多少收入？

吴氏父子的收入状况

从“生活宽裕”来看,应该说华西的生活是宽裕了。何谓宽裕?华西的衣、食、住、行,样样都全了,这就是宽裕。特别是从“行”来说,华西有 600 多辆轿车,最少的人家 1 辆,最多的人家 3 辆。村民的收入主要有三个来源:一是社会主义的按劳分配,工资奖金多劳多得,也就是发扬艰苦奋斗的精神;二是共产主义的按需分配,各项福利待遇;三是社会主义初级阶段的资本分红。华西实行的是公私合作制,集体控股,个人参股,享受分红。华西坚持“多提积累,少分配;少分现金,多参股”,也就是奖金兑现 20%现金,80%参股。这里所讲的奖金“二八开”,实际 80%叫“预奖股”,也就是“送股”,它不等同于简单的私有资本,只能参股分红。只要你不违反相关规定,这个股份是可以一直持有的。

根据这样一个原则,华西的现金是控制的。但拿的现金,一般不低于国家公务人员和外来打工的人,其余的要统统参股。现在,社会上有些人说,华西拿不到现金,只有拿“硬牌牌”(笔者注:“硬牌牌”是入股凭证)。华西人拿的现金,和社会上一般的收入状况比,有“个性”。

在 1998 年 1 月 29 日召开的华西村党员干部大会上,吴仁宝报告了村民的生活情况。1995—1997 年,村民分配总金额 1.26 亿元,平均每年递增 50%。村民在集体的存款,1997 年已达到 1.95 亿元,比 1994 年增加了 100%。

笔者于 2007 年秋天踏访华西村,导游赵彩琴说:“远看华西像林园,近看华西像公园,细看华西是农民生活的乐园。”比喻很形象,但华西村民的个人收入究竟是多少,尤其是吴仁宝的收入是多少更引起笔者的好奇。

很巧,展出不久的“华西之路”(有文字、图片、数据)揭开了这个谜。华西人将华西的历史总结出 6 个 10 年。

在华西五代人的变化史里,吴仁宝夫妇的资产状况赫然入目,其资产状况如下。

楼房:450 平方米;家具:2 套;空调:3 台;电视:2 台;音响:1 套;电话机:2

部;冰箱:1 台;洗衣机:1 台;摩托车:1 辆;自行车:1 辆;组合家具:1 套;卫生洁具:4 套;西服:10 套;存款:85 万元;红木家具:1 套。

吴仁宝的 4 个儿子任职和存款状况如下(任职和统计时间为 1998 年):

吴协东:华士镇党委副书记、村党委常务副书记,江苏华西集团公司总经理;存款 88 万元。

吴协德:村委副主任;存款 85 万元。

吴协平:江苏华西集团公司副经理;存款 80 万元。

吴协恩:江苏华西集团公司副经理;存款 85 万元。

在 1997 年的一次会议上,吴仁宝说:“现在是 90 年代了,今后怎么办? 我工作争取到 80 岁,生命争取到 100 岁,还能休息 20 年。干到 80 岁,不是我的创举,‘太公八十遇文王’,为兴建周王朝出力。我干到 80 岁的目的一是纠正过去的不足;二是现在的政策好,抓紧时间为人民多做一点工作,愿生命和事业都能健康长寿,愿华西村共同富裕的道路越来越宽广,愿全村农民都成为百万、千万富翁,但我自己仍坚持‘三不’,即一是不拿全村最高工资;二是不住全村最好的房子;三是不拿高额奖金。近 3 年,华士镇政府每年批准我拿 80 万~100 万元奖金,我都没有拿。这两年,镇政府按照政策和我村经济效益批准我拿 100 万~150 多万元奖金,我把‘大头’(150 万元)留给集体,拿个‘零头’,在大年夜的村民大会上奖给村民每人 80 元。80 元钱不算多,但表达了我的心意。”

华西村是不是家族制

吴协恩是现任的华西村党委书记,他是吴仁宝的四儿子。从被送做人子,到做上门女婿,再被送到外省创建“省外华西村”,可以说他的人生轨迹扭转之处总能看到他父亲的影子。

2000 年春,吴协恩在父亲“共同富裕”的思想指导下被外派到黑龙江创建“省外华西村”。说起在黑龙江的日子,吴协恩说:“是老爹怕我们变坏,非要把我们送到艰苦的地方锻炼一下,其实不苦的地方我们也不会变坏。”然而当笔者问起吴协恩为何也把自己的儿子寄养在朋友家时,他坦言担心儿子在华西这样优越的条件下会不思进取。很显然,他还是非常认同父亲当初的做法。他说儿子现在独立生活能力非常强,目前(2008年,笔者注)独自在澳大利亚求学。他还非常有把握地说,儿子完成学业以后,也一定会回到华西的!

很多人认为,这是世袭制的体现。对于这个问题,吴仁宝说:"我们华西培养的接班人不是个人,而是群体。我也不会指定哪一个做我的接班人,弄不好就会片面,是要出问题的。到底谁可以当接班人,我们这里有一个标准,叫要有'三个力',即一有组织能力;二有发展能力;三有控制能力。吴协恩是具备这三力的,所以大家才会投他一票,他是得到大家的认可,通过民主选举才坐到这个位置上的。"

华西村32名党委副书记中,有19个姓,有20多人不是老华西人。这个数据多少可以说明华西村不是吴仁宝的天下。孙海燕,华西村副书记,精神文明开发公司总经理。1992年来到华西,先在车间做工人,两年后,成为厂办主任;1996年到精神文明开发公司做宣传部副部长,2003年当选村党委副书记。他先给我讲了一个故事:上中学的时候,一个学习特别差的同学抄了叶圣陶的作品当自己的作文交给老师,老师居然给了一个不及格。这就说明人有思维定式,老师对待学生没有一视同仁。孙海燕说:"可是在华西村却不存在这样的事情,我来到华西感觉一视同仁,而且华西愿意培养我们这些人。这和老书记的用人理念有关系。一个人的成长与环境有关系,有什么样的环境,就会有什么样的目标和理想,目标也会随着自己的发展与时俱进。我在这里收获很多,我觉得实现了自己的人生价值。今天在华西村获得的一切都远远超过我的设想,华西给予我的实在是太多、太多了,这和我为华西做出的贡献是不成正比的。"程学敏、杨永昌,很多外来的华西人,都可以给你讲一段自己和吴仁宝的故事,讲一讲老书记如何尊重外来人,如何尊重自己的才华。

吴仁宝对自己和家庭成员有一个约法三章:

一是"24字工作方针":"方针政策、党纪国法、经济决策、出好主意、用好干部、管好家庭。”吴仁宝不仅制订了这“24 字工作方针”，而且经常在村民大会上讲，请群众监督执行。

二是“家庭成员不能当总账会计”。他说：“我自家人不能当总账会计，也不能让我的亲戚当，而是让其他人当。”他解释说：“因为一个人廉洁不廉洁，占没占集体的便宜，揩没揩集体的油水，财务上他是瞒不过的，总账会计那里最清楚。不论大官、小官，如果想贪，他总要先拉拢好总账会计，堵住总账会计的嘴。一个官是贪，还是廉，能问到一个敢说实话的会计，一下子就搞清爽了！”从 1961 年华西建村到现在，华西先后有 6 任总账会计，吴仁宝家里没有任何人担任过总账会计。华西的账，从 20 世纪 60 年代初到现在，保存完好，随时都可以翻出来查证。

三是吴仁宝给全家定下了一条硬规矩：“要求别人做到的，一家人首先做到；没人愿做的，一家人带头做！”

吴仁宝在华西村搞起了“家族制”，这个“家族制”，就是全家 26 口人都在为华西村创造着“价值”。

吴协恩担任村党委书记后……

被华西村村民至今念在口中的老书记吴仁宝，把一个贫穷落后的小乡村建成了“中国第一村”，成为“华西样本”的缔造者。如今，老书记的四子吴协恩，成为华西村的“二代掌门”。2003 年吴协恩担任村党委书记后，他就开始进行产业结构调整，提出了“两个转变”。

第一个转变，是从量到质的转变，通过技术改造升级把产品做专做精，走差异化发展道路。近年来，华西村先后关闭了染料化工厂、电缆厂、线材厂等 9 家高耗能企业，同时，对一些传统产业进行了技术改造升级。杨永昌介绍说，这些年来，华西一直在去产能，并先后投入了 11.6 亿元对传统工业进行技术改造升级。改造升级后，不仅排放环保指标优于国家标准，而且发展潜力巨大。

同时，华西村不断拓展新领域，寻找新的经济增长点。旅游服务、金融投资、仓储物流、远洋海工、矿产资源、农产品批发市场等多个领域全面开花，形成了传统产业、服务业“两条腿、同步走”的新格局。涉足典当、担保、咨询、创投、小额贷款等多个金融业务；在莫桑比克开采花岗岩，“莫桑比克黑”成功打入海外市场；引进日本技术种植大米，获得“江苏好大米”金奖；跻身电竞市场，集团下属的上海耀宇文化公司连续多年举办国际性电竞比赛，去年9月正式登陆新三板；投资美国斯坦福团队研发芯片。

2016年，华西已拥有遍布世界和全国各地的企业254家，资产总额达534亿元，服务业和新兴产业的利润贡献率占65%，实现可用资金30.39亿元，比上一年增长3.75%，上缴税收13.20亿元，比上一年增长19.68%。

在华西集团做财务的潘惠忠对自家财务也算得清清楚楚。“去年一家四口的收入约为68万元，其中工资收入6万元，奖金约50万元，累积股本分红10多万元，另有村民人均股和原始股分红2万元。”潘惠忠说，“在这68万元中，有40万元累积到个人在集团的股本中，余下28万元为现金收入”。

“大米和油村里发，房子村里盖，一年有28万元的现金收入，家庭开销也够了。”潘惠忠对近年村庄经济发展感到满意。

潘惠忠的家庭收入在华西村处于中等水平。据华西村提供的统计数据，华西中心村有村民2 600余人，2016年，村民人均年收入超过10万元。

不仅村民财富在增长，华西集团每年的可用资金、利润也在稳步增长。华西的统计数据显示，2015年，华西集团完成可用资金近30亿元，比上一年增长10. 17%；利润达12.6亿元，比上一年增加7.8亿元。

“自从2013年吴仁宝老书记去世后，外界对我们的质疑不少，又是转型关键期，我们内心也存在忧虑。”华西村党委副书记包丽君说，“但这一系列财务数据当为有力注脚”。

“引进来”与“走出去”是一对“孪生姐妹”

2015年6月12日，吴协恩带队来到新疆南部的达西村，与新疆新农村建设的领军人物达西村村委会主任沙吾尔·芒力克面对面交流。经过共同协商,两村通过了建立人才交流合作的长效机制,并以此推动农业、管理、金融等人才培养、人才互动,为双方经济社会发展提供智力支持和人才支撑。达西村定期选派人员赴华西村培训学习,华西村定期选派专业骨干人员来达西村进行培训、交流和指导,让华西村成为达西村人才培训、引才纳智和科技咨询的基地,让达西村成为华西村高级人才讲学、科技成果孵化和投资创业的基地。

达西村所在的新疆尉犁县拥有充足的光热资源和戈壁荒滩优势,沙吾尔·芒力克说,达西村将与华西村共同开发光伏发电新能源。吴协恩也表示,华西村将充分发挥金融产业的成功经验和资金优势,与达西村拓宽合作范围,联合在新疆尉犁县投资金融产业,为民生保障、企业发展提供金融支持。

重庆智库、大运河智库联合调研组获悉,2018 年 7 月 15 日,由江阴市华西村在莫桑比克投资的和林矿业有限公司石材加工厂正式开业。莫桑比克共和国总统出席了开业仪式并剪彩。

早在 2014 年,响应国家"走出去"的号召,华西村在莫桑比克注册成立和林矿业有限公司。经过数年经营,2018 年 7 月,华西村在莫桑比克马尼卡省和太特省建成两个矿区,总面积达 200 多平方千米,所生产的"莫桑比克黑"花岗岩远销法国、意大利、比利时、泰国等国家和地区。

夜幕下,328 米高的龙希国际大酒店顶部,位于 60 层的展示厅内,纯金打造的耕牛雕塑据称价值 3 亿元。把华西村打造成中国改革开放"共同致富"的样本,已逝的"老书记"、天天看《新闻联播》的吴仁宝居功至伟。《人民日报》评价他,"每一步都踩在改革的节奏上"。实际上,"天下第一村"又总是与众不同。

源头背景

华西大队华丽转身

1982 年 1 月 1 日,中共中央批转《全国农村工作会议纪要》(又称 1982 年中央"一号文件",以下简称《纪要》)。《纪要》指出:目前,全国农村已有 90%以上的生产队建立了不同形式的农业生产责任制，包括小段包工定额计酬，专业承包联产计酬，联产到劳，包产到户、到组，包干到户、到组，等等，都是社会主义集体经济的生产责任制，反映了亿万农民要求按照中国农村的实际状况来发展社会主义农业的强烈愿望。不论采取什么形式，只要群众不要求改变，就不要变动。

华西村位于江苏省江阴县华士镇，原来叫华西大队，40 多年来，走出了一条以工业化致富农民、以城镇化发展农村、以产业化提升农业的华西特色发展之路，为社会主义现代化新农村建设做出了示范和表率，并被誉为“天下第一村”。

20 世纪 60 年代，华西村就是我国农村的先进典型，1969 年，吴仁宝提出“若要富，靠工副”，利用 4 间破屋，办起一个维修农具的小五金工厂，当年就赢利 5 万元。1976 年 10 月，经国家有关部门批准，华西正式对外开放。当年接待 35 个国家和地区的来宾，计 841 人。1980 年冬，江阴县农村开始推行联产承包责任制，华西村实事求是地提出一个调整产业结构的方案：全村 40 公顷粮田由 30 名种田能手集体承包，绝大多数劳动力转移到工业上去，使华西在发展市场经济的道路上跨出了一大步。为了适应对外开放的需要，1983 年华西村将村民们搬进新居后余下的 3 排 6 栋平房，改建成 4 000 平方米的南院宾馆。

1985 年 1 月，吴仁宝动员华西人把分配的钱入股办工厂，3 天就入股 200 万元。同年 5 月 13 日，华西村民委员会做出决定，从 1985 年 3 月开始，村里对 10 年以上农龄的 60 岁男性农民和 55 岁女性农民实行退休制度。退休农民每月按本人基本工资的 70%领取退休金。1989 年 2 月，中共江阴市委、江阴市人民政府授予华西村“江阴第一亿元村”称号。华西村一直坚持走“集体经济，共同富裕”的道路。不过，吴仁宝没有把集体经济当作一成不变的教条遵守，而从华西村的实际出发，创造性地走出了一条发展集体经济的路子。

从 2001 年起，吴仁宝和华西人创造性地提出了“一分五统”，和周边的 16 个村一起组成了大华西村，面积由原来的 0.96 平方千米扩大到 30 平方千米，人口由原来的 2 000 多人增加到 3 万多人。“一分五统”，分开的是村和企业，统一的是经济管理、干部使用、劳动力安排、福利发放和村庄建设规划。凡按“一分五统”加入华西村的人,要全体村民签字投票。

源头链接

无锡与其辖下的江阴、华西

【无锡市】始于西汉高祖五年(公元前 202 年)建县,属会稽郡。三国时,孙吴废无锡县,分无锡县以西为屯田,置毗陵典农校尉。西晋太康元年(280 年)复置无锡县,属毗陵郡。元贞元年(1295 年)升无锡为州,属浙江行中书省常州路。明洪武元年(1368 年)又降州为县,属中书省常州府。清雍正二年(1724 年),分无锡为无锡、金匮两县,均属常州府。民国元年(1912 年)两县合二为一,复称无锡县,属苏常道。民国 16 年(1927 年),无锡县直属江苏省。1949 年 4 月 23 日,分无锡为无锡市、无锡县,无锡市属苏南人民行政公署。1953 年建江苏省,无锡市为省辖市。1983 年 3 月,实行市管县体制,无锡市辖江阴、无锡、宜兴 3 县。1987 年 4 月、1988 年 3 月、1995 年 6 月江阴、宜兴、无锡先后撤县设市。2000 年 12 月,撤锡山市(原无锡县)设锡山区、惠山区。2017 年实现地区生产总值 10 511 亿元,同比增长 7.4%,增速 5 年来首次超过江苏省平均水平。全市规模以上工业增加值达 3 330 亿元,增长 8.5%,增速创近 5 年新高。社会消费品零售总额达 3 460 亿元,增长 11%,增速 10 年来首次超过全省平均水平。12 家企业入围中国企业 500 强,位居全省第一;24 家企业入围中国制造业 500 强,占全省半数以上。

【江阴市】到 2017 年,江阴实现全国县域经济发展“十五连冠”。2017 年完成一般公共预算收入 235.2 亿元。江阴位列中国工业百强县(市)第一位,全年规模以上工业产值增长 15.1%。9 家企业入围中国企业 500 强,12 家企业入围中国民营企业 500 强,16 家企业入围中国制造业企业 500 强。

【华西村】建于 1961 年,现有人口 30 340 人,面积 30 平方千米。50 多年来,走出了一条以工业化致富农民、以城镇化发展农村、以产业化提升农业的华西特色发展之路，为社会主义现代化新农村建设做出了示范和表率。华西村现已形成钢铁、纺织、旅游三大产业，1 000 多个产品。华西村坚持走共同富裕道路，全村都是富裕户，资产最少的 100 多万元，最多的 1 000 多万元。全村实行农村养老、医疗保障、免费教育、口粮补贴、职工送股等制度，实现了“基本生活包，老残有依靠，优教不忘小，生活环境好，三守促勤劳，小康步步高”。通过“一分五统”，又把周边 16 个村纳入大华西，实现共同发展，同时还建立了 2 个省外华西村。

源头延伸

一个规划与两个文件

2005 年 10 月 11 日，中国共产党第十六届中央委员会第五次全体会议通过的《中共中央关于制定国民经济和社会发展第十一个五年规划的建议》指出，“要按照生产发展、生活宽裕、乡风文明、村容整洁、管理民主的要求，坚持从各地实际出发，尊重农民意愿，扎实稳步推进新农村建设。”

2006 年 2 月 21 日，《中共中央国务院关于推进社会主义新农村建设的若干意见》下发，即改革开放以来中央第八个“一号文件”。文件强调：推进新农村建设要注重实效，不搞形式主义；要量力而行，不盲目攀比；要民主商议，不强迫命令；要突出特色，不强求一律；要引导扶持，不包办代替。

2008 年 1 月 30 日，《中共中央国务院关于切实加强农业基础建设进一步促进农业发展农民增收的若干意见》下发，即改革开放以来中央第十个“一号文件”。文件指出，推动科学发展，促进社会和谐，夺取全面建设小康社会新胜利，必须加强农业基础地位，走中国特色农业现代化道路，建立以工促农、以城带乡长效机制，形成城乡经济社会发展一体化新格局。

文骐看源头

平常心看华西

吴仁宝凭自己一颗脑袋和一双手让富裕与华西村结下了缘，让农民远离了“面朝黄土背朝天”的初始生活状态，进入有别于许许多多中国农民的特殊生活情境。

抚今追昔，华西村究竟有哪些地方值得学习、值得借鉴？当下看来，华西村是明显的“精英”经济，尽管在这里使用“精英”一词似乎有点过，但或可称为“能人经济”吧！

就像中国20世纪80年代早期开始的经济增长不是因为它的文化而是因为它的政策，文化相对稳定，而政策则发生了戏剧性的变化。当历史学家回顾20世纪下半叶的时候，他们可能将1979年当作分水岭。这一年是中国开始经济改革的年份，即1978年12月召开的中国共产党十一届三中全会上启动这场改革的。在正式会议前的小组会上，邓小平发表了一场在现代中国历史上具有重要意义的演讲。他强调要致力于发展现代化，让事实而不是理论引导政府的路线。从那以后，中国就开始这样做了，推行着一条严厉而务实的和非教条主义的现代化道路。

华西的发展同样推行着一条严厉而务实的和非教条主义的现代化道路，同时依赖乡村社会中的能人阶层，从“五匠”、社队企业干部、供销员，到农民企业家，他们是基层社会的经济能人和政治能人，是小地方的大人物。一如二次分配，强制转股。在全面福利保障的基础上，企业可以将职工劳动报酬进行二次分配，并将提留的一部分强制转股。华西村正是以这样的方法做到了共同富裕，并且制约了随便跳槽，有利于敬业精神的培养。这一点对国企以及其他企业也同样很重要。

早期的华西企业创办者往往是先把亲戚动员起来，因为家族内部存在着现成的科层组织所需要的威望、信任和了解，而且组织成本较低。由于其调配集体资源的范围小、资源少、权威性弱，以及人才匮乏，因此家族长老式的“企业家关系”“企业家才能”就起到了关键作用。老子英雄儿好汉，老子退休儿接班，这是其他地方学不来的。对华西村的吴仁宝来说，可能是“内举不避亲，外举不避仇”，大公无私的表现。但在其他人就很难做到了，因为大公无私的人并不多，对普通人还是要用体制的方法来解决选领导和选接班人的问题。

华西是历史的华西，也是一定体制背景下的华西。

8

中国第一个承包国有企业的人

——马胜利

马胜利点亮承包火种
造纸厂几番潮起潮落

马胜利，河北省保定市人。1939 年出生，17 岁进入石家庄造纸厂工作，从技术工人一直做到厂长。1984 年因承包石家庄造纸厂而以“马承包”名闻天下，被称为“承包国有企业的第一人”，全国掀起了“向马胜利学习”的热潮。1987 年承包全国 100 家亏损造纸厂，1988 年，“中国马胜利造纸企业集团”成立，马胜利成为 100 家造纸企业的唯一法人代表。两次获得全国“五一劳动奖章”并当选过十三大代表。1995 年因企业效益滑坡被免职。2004 年加盟青岛双星集团。2014 年 2 月 6 日，马胜利因病在石家庄的家中去世，享年 76 岁。

以上不过是本篇主人公简单的履历。

在今天看来，马胜利的言论足以影响一个时期的国有企业的改革进程，而马胜利的行为更加影响了一个时代的中国企业家。

马胜利张贴“大字报”

在河北省石家庄市的一个回族聚居小区，如果看到一个身体瘦削、头发花白但精神却依然矍铄的老人，在夕阳的余晖中牵着孙子的手穿过小巷走向家门，有谁能将他与风云一时、名噪全国的承包中型国企第一人——马胜利联系起来？但是一经交谈，你很快就会发现，马胜利经历的成功与失败，沉淀在一个特定的时代。

提起往事，马胜利明显激动异常，话语中没有太多自豪，相反有的是英雄迟暮的无奈和抑制不住的愤懑，大有无力回天之慨。

1984 年，河北省石家庄市造纸厂销售科科长马胜利自荐当厂长，成为全国第一个中型国有企业的承包者。石破天惊，一时间，马胜利的大名妇孺皆知，人送外号“马承包”。

两次毛遂自荐最终将马胜利推上了改革的大舞台，从而在史册上占据了一席之地。

1976 年 10 月，马胜利来到石家庄市造纸厂，成为造纸厂的一名普通工人。1981 年，改革风潮初起，面对眼花缭乱的市场变化，吃惯国家大锅饭的造纸厂无所适从，生产停滞、产品积压、资金紧缺等问题蜂拥而至。由于工厂不景气，几任销售科科长先后“弃官”他就。马胜利自荐当上了销售科科长，就职 3 个月，办起了纸张门市部和加工厂，销售科立刻变得红红火火。此外，还开办了一个名为“好再来”的回民餐厅，收益也还不错。因此，马胜利连续 3 年被评为石家庄市先进生产者。

3 个春秋过去了，造纸厂并未扭转亏损局面。作为一名销售科科长，马胜利深感无力扭转局面。但马胜利是个头脑清晰的有心人，他并未荒废这 3 年时光，除了通过刻苦自学而通晓纸张销售业务外，他还潜心分析了造纸厂的主要经济指标构成，熟悉了从蒸煮洗漂到抄纸打包的整个生产流程，并收集了大量国内同行业的相关信息，一个兴厂的计划在他的脑海里日渐明晰起来。

承包风起云涌之际，1984 年初，中央关于城市经济改革的方针下达到基层后，石家庄市一轻局为造纸厂定下一年 17 万元的利润指标，厂领导层表示不能接受。造纸厂书记刘广义干脆甩手离开工厂，到深圳“考察”去了。马胜利却在暗自思量，认真核算。一个一鸣惊人的计划在反复论证的基础上形成了。

1984 年 2 月 28 日，石家庄造纸厂门前突然出现一份《向领导班子表决心》的“大字报”，红纸黑字，顿时引来一片哗然。“大字报”是马胜利张贴的，他写道：“我若当上了厂领导，当年把 17 万元承包利润掉个个儿，变成 70 万元，力争 100 万元；承包 3 年，后 2 年每年以 10%的速度递增，完不成承包额，我马胜利甘负法律责任。”

“当科长还不知足，马胜利又想当厂长了！”

“马胜利倒聪明，自己把官帽子往头上套！”

全厂上下一片哗然，厂领导班子 17 万元不接受，马胜利竟敢把 17 万元倒过来变成 70 万元，马胜利这不是明摆着拆领导的台吗？当时的厂领导班子一怒之下撤了马胜利的销售科科长职务。

事情闹到这一步，双方僵持不下，这使想搞折中主义、把指标略微提高仍让厂领导承包的一轻局领导颇感为难，只好将问题反映到市里。马胜利也到市经委主动请缨，市领导研究决定，由局领导主持举行一个竞标答辩会。

马胜利刚一“叫板”，就有人将危言耸听的“状纸”递到了市长办公桌上。领导们并未被“状纸”所迷惑，承包答辩会如期举行。

1984 年 4 月 2 日，对马胜利、对中国的改革开放事业来说，都是一个有着重大历史意义的日子。就在这一天的答辩会上，成竹在胸的马胜利对各方的质问对答如流，“三十六计”和“七十二变”的治厂之道，消除了领导的疑虑。

时任石家庄市市长的王葆华在接受笔者采访时说，当时石家庄造纸厂的境况是：当年国家下达的年产利润计划 17 万元，虽然石家庄造纸厂是一个拥有 800 多人的大厂，当时的厂领导却不敢接下来，讨价还价说还得亏损 10 万元。“结果马胜利杀了出来，他说：‘要是我，把 17 万元掉个个儿，实现利润 70 万元。’”最后，王葆华等市领导拍板鼓励马胜利承包。

承包军令状一签 3 年，当年下达的利润指标是 17 万元，马胜利承包指标是 70 万元，力争达到 100 万元。

合同签完，马胜利把铺盖卷往厂里一搬，面对全厂职工发誓：“造纸厂搞不好，我马胜利 3 年不回家！”

“大锅饭山穷水尽”

马胜利成了全国新闻人物，压力自然也非同一般。造纸厂是个问题多、积习难改的老企业，要想搞好它，必须动大手术。马胜利开始了他“连轴转”的治厂生涯。

马胜利面临的首要问题是组织领导班子。他邀请厂内领导和技术人员共

13 人参加承包组。

造纸厂原负责人从深圳“考察”归来，见马胜利承包已成定局，便表态支持，表示愿意同马胜利一起承包。单凭此举，造纸厂原负责人便赢得了“开明书记”的美名。

由于马胜利既非党员，原来也不是厂级干部，因此一轻局做工作，在签订承包合同时，便将原党委书记的名字排在了马胜利的前面，以表示对他的“尊重”。马胜利担任承包组长，不久又被任命为厂长，组织指挥造纸厂的生产。

改革干部“终身制”，精简机构实行联合办公，改革经营管理和分配制度，实行承包经营责任制，改造老产品，开发新产品。多条改革措施同时出台，企业顿时变了模样。

这些在今天看来的普通之举，在当年操作着实不易。

造纸厂的老工人都会记得，马胜利在承包书的两边贴了一副对联：“大锅饭山穷水尽，终身制日落西山”。上任后，马胜利不拘一格选拔聘任了 50 多位能人进入各级领导岗位。原来全厂设有 28 个科室、127 名职能人员，因而机构臃肿，工作效率低。针对这一弊端，马胜利及其领导班子采取了因事设编的办法压缩科室，对职能人员实行公开竞争，庸者下能者上，一身可兼多职。此举使得职能人员锐减到 30 人，占职工总数的比例由 13%降到 3%，有百余人走上了生产线。厂长办公室等五个部门成了“一人科”。马胜利一上任就明令全厂：“谁承包谁负责、谁负责谁出力、谁出力谁得利。”他用公开竞争的办法建起了 48 个承包组，形成了一个责、权、利紧密结合的纵横连锁承包网络，并根据各职能部门任务的繁简轻重和各生产岗位的不同特点，制订出 11 个档次 130 余种绩效挂钩的分配方法。

在产品开发方面，马胜利的目标是要以“新、优、廉”取胜，改造老产品，开发新产品，打开销路，提高产品的竞争力。为此，马胜利在造纸厂建起了情报中心，在 28 个省（市、自治区）设立了专职和兼职信息员，及时反馈信息。而今看来，这些营销策划手段似乎并不新鲜，然而在当时却绝对是开先河之举。

了解了市场需求，随之而来的便是产品开发。马胜利抽调技术骨干组建起了新产品开发研究室。同时，还积极与社会科研组织联合，开发中、高档新产品。马胜利到军事医学科学院、第四军医大学等科研单位和大专院校拜访，向专家请教。功夫不负有心人，马胜利签下一批合同。承包第一年，造纸厂先后改造了 7 个老产品，开发出 14 个新产品。到第三年，造纸厂产品的品种增加到 36 个，从生活用品发展到文化、医药领域。产品也畅销全国，还远销美、日、东南亚等 20 多个国家和地区。产品在国内、国际市场上站稳了脚跟，石家庄市造纸厂也在行业中有了立足之地。

马胜利置审查于不顾

马胜利的承包逐渐上轨，而周围人的心态极其复杂，其中就有不少想要马胜利出丑、好看热闹的人。然而事情的发展并未如这些“好事者”所愿，马胜利执掌了“帅印”后，实行起厂长负责制，并且在全国一举成名。承包第一个月，造纸厂实现利润 21 万元，超过原定全年计划的 20%；承包 3 个月，完成了全年 70 万元的承包利润指标；承包 5 个月，实现利润 100 万元，达到了军令状上的力争水平；到年底，造纸厂利润突破 140 万元大关，比承包指标整整翻了一番。

1985 年 10 月，马胜利带领全厂职工为 280 万元的年利润指标奋力拼搏之际，社会上传出了这样的消息：“马胜利的事迹是假的。”消息从石家庄扩散到京城，人们惊问：“马胜利究竟怎么了？”

谣言之后，接踵而至的是 9 个调查组。不足千人的工厂，接受调查的职工竟然高达 300 多人次。职工们心慌意乱，人心涣散，马胜利也是晕头转向，一头雾水，病倒在他那间 8 平方米的办公室兼宿舍里。

“好事者”罗列马胜利“九大罪状”：第一条，马胜利是在原厂领导班子的启发下承包的；第二条，马胜利在全国经济会议上介绍的新产品，纯粹就是从中国香港地区和日本带回来的，造纸厂根本就未生产；第三条，层层承包不存在，各车间根本就没有承包合同；第四条，1985 年 8 月份，造纸厂是借钱才发得出工资……

咬紧牙关，视审查于不顾，马胜利带领职工继续为280万元的计划拼搏。各调查组紧张地进行着核查工作，造纸厂的生产竞赛也在热火朝天地进行。

事实胜于雄辩，“九大罪状”查清了，调查组一致得出结论：告状人反映的情况基本不实，有些纯属恶意中伤。当调查组把“好事者”告状的内容和结果公之于众时，职工们义愤填膺，纷纷为他们的马厂长鸣不平。

1985年11月30日深夜，坐落在立交桥脚下的石家庄市造纸厂鞭炮齐鸣，280万元的利润目标提前一个月完成了。

1988年4月20日，中央领导在接见首届全国20位优秀企业家时，充分肯定了马胜利这位回族企业家的成绩。

“世上的路很多，改革之路最为艰难坎坷。”经过9个调查小组的轮番“轰炸”之后，马胜利发出了这样的感慨。

贪大是决策最大的失误

1987年，马胜利开始“放眼全国”，决定承包20个省、100家中国造纸企业。这是一项带有“中国”名头的工程，全称叫“中国马胜利造纸企业集团”，他一人担任100家分厂的法人代表。

到1988年，马胜利承包造纸厂4年，造纸厂的变化用翻天覆地来形容并不为过。固定资产由700万元增加到1 100万元，产值由800万元提高到2 000万元，利润由17万元猛增到340万元，出口量增加了5倍，年创汇200万元，没靠国家投入一分钱便更新了主要设备，引进了6条生产线，采用了12项新技术，主要产品还获得了市、省、部优质产品称号，“猫球牌”卫生纸获国家银奖。

石家庄市造纸厂刚刚步入良性循环，呈现出一片兴旺景象，马胜利便开始筹划“马氏托拉斯”——中国马胜利造纸企业集团。

1988年年初，马胜利与全国10余个省市的36家造纸厂签订了承包合同，在石家庄市成立了“中国马胜利造纸企业集团”。之后，石家庄市造纸厂先后向集团内各企业输送管理人员。外派几十人对石家庄市造纸厂究竟会产生何种影响？它是否能成为兄弟企业的“救星”呢？

“中国马胜利造纸企业集团”成立的日子是 1988 年 1 月 19 日。而马胜利在成立集团公司的鞭炮声中就注定要失败了。这一天，石家庄市市长王葆华出席集团成立大会，但是之前他批了马胜利一顿。

“集团成立的前天，马胜利来找我，邀请我去参加。这么大的事情之前他连个招呼都不打，没有给市里汇报，这家伙等于逼着我们干！”王葆华回忆。

山东菏泽的造纸厂是马胜利第一个跨省承包的企业，开始效益还不错。接着马胜利转战贵州、云南、浙江，“旋风般”地承包当地造纸厂。

“因为承包工厂就要派出干部。到最后，原来石家庄造纸厂的班组长都派到其他造纸厂去当厂长、总经理去了。”王葆华记忆犹新。从 1989 年下半年开始，很多隐藏的问题暴露出来，马胜利的日子开始不好过了。

1989 年 3 月 27 日，《消费者报》刊登的一条有关马胜利的报道引起了人们的注意。报道中说，马胜利在向到石家庄市造纸厂视察的轻工部部长曾宪林汇报工作时说：“石家庄造纸厂自承包以来取得了很大成绩，5 年来工厂从严重亏损到 1988 年盈利 350 万元。但在承包取得一定成绩后，我（马胜利）就头脑发热了，组建了马胜利造纸集团，计划在全国承包 100 个造纸厂，结果到了 30 多个就招架不住了。”

马胜利自己也表示，一个人有再大的本事也不可能管好这么多的工厂，光有干劲不成，要面对中国的现实。1989 年 1 月份，石家庄造纸厂停电 24 天，承包后出现了第一次亏损。

在报道的最后，曾宪林部长说，石家庄造纸厂发展快，尤其在开发新产品上有特点。他还对马胜利说，先进人物更要谦虚谨慎，注意同上下左右搞好关系。承包工作要稳扎稳打，“经济过热”实际上是我们“头脑过热”，要吸取教训。

吸取跨省承包摊子大的教训，马胜利将“中国马胜利造纸企业集团”更名为“河北马胜利造纸企业集团”，并从 1989 年 6 月起不再发展新成员，决定今后将不再采取跨省承包的方式。后来的统计数字表明，中国马胜利造纸企业集团承包的39家企业中,有27家实现了扭亏,其余12家也大幅减亏,集团运行还算成功。有人说,贪大是马胜利决策最大的失误,正因如此,石家庄市造纸厂才陷入泥潭不能自拔。对此意见,马胜利深为不满。

造纸业市场风云突变,1993年,纸价扶摇直上,一夜间翻了个儿。与此同时,国家开始对过热的经济进行宏观调控,纸厂资金立即吃紧。在纸浆价格飞涨和资金短缺的双重打击之下,造纸厂顶不住了。

此后,石家庄市造纸厂曾先后多次向银行贷款,财政投入也是有来无回。职工因企业陷入泥潭而怨声四起,内忧外患交织。其主管部门石家庄市一轻局对造纸厂的状况先是颇为不满,进而是直接干预。

1990年石家庄造纸厂亏损300多万元,马胜利危如累卵;1991年5月,马胜利造纸企业集团解散。1994年,挂在石家庄造纸厂门口的那块“厂长马胜利”的铜字招牌被勒令拆除。1995年,石家庄造纸厂资不抵债,申请破产。

1996年11月,马胜利终生难忘。他辛辛苦苦经营了12年的造纸厂宣布破产。在此之前,马胜利被迫“退休”,时年58岁。

马胜利回忆并对笔者讲述被免职那天的情景。大约11点多,马胜利应通知来到了一轻局。一位领导简明扼要地告诉他,他被免职了。前后大约用了5分钟。因为没有任何准备,马胜利当场愣住了。然后有人对他说,你回去吧,我们也要吃午饭了。

1998年8月,笔者专程到石家庄市采访。马胜利同职工一样待业在家,每月领取不足200元的工资。来到造纸厂,原来那美丽清洁的大院已不复存在。厂里荒草丛生,一片破败。时有职工三三两两在工厂大院里游荡。交谈起来,他们回忆造纸厂当年盛况时那瞬间幸福的表情让人心酸。马胜利退休后躲在家里,3个月没有下楼。此后,他在石家庄火车站北边的清真一条街上开过“马胜利包子铺”,生意还不错。

曾有人在报纸上发表文章说,马胜利当时退休在家写回忆录。很多人因此而生“英雄迟暮”的感慨。对此,马胜利深为不满地说:“这纯粹是胡说八道,我尚未到退休年龄,根本没想退休,现在我也没有写回忆录的心情。”他说,1996 年他“退休”后,市里曾成立调查组对造纸厂进行调查,经过这么长的时间,也没有给他一个“说法”。马胜利说,他只需要一个客观公正的评价。

曾经在青岛再就业

时光推进到 2004 年 3 月 25 日,青岛双星集团宣布正式聘请曾被称为“中国承包第一人”的马胜利任双星集团副总经理,并由马胜利承包经营集团全资注册成立的“双星马胜利纸业有限公司”。双星制鞋和造纸是两个不相关的行业,为什么想到和马胜利合作呢?

双星总裁汪海说:“我 16 年前就认识马胜利,因为我们都是 1988 年首届优秀企业家。2003 年 11 月 13 日,在杭州第一届企业家见面会上,马胜利痛哭流涕。让他伤心的是,58 岁那年他突然退休,135 元工资拿了好多年,后来,退休工资不断增长,现在才拿 800 多元,加上各种补贴,才 1 000 块钱。”

汪海认为, 不管怎样,马胜利都是中国改革初期冲在前头的带头人,他在全国是有一定影响的。当他说到退休后回到家,孩子都不能理解,社会对他漠视,我感到心里很刺痛。同是第一代企业家,我很同情。这个时候,我的责任是解决老马的困难。

对于帮马胜利,汪海的初衷是解贫。在石家庄开两个双星店,卖鞋,起码不是七百八百的,一个月可能几千元,帮助他提高生活水平。看到马胜利住的还是 20 世纪 70 年代后期 80 年代初期很一般的房子,说明马胜利任厂长期间很廉洁。汪海觉得,马胜利既然身体很好,又是造纸行业的名人,能不能给他提供个平台,选个造纸厂发挥他的余热?这对他来说应该是一个机遇。

汪海说:“我经常想着这个事,老马他当时想做石家庄代理,做代理没有几百万不行。没有资金我不可能把价值几百万元的货给他操作,操作失败我怎么办?我后来发现,给他搭一个平台,在造纸行业发展是个机遇。我到河南驻马店双星工业园,市委书记卢大伟说驻马店是个造纸基地,有七八十个厂,还有一套从德国引进的现代化的造纸设备,运转不正常。我向他推荐马胜利,两个人就定了下来,连夜开着车到石家庄接他。接着我们又考察市场,一连看了四五个厂,老马增强了信心,我心里也很高兴。这个时候我找造纸厂主要是为了老马,老马不仅是我要扶持的人,而且我要发挥马胜利的作用,也给双星找一个新的增长点。这样既解决了老马的困难,也是向社会宣布,企业家不应该受所谓的年龄限制,企业家应该得到社会的支持,企业家要体现社会价值。”

有了上述想法后,汪海研究和考察了造纸行业才知道,这是个非常大的行业,中国纸的消费量是世界第二,除了美国就是中国。中国经济发展这么快,中国纸消耗量还要增长,造纸行业是小商品大市场,又是快消费,这个行业又没有名牌,双星跟马胜利结合,双星就是一个新的造纸行业名牌,这个思路就这样形成了。

然而,这次“承包”很快便悄无声息了。“双星”集团当时给马胜利安排了房子和车,让他把老伴也接过来。但是他在这里待了几个月就走了,至于原因,至今仍然是一个谜。2014 年 2 月 6 日晚 10 时 40 分,马胜利因病在石家庄的家中去世,享年 76 岁。

国企改革的四个阶段

国企改革一直是我国经济体制改革的肯綮。历经 40 年的不断实践和持续探索,渐进完成了公司制改制,现代企业制度、法人治理结构、管理机制逐步完善、健全和趋向合理。十八大昭示的新一轮国企改革,正式进入以管资本为主的新时代。抚今追昔,国企改革经历了四个阶段:

——管理机制创新。改革开放伊始,国企改革的基本思路是对企业放权让利,让企业拥有更多的经营自主权,重在探索企业所有权和经营权相分离,通过放权让利、利改税、拨改贷等举措,使企业成为独立经营、自负盈亏的商品生产者和经营者。

——企业制度创新。20 世纪 90 年代初,明确计划与市场的关系、建立现代企业制度成为这一时期国企改革的主要思路。后续通过完善国有经济布局、加大结构战略性调整，初步解决了国有经济部门如何适应市场竞争的问题，渐次改善了国有经济涉及面广、经营质量良莠不齐和国家财政负担过重的状况。

——监管体制创新。进入 21 世纪，国企改革的侧重点转向国有资产管理体制改革。国务院国有资产监督管理委员会挂牌成立，以国有资产管理体制改革推动国有企业改革，由国资委统一行使国有企业监督管理职权，解决了以往国有经济管理部门林立、机构臃肿、监管效率低下等问题。

——全面深化创新。伴随着我国经济步入转型升级新阶段，国企改革由此进入监管、产权、经营管理等多层次齐头并进的全面深化创新阶段，并开始以管资本为主加强国有资产监管，建立和形成了“1+N”政策文件体系，以“管资本”为主推进国资委职能转变是其中的重要内容。中央各部门出台了 122 个配套文件，各地结合自身实际出台落地文件 1 291 个，各中央企业累计制定实施改革方案超过 3 000 个，有效解决了各地各企业改革政策落实中遇到的一些区域性、特殊性问题，努力打通工作落实的“最后一千米”。

国务院国资委官网显示，2018 年 1—6 月，中央企业累计实现营业收入 13.7 万亿元，同比增长 10.1%；实现利润 8 877.9 亿元，同比增长 23%，增速比一季度加快 2.1 个百分点。其中，6 月份当月，中央企业利润突破 2 000 亿元，达2 018.8 亿元，同比增长 26.4%，创下历史单月最高水平。

“接下来还要稳步推进装备制造、煤炭、电力、通信、化工等领域央企战略性重组，推动国有资本进一步向符合国家战略的重点行业、关键领域和优势企业集中。”国务院国资委主任肖亚庆在 2018 年国企改革会议上做上述表示。

国资委直管的央企：两个层次，96 家

重庆智库、大运河智库联合调研组了解到，截至 2018 年 6 月，国务院国资委直接管理的企业共 96 家：序号 1~49 的 49 家中央企业为中管（副部级）央企，领导班子由国资委企干一局管理（其中企业正职由中组部任命）；序号 50~96

的 47 家中央企业为司局级央企,领导班子由国资委企干二局管理。

序号 1~49,依次为:中国核工业集团有限公司、中国航天科技集团有限公司、中国航天科工集团有限公司、中国航空工业集团有限公司、中国船舶工业集团有限公司、中国船舶重工集团有限公司、中国兵器工业集团有限公司、中国兵器装备集团有限公司、中国电子科技集团有限公司、中国航空发动机集团有限公司、中国石油天然气集团有限公司、中国石油化工集团公司、中国海洋石油集团有限公司、国家电网有限公司、中国南方电网有限责任公司、中国华能集团有限公司、中国大唐集团有限公司、中国华电集团有限公司、国家电力投资集团有限公司、中国长江三峡集团有限公司、国家能源投资集团有限责任公司、中国电信集团有限公司、中国联合网络通信集团有限公司、中国移动通信集团有限公司、中国电子信息产业集团有限公司、中国第一汽车集团有限公司、东风汽车集团有限公司、中国一重集团有限公司、中国机械工业集团有限公司、哈尔滨电气集团有限公司、中国东方电气集团有限公司、鞍钢集团有限公司、中国宝武钢铁集团有限公司、中国铝业集团有限公司、中国远洋海运集团有限公司、中国航空集团有限公司、中国东方航空集团有限公司、中国南方航空集团有限公司、中国中化集团有限公司、中粮集团有限公司、中国五矿集团有限公司、中国通用技术(集团)控股有限责任公司、中国建筑集团有限公司、中国储备粮管理集团有限公司、国家开发投资集团有限公司、招商局集团有限公司、华润(集团)有限公司、中国旅游集团有限公司[香港中旅(集团)有限公司]。

序号 50~96,依次为:中国商用飞机有限责任公司、中国节能环保集团有限公司、中国国际工程咨询有限公司、中国诚通控股集团有限公司、中国中煤能源集团有限公司、中国煤炭科工集团有限公司、机械科学研究总院集团有限公司、中国中钢集团有限公司、中国钢研科技集团有限公司、中国化工集团有限公司、中国化学工程集团有限公司、中国盐业有限公司、中国建材集团有限公司、中国有色矿业集团有限公司、有研科技集团有限公司、北京矿冶科技集团有限公司、中国国际技术智力合作有限公司、中国建筑科学研究院有限公司、中国中车集团有限公司、中国铁路通信信号集团有限公司、中国铁路工程集团有限公司、中国铁道建筑有限公司、中国交通建设集团有限公司、中国普天信息产业集团有限公司、中国信息通信科技集团有限公司、中国农业发展集团有限公司、中国中丝集团有限公司、中国林业集团有限公司、中国医药集团有限公司、中国保利集团有限公司、中国建设科技有限公司、中国冶金地质总局、中国煤炭地质总局、新兴际华集团有限公司、中国民航信息集团有限公司、中国航空油料集团有限公司、中国航空器材集团有限公司、中国电力建设集团有限公司、中国能源建设集团有限公司、中国黄金集团有限公司、中国广核集团有限公司、中国华录集团有限公司、上海诺基亚贝尔股份有限公司、华侨城集团有限公司、南光(集团)有限公司[中国南光集团有限公司]、中国西电集团有限公司、中国铁路物资集团有限公司。

源头背景

承包制与两个文件

国有企业承包制的基本做法是,以厂长为核心的管理层或厂长作为承包人与政府签订为期数年的承包合同,承包人保证在承包期内每年向政府上缴一定数额的利润,并且一般还承诺每年按照一定比例或数额递增上缴利润,在剩余利润中,承包人可以按约定的方法获取可分配给个人的承包收益。政府与承包人签订合同时,也可能会要求承包人交纳一定数额的抵押金。合同一般还会规定,如果企业利润太低导致承包人无法完成上缴任务,承包人应该设法补足。这些条款被归纳为:包死基数,确保上缴,超收多留,歉收自补。如果政府认为以本企业厂长为核心的管理层没有足够能力进行承包,政府也可能采取公开发包的方式来确定承包人,这种方式产生的承包人可能是本企业的管理人员或普通职工,也可以是来自外面的“能人”。

1986 年 12 月,国务院发布了《关于深化企业改革增强企业活力的若干规定》,该规定指出,凡国家规定要放给国有企业的权利,要坚决放给企业,各政府部门不许截留。要根据“两权分离”的原则，给企业经营者以充分的自主权。国有小型企业可以试行租赁、承包经营，要保证承租人或承包人拥有充分的经营自主权及按合同取得合法收益。大型国有企业也要实行各种形式的经营责任制。要全面推行厂长负责制，厂长收入可以高于职工平均收入的1~3倍。

到1987年年底，全国80%以上的预算内国有企业实行了承包制。1988年2月，国务院发布的《全民所有制工业企业承包经营责任制暂行规定》强调，实行承包经营责任制，按照包死基数、确保上缴、超收多留、歉收自补的原则，确定国家与企业之间的分配关系。承包上缴国家利润的形式包括：上缴利润递增包干；上缴利润基数包干，超收分成；微利企业上缴利润定额包干；亏损企业减少亏损和减少补贴包干。实行承包制必须由企业经营者代表与政府部门订立承包合同。承包期限一般不少于3年。实行承包制，一般应该采取公开招标办法通过竞争确定企业经营者和经营集团，招标可以在本企业或本行业中进行，有条件的也可以面向社会通过人才市场进行。投标者可以是个人、集团或企业法人。集团或企业法人中标后，必须确定企业经营者。实行承包的企业试行资金分账制，划分国家资金和企业资金，分别列账，承包期间的留利以及用留利资金形成的固定资产和补充的流动资金，承包期间利用贷款形成固定资产以用留利实现还贷的，均列为企业资金。

源头链接

事件发源地

【石家庄市】河北省省会。2017年实现生产总值6 460.9亿元，同比增长7.3%，增速居河北省第一；完成一般公共预算收入460.9亿元，同比增长12.2%，总量居河北省第一；完成固定资产投资（不含农户）6 310.1亿元，总量居河北省第一。

源头延伸

1993,叫停承包制

1987年在全国大面积推行的承包制,承包期大多是3~4年。承包制产生了显著效果,国有企业生产积极性空前提高,工业总产值、销售收入、实现利润和劳动生产率明显上升,国家财政收入也稳定增长。

那期间,招标承包与风险抵押承包被许多地方所采用。

招标承包就是通过公开招标的方式择优选聘承包人。通过公开招标,可以避免暗箱操作和私相授受,可以选择最好的承包方案以最大限度保证国家利益,也可以从现有的管理层之外发现那些具有企业家才能的经营能人。招标承包当时引起了极大轰动,因为在传统体制下,企业的厂长由政府部门或党的机构进行严密的考察后任命,他们一般是逐级提升到厂长的岗位并且享受国家干部待遇。而公开招标承包可以使没有任何级别的普通人成为厂长,只要他能提出好的承包方案并且被认定有能力完成承包任务。公开招标选择的承包人可能是来自本企业之外甚至本地之外。因此,公开招标承包对于传统的企业干部体制是一个非常大的冲击。

风险抵押承包,是指承包人必须向政府缴纳一定数额的承包风险抵押金,如果承包人不能完成承包任务,政府就不会退还抵押金;如果承包人能够完成承包任务,政府就退还抵押金。抵押承包的做法给承包人带来了很大压力。不过,由于承包人有可能在日常经营过程中通过其他不当手段牟取远远高于抵押金的经济利益而放弃抵押金,所以承包制并不能真正解决包盈不包亏的问题。

中共中央机关刊物《红旗》1987年第9期刊发了国家经济委员会主任吕东的《承包制是搞活大中型企业的有效途径》一文,其主要观点如下:承包制有很多优越性。第一,有利于促进企业所有权和经营权的分开,企业拥有充分的经营自主权,可以更好地实行厂长负责制。第二,有利于推动技术进步,增强企业后劲,对于改变某些行业的落后面貌和调整产业结构、产品结构,也有明显作用。第三,有利于国家财政收入的稳定增长。第四,有利于加强企业的自我约束机制。第五,有利于挖掘企业潜力,促进增产节约、增收节支运动的深入开展。

吕东指出,实行承包制也要注意一些问题。第一,合理确定承包基数。第二,防止消费基金膨胀。第三,加强对企业自由资金使用的引导。第四,确保产品质量,防止乱涨价。第五,要慎重解决承包中的新矛盾,如国家税收政策变化或国家指令性计划出现变化导致承包人无法完成上缴任务等。第六,注意政策的稳定性和连续性。第七,承包制要同企业领导体制改革结合起来。第八,坚持稳定前进,不要一哄而起。

1990 年,大部分企业于 1987 年签订的承包合同到期后,又签订了新一期承包合同,国有企业进入了第二轮承包期。但新一轮承包的效果明显降低,承包制的弊端逐渐显露出来。越来越多的人看到,承包制执行下来的实际结果是包赢不包亏,承包人实际不可能承担所承包企业的亏损。承包制也无法避免承包人的"道德风险"问题,如"59 岁现象"。

随着 1993 年国家财政和税收体制改革,对所有内资企业征收 33%的所得税外加增值税或营业税,同时决定国有企业税后利润全部留在企业而不再上缴财政,承包制在 1993 年之后不再推行。

文骐看源头

"胜利"的失败

马胜利被公认为是中国第一个提出"打破铁饭碗、打破铁工资"的人。当年,他是当之无愧的兼并大王,谈一个小时就可以签下一个工厂的承包合同。他也是拥有 10 多个省市 30 多家企业的"一包就灵"神话的创造者,为改革时期企业扭亏为盈提供了行之有效的方式。马胜利的失误就在于承包的速度过快、数量过多,超越了他的管理能力。因此,辉煌之后不久,"马承包"就不得不面对造纸集团的解体乃至黯然接受被免职的下场。

中国改革开放以来,多少风云人物潮起潮落,一夜之间闻名全国,之后就有种种秘闻、绯闻、人事纠葛传来,接下来便是销声匿迹,没有人再提起了。有没有例外呢?有。这个人就是马胜利。人们牢牢记着他,并不只是因为他有一个上口好记的名字,更是因为佩服他的勇气,佩服他在改革初期便具有的胆识与豪情。

正确对待企业发展与盲目扩张,是马胜利现象给我们最深刻的教训之一。从 1984 年马胜利自荐承包当厂长,到 1988 年组建中国马胜利造纸企业集团,马胜利从一个中型企业厂长到企业集团当家人,仅用了 4 年时间。在大环境——企业机制、用人观念、计划经济体制,以及小环境——内部人际关系、行政隶属关系、经营管理人员素质等都不具备扩张条件的时候,扩张就为失败埋下了隐患。其实,在整个改革开放进程中,这种盲目扩张的事例并不鲜见,企业需要发展,但必须建立在切实可行的基础上,若把"虚胖"看作壮实,那样打出的拳头必然软弱无力,弄不好还要被人击倒。马胜利倒在胜利进军的路上,头脑发热是他的主要病因。

9

中国第一个破产企业
——沈阳市防爆器械厂

第一例破产发端沈阳
第一声警钟敲自重庆

1986 年 8 月 3 日,东北出了件大事——沈阳市防爆器械厂被宣布从即日起破产倒闭。为此,沈阳市工商行政管理局发布了“企业破产通告(第 1 号)”。社会主义国家的企业也有破产的了?! 这成了当时中国经济界的头号新闻,因为此举开创了中国社会主义公有制企业破产的先河。

那么,为什么中国第一例破产发生在沈阳防爆器械厂? 其破产拍卖的过程是怎样的? 债务、职工安置是怎样处理的? 破产带来了什么样的影响? 让我们掀开这段尘封的历史。

沈阳市领导有批示

1998 年 5 月 8 日,在纪念改革开放 20 周年前夕,笔者到访沈阳市,径直到沈阳市企业破产处理办公室找韩耀先主任,他是当时的重要参与者之一。真是不巧,就在前一天晚上,韩主任出差去了。不过幸好事先打过招呼,韩主任作了交代,一位叫赵喜忱的同志接待了笔者。

赵喜忱说话不紧不慢,在笔者讲明来访事由后,他打开了话匣子。

1985 年,沈阳市开始对企业进行改革,当年 2 月 23 日,沈政发〔1985〕24 号文件颁布执行,其中内容之一就是印发了《沈阳市关于城市集体所有制工业企业破产倒闭处理试行规定》(以下简称《诚行规定》),这个规定的基本精神是保护竞争,鼓励先进,鞭策后进,保护债权人的合法权益和倒闭企业待业人员的基本生活,它是根据集体经济的性质、特点和沈阳市集体经济体制改革的客观要求制订的。是年 8 月 3 日,在沈阳市政府举行的新闻发布会上,市工商行政管理局就根据这一试行规定,向已经徘徊在破产边缘的市五金铸造厂、市农机三厂和市防爆器械厂发出了破产警示通告,出示了“黄牌”,限期一年进行整顿和拯救。

说到这儿,赵喜忱特别强调说,这 3 个企业都是小集体企业,拿它们做试点,就是考虑到万一失败了,影响不会太大、不会太坏。

1985 年 11 月 2 日,沈阳市委书记李长春在对《沈阳市对集体工业企业“破产倒闭处理”的实施情况》的批示中写道:“破产倒闭是优胜劣汰的经济规律所致,不是行政上的关停并转,因此要注意体现债权人的意志,不要完全用上级政府取代债权人的意志,否则又变成变相的关停并转了。”

就在这种改革的背景与大环境下,1986 年 8 月 3 日的又一个新闻发布会上,沈阳市副市长李中鲁指出,经过一年的整顿与拯救,市农机三厂和市五金铸造厂的经营状况有了较为明显的改善,故决定对其延长一年的整顿和拯救期。市防爆器械厂虽经努力和多方协助,但因企业素质太差而无任何转机,按《试行规定》和债权人的意志,经企业申请,决定对其实施破产倒闭处理。

说到这儿,也许有人要问,中国怎么突然想起搞企业破产了呢?其实,企业破产在中国的出现并非偶然。早在 1979 年 11 月,邓小平在一次谈话时就曾指出:社会主义为什么不可以搞市场经济?社会主义也可以搞市场经济。1984 年 10 月,十二届三中全会提出社会主义经济是公有制基础上的有计划的商品经济。“商品经济的充分发展,是社会经济发展的不可逾越的阶段,是实现中国经济现代化的必要条件。”商品经济是竞争的经济,优胜劣汰无法避免,必然有企业破产。因此,在 1984 年 12 月 29 日,国务院批准成立了企业破产法起草小组。中国的经济体制改革走到了这一步,破产便成为资不抵债企业的归宿之一。

看似寻常实不寻常的安置

1986 年 8 月,沈阳市防爆器械厂倒闭了,破产企业的人员如何安置?对此,沈阳市政府考虑既要有利于打破“铁饭碗”,又要体现社会主义制度的优越性,因此贯彻了“坚持政策,不统包统揽,积极安置”的原则,对企业人员分 5 种情况

进行安置:

一是少数要求调离该厂,而且已有接收单位的职工。原来考虑到在企业整顿拯救期间,需要稳定职工队伍,未同意调出,鉴于企业复苏无望,故允许这部分职工按正常手续办理调转。

二是企业宣布破产倒闭后,全体职工即失去职业,转为待业人员。待遇为企业破产后6个月内,每月按该企业职工标准工资的75%发放倒闭救济金;自第7个月始,每人每月发放30元;满24个月后,对符合社会救济条件的职工,由民政部门按社会救济标准执行。如倒闭企业职工有直系供养人口,而后者没有其他任何经济收入的,按直系供养人数加发一定的救济金,由保险公司征收的破产倒闭救济基金支付。

三是有劳动能力的残疾职工,拟由民政部门负责安置就业。

四是对符合退休年龄或接近退休年龄的职工,可办理退休手续,同已退休人员享受同等待遇。退休金由职工所在街道劳动服务公司发放,管理由街道退休职工管理委员会负责。

五是患严重疾病者可办理病退手续,并享受相应待遇。

据赵喜忱讲,3年后所有待业职工全部就业。

在介绍了这么多情况后,赵喜忱担心时间过了这么久,有些事情记得不准确,便又帮着笔者翻找资料。他一边翻一边说:“过去都认为社会主义企业不存在破产一说,企业再困难,也得保工作,保生活。沈阳市防爆器械厂的破产倒闭则说明,社会主义企业经营不好,也是要破产的,这是经济规律决定的,不是社会制度决定的。从此,中国改革不断深入,企业破产的事实也逐渐被接受。”

“那么为什么这第一例破产会出现在沈阳呢?”笔者追问。

“当时改革都是在摸索当中,可能是当时市里胆子比较大,改革的思路比较宽。”赵喜忱这样回答。

笔者注意到,赵喜忱曾提到其后出台的《破产法》就是在沈阳起草的,起草小组的组长曹思源曾就起草《破产法》问题到沈阳进行过调研。这是否说明沈阳市防爆器械厂的破产和《破产法》有些关系呢？笔者没有再问。

说话间，赵喜忱翻出了一个用16开纸装订成册的本子，黄色的封皮。他饶有兴致地拿给我，原来是一个剧本，封皮上的剧名已被覆盖掉。据赵喜忱说，这是辽宁电影制片厂曾以此为题材编写的剧本，打算拍成电影。时间大约是在1989年，但后来由于一些原因没拍成。在赵喜忱的努力回忆下，笔者得知，剧作名为《沉没的陆地》。

在赵喜忱找出的资料中，笔者看到了一份《沈阳市防爆器械厂整体拍卖给沈阳市煤气供应公司工程队的正式协议书》，其中提到，破产倒闭处理监督管理委员会经债权债务组对全部物资财产清查，请专业公司的专业人员估价后又核实登记造册，并由职工代表、债权人代表、会计师事务所注册会计师参加核实，全部财产物资已于8月18日核实结束。根据破产后要"以产抵债，按比例偿还债权人"的精神，经同几户出价相近、整体购买者面议，考虑到煤气工程队是新建单位，急需厂房，决定卖给市煤气供应公司工程队，售价为20万元整。

这又引起了笔者的兴趣。从协议书上看，拍卖过程还是比较规范的，可不是说这是一例不规范的破产吗？那么其中的拍卖是否规范？也就是说，沈阳市防爆器械厂真的是拍卖给沈阳市煤气供应公司工程队的吗？

20年前资产重组的水平不一般

为了了解拍卖过程，笔者通过媒体同行找到了当年沈阳市煤气供应公司工程队的党支部书记李景文。拍卖协议书上盖有他的印鉴。

时年59岁（1998年）的李景文退休在家，精神很好，身体壮实。他说起1986年的事，就像在说发生在昨天的事。

"那是1986年7月初，"李景文讲起了当年买沈阳市防爆器械厂的经过，"《沈阳晚报》的一个小角上，登了一篇沈阳市防爆器械厂要拍卖的'豆腐块'消息。当时工程队的队长贾洪海看到后拿不定主意，便来问我。我一看，这是件好事。为什么呀？因为这在中国从来没有过，第一次，准便宜，而且当时工程队正想找个地方当仓库。那时候工程队有独立的自主财权”。

“第二天一大早，我和贾队长就找了辆车去了防爆器械厂，那时好像是沈阳市企业破产办公室就在那儿现场办公。我们找到李振清处长一问，当时已进行了估价，共20万元。我们一看那个厂是个小院子，都是平房，厂区房屋建筑面积537平方米，做仓库正合适，就跟李处长说，我们出20万元买。李处长考虑到那时工程队有实力，有发展前途，所以当时双方就这么定下来，由我们出20万元买下沈阳市防爆器械厂。”

“那当时没有别的单位要买吗？后来进行拍卖了吗？”笔者问。

“有别的单位。其中有一个是什么防爆器材厂，因为名字和这个破产的厂子名称相近，好多客户都以为是他们破产了，影响了企业的发展，所以他们也要买这个厂。不过要买的不多。由于考虑到工程队的条件比较好，所以就定工程队了。后来拍卖进行了，不过不是真正的拍卖，只是个样子。我们是第一个叫的，出价20万元，后来有叫的，出的价比我们还低。就这样沈阳市防爆器械厂我们给买下来了。”李景文如是说。

在问及破产企业职工有没有留下来时，李景文提起了1986年8月3日新闻发布会上的一幕。“当时来了不少记者，有电视台的，也有报社的；有国内的，也有外国的。记得后来有一个法新社的记者向我提了好几个问题，其中一个是问：接管后，有职工想来你们企业的吗？我回答说，首先是因为人员比较多，其次我们是搞易燃易爆的，他们是搞防爆的，不对口。所以我们只接管厂房、设备等，不接管人。”

“这个破产企业买得真像你们最初想的那么划算吗？”笔者追问。

“划算。这个厂子买得很合适。当时我们买下来后，花几千块钱维修了一下，想生产管材，后来还曾搞过一个饮料商店，不过后来都没干起来。之后不到一年，政府说这块地方要动迁重建，答应建好后给我们450平方米，都是平房。不久，沈阳煤气总公司拨款40万元给工程队，把这450平方米的平房买了去，好像是做了皇姑区第三煤气管理所。这么一来，等于说不到一年，我们就净赚了近 20 万元。”李景文越说越高兴。

石永阶：败军之将也言勇

1998 年 8 月 31 日下午 3 时，石永阶正蹲在车间门口拧螺栓，身旁的桌子上有一板豆腐悄悄地散出淡香。

苍山路在沈阳城没有多少名气，然而路旁的这位老石头却是名震中外的人物。作为全国第一家破产企业的厂长，他，石永阶，具有划时代的意义：从 1986 年 8 月 3 日开始，社会主义中国的企业若经营不善也可以破产。这么多年来，只要一把话题转移到企业破产上，人们就难免追问一句——“石永阶是怎样一个人?”

笔者见到的石永阶是这样的——

一个矮小而壮实的 71 岁（1998 年）老人，面貌上看不出什么特色，纯粹的普通人形象。但仔细观察，就会在他那总喜欢瞪着的小眼睛里发现倔强，他那雪白的“板寸”头发也顽强地证明了这个秉性，“我脾气不好，倔!”他频频对笔者这样说。

1948 年，石永阶从辽阳佟二堡来沈阳谋生，其方法是赶着岳父家的一辆马车在城里跑来跑去地“拉脚”。沈阳解放后，他进入沈阳政治大学学习，1952 年毕业被分配到市交通运输公司，任中队长；1965 年，调到明廉街道办事处所辖的沈阳皇姑区电器厂做调度；1980 年，工厂因为经营不善而歇业，3 年后，石永阶带领部分职工把歇业了的企业又开起来，企业更名为“沈阳市防爆器械厂”；1981 年，石永阶因不同意将企业挂靠某公司而被撤职，企业从此陷入瘫痪，苟延残喘至 1986 年，被宣告破产，石永阶作为中华人民共和国史无前例的破产企业厂长而一举“成名”。

但是，石永阶认为成就那样的名声绝对是耻辱，其性质与味道有点像败军之将。“心里那个悔呀，难受极了，大病一场，头晕、耳鸣、吃不好、睡不好，更不想见人，大门不出二门不迈，在家里整整待了一年!”他说。

待了半年,也还是想不通。“社会主义的企业怎么会破产,破产究竟是什么原因;破产后工人们到哪里去;作为早被撤职的厂长,对破产到底应不应该负责?”想到撤职,石永阶更是懊恼不已。“一没贪污二没受贿,因为不听话就撤职?”企业破产后,有关部门在审计他时曾问:“你拿过回扣没有?”石永阶愣头愣脑地反问:“啥叫回扣?”反倒把对方问愣了,待人家耐心地给他把回扣的概念解释清楚后,石永阶跳了起来,大叫道:“破产就破产,怎么能这么糟践人?我当厂长拿了回扣,那还是人吗?”后来调查证明,石永阶没有任何经济问题,会计说客户来了,石厂长总是从财会处借几十元来招待,月末发工资马上还清。

“我老石头就是喜欢干活,没有工夫动歪心眼,受共产党教育几十年,想的就是多给大伙儿办事,堂堂正正做人当干部,不干净的钱拿了,一辈子心不净,到死心也不净呀。我最恨的就是那些腐败厂长,工人都开不出工资了,他还在那里花天酒地,这种人简直没有人味儿!”石永阶的这番话以及他一生的作为,使笔者愈发觉得他就是一个有社会主义觉悟的有文化的劳动者。

1986 年石永阶在家待了半年,没有想通,他就又待了半年。到了 1987 年,老伴说:“起来吧,咱们得活呀,不干活儿怎么活呀?”

庄稼人出身的石永阶听了“干活”二字心里就格外精神。石永阶起床了,看着他在床上一年来冥思苦想出来的新产品图纸,他向亲戚朋友借了 1 300 元,在苍山路的路旁办起一个工厂,他给工厂起了个亮堂的名字——“长城电器开关厂”,他把原厂里没有安排的部分工人找来,领着他们一起创业。

“我还干防爆器材,不是说我不行嘛,这回我让大家看看我到底行不行?”石永阶每天早晨 5 点来到工厂,既当厂长、工程师、采购,又当产品销售员、维修员、勤杂工。

石永阶站起来了,石永阶的开关厂也站了起来。甚至,产品还销到了海外。

石永阶指着墙上的订单说:“活儿多,干不过来,我的防爆活接头、电缆夹紧接头都销到美国去了,上个月美国商人来了,他们约我在凤凰饭店见面,见了面就竖大拇指说我 OK!”

看到一些下岗职工没有合适的工作,石永阶又在开关厂旁边开了豆腐房,以全市最便宜的价格批发给他们最优质的豆腐,一时“老石头豆腐”风靡沈城,一般的百姓知道“老石头豆腐”而不知道“长城开关厂”。

“我就喜欢干活儿,有活儿干,我就有精神,而且能干好。当年,如果不是有那么多‘婆婆’指挥,防爆器械厂不会破产,我肯定能带大伙儿干出一番大事来!”

接着,石永阶又向笔者展示他的宏伟蓝图——“下一步我要上流水线,要扩大生产规模,安排一些下岗工人!”

崇拜劳动的石永阶,除了劳动之外别无所好,偶尔遇见当年防爆器械厂的下岗工人,他会拉上人家进屋喝一点,然后问上一句:“有活儿干吗? 如果没地方,就到我这里来!”情谊上来的时候,他常常会忘记自己的许多难处。

最大破产案惊爆山城

沈阳市防爆器械厂破产后的第 6 个年头,重庆再爆企业破产新闻,与沈阳的差异是,重庆针织总厂的破产标的在全国最大。

最大标的

重庆针织总厂始建于 1950 年,曾发展成为西南地区最大的国有针织企业,拥有资产 4 000 多万元,职工近 3 000 名,在全国十大针织联合企业中排名第三。在该厂的历史上也曾有过辉煌的岁月,也曾为国家建设和重庆市的经济发展立下过不可磨灭的功劳。然而,在计划经济向社会主义市场经济转变的过程中,该厂作为独立的商品生产者的应变能力日益减弱。当经济体制改革日益深入,重庆针织总厂也就暴露出了管理混乱、经营失策、市场竞争不力等致命的弱点。从 1986 年起连年亏损,债台高筑。到 1992 年申请破产时亏损已达 2 000 多万元,负债 8 000 多万元,负债率高达 191%,被迫走上了破产的道路。

1992 年 6 月 8 日,在日历上是一个极寻常的日子。可是,在重庆针织总厂的厂史上,在重庆针织总厂近 3 000 名职工心中,却是一个极不寻常的日子,提起它就会令人痛心疾首,永志难忘。

1992 年 6 月 8 日,重庆针织总厂向重庆市中级人民法院递交了一份不同寻常的诉状:破产申请书。

申请书后附有 7 份关于债权债务及有关情况的资料,说明企业因经营管理不善造成严重亏损,资不抵债,难以为继,只得依法申请破产。重庆针织总厂上级主管部门重庆市纺织工业局、重庆市国有资产管理局根据《中华人民共和国企业破产法(试行)》第八条的规定,也分别在“同意按照法律程序申请破产”的意见上加盖了殷红的公章。

至此,中华人民共和国成立以来全国最大一宗国有企业破产案拉开了诉讼的帷幕。

四份公文和法律文书让历史重现

第一份公文如下:

关于重庆针织总厂职工重新就业有关问题的请示

重庆市人民政府:

1992 年 6 月 8 日,重庆市中级人民法院受理了重庆针织总厂的破产申请,根据《中华人民共和国企业破产法》和国务院《全民所有制工业企业转换经营机制条例》有关规定,为了给重庆针织总厂职工重新就业创造必要的条件,特就有关问题提出如下意见:

一、在法院受理破产案后至宣告破产前,国家依法通过多种途径为该厂职工提供重新就业(工作)的机会,职工应遵循转变观念、双向选择、竞争就业的原则接受择优录用。就业方式可包括组织调动、劳务输出、劳动部门介绍就业、组织起来就业和自谋职业等。

二、正式宣告破产前已借调出或劳务输出职工(不含劳动合同制工人),在正式宣告破产后，其劳动关系可由组织确定挂在实体单位，并向所挂单位缴纳个人投保费和管理费，借调或劳务输出期满后，可给予一年时间联系和办理调动手续，一年后仍不能调动者，其劳动关系转到户口所在街道，作为待业人员管理，享受规定的待业救济金。

三、该厂在正式宣告破产前，正式调动到集体企业、乡镇企业、私营企业和街道企业的职工，可以保留全民所有制职工身份。

四、职工到乡镇企业、私营企业就业以及自谋职业的，市就业服务管理局可按规定将应享受的待业救济金（或余额）一次性发给本人。正式宣告破产前申请自谋职业的可以按“破产精简”处理。

五、破产前接收该厂职工的单位相应增加的工资基金计划或“工效挂钩”的工资基数，市计委、市财政局和市劳动局可依据正式调动手续给予核增。

六、该厂职工进入街道待业后，市计委、市劳动局负责在每年招工计划中安排一定比例，招收这部分待业人员。

七、该厂按法院要求协助破产清理的人员和经主管局核定处理善后工作的留守人员，应坚守工作岗位，待企业破产清理工作结束后，由市妥善安排。

八、个人或合伙自谋出路，兴办集体、私营、民办企业或者从事个体经营的职工，工商部门应给予优先办理营业执照，税务部门应依法给予减免税收照顾，有困难的还可延长减免税期。

九、该厂职工自己组织兴办第三产业企业所需的资金，在自有资金占所需资金10%的基础上，有关银行应酌情给予优先贷款的支持。

十、凡国营、集体和乡镇、街道企业接收该厂职工就业的，按实际接收人数，在三年内，每人免征所得税或流转税五千元。具体减免方法按税收管理程序申报办理。

重庆市纺织工业局
1992年8月14日

第二份公文如下：

重庆市人民政府办公厅文件

重办发〔1992〕84 号

重庆市人民政府办公厅转发市纺织工业局关于重庆针织总厂职工
重新就业有关问题的请示的通知

市政府有关部门：

市纺织工业局重纺发〔1992〕34 号《关于重庆针织总厂职工重新就业有关问题的请示》已经市政府研究同意，现转发你们，请遵照执行。

重庆市人民政府办公厅
1992 年 8 月 18 日

第三份公文如下：

重庆市人民政府办公厅会议纪要

会议纪要〔1992〕38 号

重庆市人民政府办公厅
关于解决重庆针织总厂破产案有关问题的会议纪要

1992 年 10 月 29 日，副市长秦昌典召集市政府有关部门对重庆针织总厂破产案有关问题进行了研究，现纪要如下：

一、关于重针总厂宣告破产后，离退休职工的生活保障和在职职工的待业问题

（一）按照国务院、省、市人民政府、劳动人事部门有关原则，对离退休和退职职工的基本生活费用做如下解决：

1.离退休、退职费用按重庆市全民所有制企业退休费用统筹规定，全额从全民企业退休费用统筹基金中支付；原重庆针织总厂按国家有关规定发给死亡职工供养直系亲属的抚恤费和生活困难补助金，仍按国家规定全额从市全民企业退休费用统筹基金中支付。

2.医药费由市财政局支付。数额按离退休、退职职工应支离退休、退职费用总额的14%支付，此项费用原则上包干使用，因特殊情况抢救重危病人而造成医药费不敷开支时，可专题报市财政局酌情解决。

3.市纺织局成立原重针总厂离退休职工管理小组，由五人组成，负责发放离退休费和进行日常管理。管理小组所需工资和工作费用由市财政局按年度定额核拨2万元。

4.今后国家、省、市人民政府增加离退休、退职职工的待遇和增加死亡离退休、退职职工供养直系亲属的抚恤费及生活困难补助金，原重针总厂离退休、退职职工应当享有，仍按上述渠道解决。

（二）破产后，在职职工按规定到户籍所在地的街道办事处、乡（镇）人民政府待业，市劳动局和企业负责在一月内将待业职工的劳动人事关系转到有关区县（街道），有关区县劳动部门要迅速办理待业登记，按规定发放待业救济金和组织待业职工重新就业，公安部门要及时办理户口迁移手续。

（三）按照川府发〔1992〕55号文件规定，待业职工原有的连续工龄视为缴纳养老金年限；待业后重新就业并按退休费用社会统筹办法缴纳养老保险基金的，其原来的缴纳养老基金年限与重新就业后缴纳养老基金年限合并计算；未重新就业的，原缴纳养老基金年限予以保留，今后符合退休条件时，由本人劳动人事关系所在地社会保险机构按规定审批办理退休养老手续和给予养老待遇。

（四）全民、集体企业招用原重庆针织总厂待业职工的，待业职工劳动人事关系所在地的就业管理部门将待业职工未领取的待业救济金一次拨付给招用企业。

（五）市纺织局应关心待业职工，对待业职工反映的问题要妥善处理，积极协助待业职工解决重新就业问题。

二、企业破产进程中的保卫工作

破产实施过程中，市公安局和市纺织局要加强安全保卫工作，重点做好重针总厂的财产保护、交通疏通等工作。

三、企业破产过程中的宣传工作

宣传工作由市委宣传部、市委工交政治部负责。宣传上一要把握时机，二要掌握内容分寸。在时机上，破产财产拍卖前只作一般性消息报道；财产拍卖完后可再作必要的报道。在内容上应注意：

（一）正面宣传破产的作用和意义，突出贯彻中共十四大精神和深化改革，把企业推向市场，建立社会主义的市场机制，引导企业从重针总厂破产中受到有益的启发。

（二）宣传积极方面，防止消极和副作用方面。

（三）注意从整体上宣传，实事求是，防止失实报道。

四、企业破产财产的拍卖问题

破产财产的拍卖应在市中级人民法院组织下依法进行，有关部门要积极配合：国有资产管理局、纺织局要尽快研究拟订拍卖方案，供法院参考；国土局要尽快拟订一个处理重针总厂国有土地的意见，供法院参考。

五、其他问题

（一）市工商局立即对重针总厂厂区附近的一百余家小针织厂进行清理整顿，督促无照生产经营的私营个体企业办照，使之合法化，并使其解决安置部分重针总厂职工。

（二）按萧秧书记的安排，经市政府与市中区政府协商，由市中区环卫局解决三十名重针职工的安置；招收三十名重针职工的工资经费以及一百名临时性参加社会劳动的工资补贴费用，由市建委负责解决。

（三）市政府办公厅一九九二年八月十八日下发的重办发〔1992〕84号文《重庆市人民政府办公厅转发市纺织工业局关于重庆针织总厂职工重新就业有关问题的请示的通知》继续执行。

重庆市人民政府办公厅

1992年10月31日

基于当时情境的民事裁定书如下：

四川省重庆市中级人民法院

民事裁定书

〔1992〕经字第307号

申请人：重庆针织总厂。

地址：重庆市沙坪坝区陈家坪朝阳村1号。

法定代表人：罗素明，厂长。

申请人重庆针织总厂业经主管局重庆市纺织工业局同意，报重庆市国有资产管理局批准于1992年6月8日向本院申请破产。

本院依法组成合议庭进行了审理。查明：

申请人重庆针织总厂现有职工2 914人，其中在册职工2 038人，离退休职工876人，占地面积11.242 6万平方米，是拥有各种针织机具设备1 200台（套）、具有年产1 600万件针织产品和800吨化纤加工能力的全民所有制企业。1986年起该厂连续亏损，至1992年5月，累计经营亏损达2 097万元。经该厂清理，现共有资产及债权4 221万元，债务8 063万元，资产负债率为191%。在资产中有固定资产净值 2 328 万元,其中已大部分作为银行贷款抵押物。该厂从 1991 年底至 1992 年 10 月已欠职工工资和职工集资款等个人财产约 300 万元。本院审理中,截至 1992 年 10 月 4 日债权申报期限届满,经审查该厂共有 57 个债权人,申报债权总额达 8 250 万元。

本院认为:申请人重庆针织总厂治厂不严、管理混乱,经营失策、盲目引进,浪费严重、产品压库,长期亏损。现有的资产和债权仅 4 221 万元,对外的债务已高达 8 250 万元,不能清偿到期债务。虽采取扶持等扭亏措施,但终未见成效,已无复苏可能。本院为了保护债权人和债务人的合法经济权益,根据《中华人民共和国企业破产法(试行)》第二十三条(一)项之规定,裁定如下:

一、宣告重庆针织总厂于 1992 年 11 月 3 日破产。

二、本案案件受理费 28.185 万元和其他诉讼费(按实际开支金额)在破产财产中拨付。

本裁定当事人不准上诉。当事人对本裁定有异议的,可在接到裁定书之日起 10 日内,向本院申请复议,复议期间不停止本裁定的执行。

四川省重庆市中级人民法院

审判长　　张光忠

审判员　　马　竹

代理审判员　　李世平

1992 年 11 月 3 日

书记员　　刘晓瑛

在改革开放 40 年的今天,还原历史,回溯细节,以此铭记。以上一个通知、一个请示、一个纪要和一份民事裁定书足以留给公众无尽的遐想空间。

源头背景

1994,是个拐点

原沈阳市防爆器械厂创立于1965年,是一家不足200人的小企业,由于经营不善,于1986年8月3日正式宣布破产。该厂成为中华人民共和国成立以来首家被正式宣告破产的企业,并引出后来的中华人民共和国第一部《破产法》。该厂破产后,经有关部门组成的监管会对这个厂的资财进行清理,确认其负债款为42.39万元。监管会对防爆器械厂现有资财进行了整体拍卖,以及催收了应收账款,共获得22.2万元。1986年9月25日,沈阳市防爆器械厂被整体拍卖。沈阳市煤气供应公司出价20万元,买下这家破产企业的全部厂房、设备、产成品及其他资财。当时沈阳市政府曾起草了一个关于企业关闭的文件,用广告形式在报纸上发布,在当时计划经济体制下,招来各种非议。

1994年,国务院下发《关于在若干城市试行国有企业破产有关问题的通知》,开始在部分城市进行政策性关闭破产试点。迄今估算,全国需要退出市场的国有大中型特困企业和资源枯竭矿山,已有近2/3实施了关闭破产。

源头链接

一个直辖市与辽宁三地

【重庆市】辖区面积8.24万平方千米,下辖38个行政区县(自治县)。2013—2017年,重庆市生产总值年均增长10.8%,一般公共预算收入年均增长10.2%,城乡居民人均收入年均分别增长8.9%和10.9%。形成汽车、电子信息等千亿级产业集群,战略性新兴制造业对工业增长贡献率达到37.5%。生产性服务业加快发展,金融业增加值占比提高到9.3%。旅游、会展、商贸等生活性服务业持续增长,跨境结算、服务外包等新兴服务业蓬勃发展,服务贸易额年均增长20%以上。2017年实现地区生产总值1.95万亿元,实现一般公共预算收入 2 252 亿元。

【辽宁省】位于我国东北地区南部，南临黄海、渤海，东与朝鲜一江之隔，与日本、韩国隔海相望，是东北地区唯一的既沿海又沿边的省份，也是东北及内蒙古自治区东部地区对外开放的门户。2017 年实现生产总值 23 942 亿元，比上年增长 4.2%，2011 年以来经济增速单向回落的状况发生了趋势性改变。地方财政总收入 4 198.3 亿元，增长 9.4%；一般公共预算收入 2 390.2 亿元，增长 8.6%。全省国有企业吸引各类资本 1 027 亿元，国有资产利税率超过 20%。处置“僵尸企业”116 户。规模以上工业增加值增长 4.4%，实现利润增长 94%。煤炭、钢铁等行业市场回暖、效益回升。

【沈阳市】位于中国东北地区南部，辽宁省中部，是辽宁省的省会。沈阳总面积 13 308 平方千米，市区面积 3 830 平方千米。实现地区生产总值完成 5 870 亿元，比上年增长 3.5%；一般公共预算收入 656.2 亿元，增长 5.7%。市属国企整体减亏 15 亿元，62 户国企“三供一业”分离移交。

【皇姑区】位于辽宁省沈阳市的北部，是沈阳市 5 个城区之一。全区面积为 40.7 平方千米，总人口 80 万。辽宁省人民政府、省军区及各大省直机关坐落在皇姑区中东部，是辽宁省的行政文化办公中心。2013—2017 年，地区生产总值年均增长 4.9%，服务业增加值年均增长 4.2%，一般公共财政预算收入年均增长 4.06 %，税收收入年均增长 2.97%，社会消费品零售总额年均增长 7%。民营经济增加值占地区生产总值的比重达到 54.3%。

源头延伸

《破产法》：旧的不去，新的不来

1992 年 10 月，十四大报告正式提出，我国经济体制改革的目标是要建立社会主义市场经济体制。十四大报告还将我国全民所有制企业由国营企业改称为国有企业。1993 年全国人民代表大会还通过了宪法修正案，在宪法中将过去的国营企业改称为国有企业。

《企业破产法(试行)》于1986年12月在第六届全国人民代表大会常务委员会第十八次会议上通过。这部破产法仅仅适用于全民所有制企业,所以也可以称为国有企业破产法。这部法律具有革命性的意义,尽管该法出台后基本上处于“闲置”状态,即很少有国有企业按照此法实行破产。但是,这是我国首次明确国有企业可以破产,意味着国有企业有生也有死,国有企业也可以消亡,国有资本也可以退出,尽管是在无力继续经营的情况下无奈退出。

《企业破产法(试行)》规定,国有企业因经营管理不善造成严重亏损,不能清偿到期债务,依法宣告破产,但若政府给予资助或采取其他措施帮助清偿债务的,可不予破产。

2006年8月27日,《中华人民共和国企业破产法》在第十届全国人民代表大会常务委员会第二十三次会议上审议通过,这是中国转型时期的标志性事件。新破产法的适用范围扩大到所有的企业法人,包括国有企业与法人型私营企业、三资企业,上市公司与非上市公司,有限责任公司与股份有限公司,甚至金融机构。新破产法引入国际通行的破产管理人制度,规定管理人主要由律师事务所、会计师事务所、破产清算事务所等社会中介机构担任,按照市场化方式进行运作。新的企业破产法,填补了市场经济规则体系中关于退出法与再生法的一大缺口。《中华人民共和国企业破产法》共12章136条。《中华人民共和国企业破产法》自2007年6月1日起施行,《企业破产法(试行)》同时废止。

文骐看源头

“破产”是一把手术刀

1986年,沈阳市防爆器械厂由于经营不善申请破产,成为我国企业破产的第一例,在全国引起了很大轰动。1992年6月8日,重庆针织总厂抬起沉重的双手,向重庆市中级人民法院递交了一份不同寻常的诉状:破产申请书。重庆与沈阳的差异是,重庆针织总厂的破产标的在全国最大。

所谓凡事需要人来推动,1986年《企业破产法(试行)》的颁布,与学者曹思源不遗余力地推动有一定关系。曹思源当时是一家咨询机构的研究人员,他对出台中国的《破产法》充满热情,以至于自己跑到全国人大代表开会的驻地,敲门进入代表的房间去游说《破产法》的出台,因而当时被戏称为“中国第一位院外活动家”。

我们注意到,破产企业最棘手的就是解决人的问题,一个人一个思想,何况几百人上千人?东北和西南的这两家企业的破产绝不仅仅是为了试点,首先因为它符合条件,符合破产条件,人的问题也想了不少解决办法。当初看,企业通过破产找到了出路,债权债务问题得到了解决。这个举动结束了社会主义中国的企业无论经营成败,“人人照捧铁饭碗,企业永是‘不倒翁’”的历史。留给人们思索的已经不是承认或否认破产事实的存在,而是应该清楚地知道,国有企业依赖计划经济所形成的“永生”机制已不复存在,“好死不如赖活着”是对社会财富的极大浪费。

2007年6月1日起正式施行《企业破产法》之前,2006年1月16日,国务院办公厅转发全国企业兼并破产和职工再就业工作领导小组《关于进一步做好国有企业政策性关闭破产工作意见的通知》,对政策性关闭破产作了总体规划:一是新增1 610户拟关闭破产企业,涉及国有金融机构债权1 502.6亿元,职工228万人;二是已送各国有金融机构审核的拟关闭破产企业,共506户,涉及国有金融机构债权769亿元,职工123万人。实施政策性关闭破产的期限为2006年至2008年。已列入规划的拟关闭破产企业,按年度编制关闭破产计划。

值得注意的是,全国领导小组按规定程序组织有关部门和国有金融机构进行审核,上报国务院批准后组织实施。实施政策性关闭破产的重点是:继续支持东北地区等老工业基地振兴和中西部地区经济结构调整;支持军工企业改革脱困和资源枯竭煤矿关闭破产;继续做好有色金属困难企业关闭破产的收尾工作。

从国办文件引申,“破产”是一把手术刀。

10

中国第一个企业股份制改革城市

——诸城

股份制改革诸城投石
陈卖光无畏挺身问路

山东省诸城市,一个普通的县级市,曾因对国有中小企业实行股份合作制而把企业卖给职工,一时名声大噪。各方面对它的关注显然超过了其作为中华人民共和国县城的地位,江泽民、李鹏、朱镕基、李岚清等先后到诸城视察工作。来自全国31个省(市、自治区)的官员、企业管理者也曾蜂拥而至探究、取经。

主导"诸城现象"的是1956年出生的陈光,在他担任诸城市市长、市委书记期间,人称"陈卖光",因为当时,诸城把国有企业卖了,把集体企业也卖了。如今,当年遇到巨大阻力和非议的股份制改革,早已成为国企改革的普遍经验。"陈卖光"也因为政绩,被山东省委擢用为菏泽市委书记,此乃正厅级官阶,在省级以下现行行政体制中,其社会地位不言而喻。2008年2月,陈光不再担任菏泽市委书记,任山东省省长助理、省政府党组成员。2012年2月23日,当选为中国人民政治协商会议第十届山东省委员会副主席。2018年1月30日,在山东省政协十二届一次会议上,陈光卸任山东省政协副主席。

令人震惊:绝大部分企业负债率高,净资产少

诸城,地处山东半岛东南部,不靠港口码头、铁路和高速公路;山区丘陵多,自然条件差;资源匮乏,工业基础薄弱。改革开放之前,是一个典型的农业大县、工业小县、财政穷县。

十一届三中全会以后,诸城市经济有了较快的发展,在农工贸一体化等方面做出了一些成绩,在当地开始有不小影响,但充其量不过是一个"地方名牌"。但是,进入20世纪90年代,诸城在国有中小企业改革方面闯出了独具特色的路子,取得了引人瞩目的成绩,一时"诸城模式"一词不胫而走。诸城到底做了

什么,引起这样大的反响?

谈起改革动因,时任诸城主管工业的副市长刘爱民告诉笔者:“1992 年诸城市对市属独立核算的企业进行了清产核资,并对一些企业进行了资产评估,令人震惊的事实是:绝大部分企业负债率很高,净资产很少,甚至许多企业资不抵债,全市企业负债率 85%左右;除此之外,该提折旧没提,该摊费用没摊,待处理设备和产品损失等占企业总资产的 10%以上。全市国有和城镇集体企业净资产占总资产的比例在 10%以下。相当多的企业成了没有资产的‘空壳’企业。”

而笔者 1997 年赴诸城采访得到的第一手情况是:

——国有资产流失严重。当时仅从 32 户市属企业的资产评估看,国有资产流失达 1 亿元,损失占国有资产的 63%(不包括土地方面的流失);企业无法收回的呆账和坏账达 1 000 万元。

——亏损面大,亏损额惊人。据 1992 年 4 月对市属 150 家独立核算企业的清产核资,有 103 家明亏和暗亏,占企业总数的 68.7%,亏损额达 1.47 亿元,相当于当时诸城一年半的财政收入。因为,1992 年全市财政收入只有 1.09 亿元。

刘爱民说:“面临如此困境,诸城市委深刻认识到,企业要发展,单纯靠放权让利、政策扶持已不适应新形势的发展要求,必须寻找新的出路。但是,新的出路又在何方? 市委领导心里也没谱。”

事实上,20 世纪 90 年代初,我国中小企业处境普遍艰难,国家对中小企业政策虽有一些优惠,一些专家学者也在绞尽脑汁为政府、为企业出谋划策,但真正可操作的思路很少。在这种情况下,诸城市委领导多次与潍坊市体改委和山东省体改委联系,共同探讨中小企业如何发展的问题,并与专家学者交流诸城中小企业存在的问题,以求他们为诸城出谋划策。

这期间,著名经济学家吴敬琏、原国家体改委副主任洪虎、中国社科院原副院长刘国光等 30 多位著名的学者来到诸城,他们带着各自的经济研究理论,阐述自己的观点,使诸城市委领导大开眼界,为诸城企业改制提供了大量的理论依据;同时,10 多个小城市的市长也到诸城传授他们在中小企业改革中取得的成果。在这些理论和实践的指导下，诸城市委成立改革领导小组，由市长任组长，并召开了7次常委会，按照“加强领导、大胆试验、积极推进、严格规范”的方针，决定以“先出售后改制、内部职工持股”为主要形式，对城乡企业大力推行股份合作制改革。

1992年10月，市里由分管市长牵头，组成专门工作组，选择了国有小型企业进行改革试点，改制的企业根据职工的承受能力和入股的自愿性，采用定额认购和自愿认购的方式设置股权。同时，市政府决定：卖差的，上新的，干大的，通过改制把国有（集体）的资产收回来，转投到重点行业和企业，优化经济结构，培植新的财源。一时间，诸城把国有企业卖给职工的消息不胫而走。

诸城推行股份合作制，意味着传统经济体制下，政府特别是县、市政府代替企业成为经济发展的主角，集人财物、产供销等经济大权于一身，把企业当成行政附属物的经济模式被抛弃，企业和持股职工将逐渐成为市场经济发展的主角，政府逐步从中小企业所有者的位置上解脱出来。在这场改革中，政府既是改革的主体，又是改革的对象。对政府来说，这是一场自我革命，一次艰难痛苦的“蚕蜕”。

多维改革路径促政府挺身

诸城市的企业制度改革，除了国有企业的改革外，还包括城镇集体企业和乡镇企业的改革。如市原二轻等部门所属的集体企业、供销社系统所属的供销企业，虽然为集体企业，但资产并不真正属于企业所有，厂长经理任免、经营机制、劳动工资管理、政企关系、利润分配等方面几乎和国有企业没有什么区别。因此，除了要进行国有企业的产权制度改革外，还非常有必要明晰市属和乡镇政府办的集体企业的产权关系。

诸城市国有企业、市属和乡镇集体企业改革的基本程序是：

一是由国资局、审计局等单位组织会计和审计事务所认真评估国有和集体企业的资产，总资产减总负债，剔出住宅、幼儿园等非经营性资产，土地使用权仍归国家和集体(评估但不出售),企业如果有净资产,将其折股出售给企业职工,出售采用配股认购和自愿认购两种方式,同时,规定认股最低限额,职工间持股数量大体平等。

城镇国有企业出售的净经营性资产的价值由国资局收回,住宅待房改出售后其价值也将由国资局收回。但因考虑到企业资金周转困难、职工和干部的情绪,国资局将出售经营性资产的收入部分以再借贷形式留给企业用 1~2 年不等,企业在借用期间比照银行利率付息,等企业恢复元气和增强实力后,再由国有资产管理局收回。

一些资不抵债或者生产经营性资产很少的企业,采取职工募股超过原净资产,或者职工募股形成净资产,补充流动资金,使企业从濒临破产复而有了生机。

企业债务必须由改制后的企业与银行之间重新签订借贷合同,同时根据评估的企业资产和募集的资本进行资产抵押借贷。这样可以防止改制后新企业注册避债和逃债。

二是改制规范,把企业改为职工持股的股份制和股份合作制企业。改制后的企业,资产为企业职工个人所有,并在数量上大体平等(无控股情况);资产联合,集体占有、支配使用,企业内共同劳动和民主管理,这实际是一种劳动者资产联合所有制形式的新的财产关系,是公有制的一种形式。在这种公有制形式中,企业职工既是劳动者,又是企业资产的直接所有者,通过劳动联合和资产联合,形成劳动者财产权利、财产和经营责任、劳动利益和资产利益、经营风险密切结合的劳动者联合体。

产权关系的明晰必然要求形成一种适应于这种所有制形式的企业法人治理结构。股份募足后,各企业按照法定程序形成企业治理结构,其特点为:

一是政府不划董事和监事的范围,不提候选人名单,董事长和监事会主席由董事会和监事会选举产生;政府更不干预经理、主管会计、其他高级管理人员的聘任,这些人员由董事会聘任。一些在选举和聘任中落选落聘的厂级干部和中层干部,组织和人事部门不再考虑易地调任,精简了全市的干部人数。

二是通过这次全面的企业改制,本着精干高效的原则,企业调整合并了内部管理科室。董事会、监事会、经营领导机构、党委、工会等干部交叉兼职,根据情况,相当一部分企业的董事长、书记和经理一肩挑,监事会主席和工会主席一人兼,有的副经理兼书记。这就形成了党组织保证监督、企业生产经营一元决策、"新三会"和"老三会"交叉协调的高效率的企业法人治理结构。

三是在配套改革方面,全市加快了企业职工养老保险和失业保险体系建设,培育和发展了劳动力市场和人才交流市场,并在全市推行了医疗制度和住房制度改革。政府撤销了各行业管理部门,按照宏观调控、微观搞活、协调服务的要求,对改制企业只实行归口管理,把《转换工业企业经营机制条例》规定的14 项权利全部返还给企业。

陈光当选市长那天起,就甩开膀子干了

政府直接领导改革,具体组织试点和全面推行股份制的"操盘手"就是人称"陈卖光"的陈光。1991 年,35 岁的陈光当选为诸城市市长,他暗下决心,要干出一点名堂。1993 年,中央和地方媒体报道的事实是,从 1992 年起,诸城市 282 家国有和集体企业全部改制,其中 90%以上的企业是按"股份合作制"改的,即将企业净资产卖给内部职工。

谈到为何想到"卖"企业,1998 年 11 月底的一天,在诸城市委的会议室,陈光接受了笔者的专访。

陈光告诉笔者,在他担任山东潍坊团市委书记期间,曾在潍坊玻璃纸厂蹲点时的所见所闻,使他渐渐形成对国有企业不能不进行深层次改革的认识。有一次这个厂生产了一批彩色玻璃纸,等着日本客户看货后再签供销合同,可是等日本客户来了,这批货在仓库里已被盗走。

说起这件事,陈光感慨万千:"一张透明的玻璃纸,反映了企业的深层次问题,这不仅仅是管理问题。"为了进一步深入认识这个问题,陈光对厂内 400 名

工人进行问卷调查,在问到"当看到有人偷盗工厂财物时,你怎么办"时,32 人答"装作没看见",78 人答"他偷我也偷",290 人答"思想内部矛盾,拿不定主意",没有一个人说要与这种现象做斗争。看到这个调查结果,陈光的心凉了,他内心充满了矛盾和痛苦,同时又陷入了深深的思考,他逐渐认识到这种现象背后是企业产权不明晰,利益关系不直接,说到深处是一个产权问题,所以才造成这个企业 3 年亏损 3 670 万元的后果。旧的企业制度不改不行。但他当时仅仅是一个有名无权的团委书记,他只能把这种想法深深地埋在心里。

机会终于来了,1991 年,陈光被任命为诸城市市长,1992 年任市委书记。

说起诸城,说起诸城的改革,陈光滔滔不绝。

刚刚走马上任,陈光即展开摸底,当时诸城市的国营企业和集体企业尽管数量不多,规模不大,但受旧体制的影响,企业机制僵化,活力不足,效益低下。1957—1978 年,全市国营企业和城镇集体企业由 57 家发展到 155 家,产值由 870 万元增加到 1.6 亿元,而财政补贴也由 16.7 万元增加到 151 万元。

现实让陈光痛心,他清楚地认识到,产生上述困境的根本原因是企业经营机制和产权问题,以往进行的多次企业改革,都是绕过或回避产权问题,其结果是政企无法分开,企业不可能真正成为独立自主、自负盈亏的市场主体,企业名义为全民所有,实际为政府所有或更准确地说是为只受益不负责的政府官员所支配,没有人真正对企业经营的好坏及企业资产负责。

陈光抱定要对产权制度下手,但还是有点忐忑不安。

1992 年 10 月,十四大明确提出建立社会主义市场经济体制的战略目标,并区分了大中型企业和小型企业的改革形式。对"国有小型企业,有些可以出租或出售给集体或个人经营",这其实是为国有小型企业的产权改革提供了政策依据。

方向明了, 1992 年 9 月,陈光主导设计对全市 272 家乡镇以上工商企业进行产权改革和资产重组的方案。

诸城改革大体分为 3 个阶段:第一阶段,1992 年 9 月至 1993 年 5 月,是试点阶段;1993 年 5 月开始为第二阶段,向全市全面推广试点办法,到 1994 年 7 月基本结束;第三阶段从 1994 年 7 月开始,是所谓使企业由小变大、由大变强、实行第二次改革的阶段。

开始不少干部职工并不理解和支持,有所谓“三怕”:部门怕丢权,厂长怕丢位,职工怕丢钱。市委、市政府一方面宣传、动员、解释,另一方面组织人员到外地考察、参观。在市委、市政府看来,问题找到了,改革的方向认定了,一定要搞股份制或股份合作制。不理解就宣传,不是理解了才改,而是边改边宣传边理解。要等到大家都理解了再行动,实际上不可能。

陈光说:“诸城电机厂作为第一家股份制试点企业的成功改制,推动了全市企业股份合作制试点和改造的发展。”

1995—1996 年,前往诸城参观的各地代表团络绎不绝,诸城市体改办一天最多接待过 50 个团体。至于调查组下来实地调研的次数已没人能记清,而仅国务院层面的就有两次。

厂长一夜变成了董事长,不仅仅是称谓变化

今天看来稀松平常的事,在当年是要经历“阵痛”的。

1992 年 9 月 20 日,诸城市政府做出了在全市企业进行股份制改革试点的决定。10 月,由分管市长牵头,组成专门工作组,选择了国有小型企业——市电机厂进行产权制度改革试点。

国营诸城市电机厂,1970 年建厂,有 277 名职工。诸城企业改制时,这个厂首先响应,诸城市委原准备采用国家控股为主、个人持股为辅的改制形式,但在电机厂却遭到职工的拒绝。职工大胆提出 270 万元国有资产我们一次性全部买断,“千万不要低估职工的觉悟和力量”, 陈光对此事记忆犹新。

据陈光介绍,开始搞了两个方案:一是按有关规定,个人股不超过 20%,国家完全控股;二是将企业资产存量出售给职工,国家以土地作价入股。提交讨论时,职工们提出,能否将企业资产全部卖给职工,再招个人股。最后采取第三

套方案，即全体职工以企业内部股权证形式集资 270 万元，将企业资产全部买下，成立了诸城市开元电机股份有限公司，原来的国有企业转变成由 277 名职工持股的股份制企业。

1992 年 11 月底的诸城，寒气逼人。但在电机厂一个车间里，却热火朝天，两天 270 万元内部股全部销完，接着 277 名职工搬着小凳子，两天一夜，一股一票，一轮一轮认真选着自己的当家人。改制后的电机厂很快就显示出勃勃生机和活力，到 1993 年年底，企业实现利润 134 万元，比上年增长 173%，职工人均收入 3 800 元，增长 32%，股本红利达 32%。

当笔者采访原来的厂长，现任董事长岳宁超时，他感触颇多：厂长一夜变成了董事长，它不仅仅是称谓的变化。以前厂长由政府任命，干好干坏一个样，但现在做董事长，要对全体股东负责，搞不好股东就会罢免你。同时，企业的发展也和自己的切身利益密切相关。

岳宁超说："我是企业第一大股东，当时东挪西凑了 10 万元钱，购买了 100 股企业股权，经济压力很大。"

在当选董事长后，他对职工讲"西方资本家搞不好要跳楼，咱们搞不好也得跳"。

技术员潘研福说："我拿借来的 5 000 元钱买了 5 股，我成了这企业真正的主人，投票选举中我要选能领导我们企业迅速发展的能人。"

职工夏玉英说："企业今后是自己的了，责任心当然大大增强了，看到有人偷东西，那不仅是偷工厂的，而是在偷自己的，我坚决不答应。"正是这种压力和责任心，才有了那个终生难忘的民主盛会，也是一次无人缺席的全会；才有不划范围、不提候选人、两天一夜的选举；才有了开元公司的今天。

有了前奏，于是诸城市委、市政府于 1993 年 4 月做出决定，以"先出售后改制、内部职工持股"为主要形式，在市、乡企业中推行。市里成立了由市长任组长、有关部门主要负责人参加的股份制改革领导小组。抽调市直属部门近百名领导干部组成 35 个小组，后又扩大到 150 人，经过培训后，进驻市属企业和乡镇现场指导,各改制企业也成立了由厂长(经理)任主任的公司筹委会和专门工作机构,起草申请书、可行性研究报告、实施方案、购股说明书、公司章程等文件。

"送出包袱,送出债务,这叫换个爹娘养孩子"

从诸城市正式公布的资料看,全市出售的248家乡镇以上企业评估总资产为23.9亿元,净资产3.4亿元,其中扣除土地价格(土地暂不出售)和剥离出来的职工宿舍估价,其余全部净资产一次出售,回收价款9 500万元。从公布的两个典型例子中,似乎可以比较清楚地看到这种产权交易中公有资产流失的严重性。

第一个例子是诸城市五金交电化工公司的出售改制。这是一个有干部职工180人、下设6个批发部、2处零售网点和6处批发下伸点、营业面积5 500平方米、仓储面积5 000平方米,经营五金、交电、家电、音像、化工、农机、机电等近20 000个品种的批发零售业务的国营商业企业。1992年实现利润115.8万元,经资产评估,资产总值3 319.8万元,资产净值427.8万元。后来经国有资产管理局确认的生产经营性净资产却只剩下27.4万元,最后的出售价是20.65万元,还包括评估费在内。扣除评估费,恐怕所剩无几了。这20万元的售价,由180名职工认购,每人平均支付1 147元。按该公司1992年的实现利润计算,只需两个月,职工就可把全部"投资"收回来。这是多么合算的买卖,怎能不皆大欢喜!而对国家来说,等于把这个公司无偿地奉送给了职工。这么个"流转",是使国有资产保值增值了,还是流失消失了?!

再一个例子,是诸城市供销合作社纺纱厂改制。该厂是1987年新建的集体所有制小型企业,当时有职工1 400人,纱锭1.5万枚,织机120台,年实现利税200万元。经评估,资产总额3 822.5万元,净资产总额951.5万元,扣除土地折价694万元和职工宿舍76万元,净资产尚余281.5万元,最后作价90万元作为集体股,职工以140万元入股而成交。结果一个颇具规模的新企业,职工人均仅以 1 166 元的代价就把它“流转”过来了。集体资产仅剩下 90 万元，且不说资产评估的真实性如何，仅以经评估的 281.5 万元净资产余额变为 90 万元的集体股这一事实，也足以说明集体资产流失的严重性。

诸城的企业改革已写进历史，但由此而引发的种种争论及在全国造成的影响，却是始料不及的。不过，在推行了“卖光”新政的菏泽，全市企业亏损面由 1997 年的 90%降到 2002 年的 12%。

对于资产重组这种形式，菏泽市委书记陈光说：“与其说是送出企业，卖掉企业，不如说是送出包袱，送出债务。说是送出去，实际上是引进来，这叫换个爹娘养孩子。自己的孩子自己养不活，换个爹娘就能养活了。”

2006 年，陈光任职菏泽的第 9 年，全市行政和事业单位人员第一次领到了全额工资。当年菏泽财政收入 30 亿元，比上一年净增 8.9 亿元，增幅列山东省第一位，但总量仍是最末一位。

女市长眼里的诸城下一步

1969 年 11 月出生的刘峰梅系山东省委党校研究生、农业推广硕士，2016 年 2 月任诸城市市长。之前，她曾在潍坊市机械设计研究院工作，并先后任诸城市副市长、市委常委、常务副市长。

重庆智库、大运河智库联合调研组了解到，2016 年 8 月 24 日，甫任市长半年的刘峰梅在企业改制上市与企业家队伍建设工作座谈会上指出，改制上市是企业规范运作、长久发展的重要举措，要严格落实“改制无障碍、挂牌无障碍、上市无障碍”要求。她认为，企业家是社会的宝贵财富。加快创新发展，主体是企业，关键是企业家。要在全社会营造尊重、关心、理解、支持企业家的氛围，让诸城成为干事创业的沃土、热土。

在 2018 年 1 月 17 日召开的诸城市第十八届人民代表大会第二次会议上，刘峰梅报告了政府工作，在全面加快制造业新旧动能转换的前提下，其表述的重点改革领域是：

——智能化提升传统产业。鼓励企业实施全流程技术改造,开展腾笼换鸟、机器换人、科技换芯、空间换地、电商换市,加快“四新”改造,促进汽车、食品、服装纺织全产业链整体跃升。2018 年内实施 100 个技改项目,完成投资 178 亿元以上。

——做强做大潜力产业。依托机器人智能小镇,提升迈赫机器人集成制造能力,扩大产业协同合作,招引集聚机器人本体、系统集成、数控机床等企业,放大工业机器人智能制造先发优势。推动农业装备、食品机械、铸锻机械、机电制造等行业向智能化、服务化转型。

——培育壮大新兴产业。建设再生资源产业园,实施中坛日钢精深加工、上海绿人、北京恒通等项目,2018 年内争取主营业务收入过百亿元。

重庆智库、大运河智库联合调研组观察到,诸城迄今的改革仍是以企业改革为主轴。

源头背景

《人民日报》评论员文章,让人提神!

股份合作制是劳动群众以股份为纽带组织起来,把分散的生产要素集中起来,集体占有、统一使用、共同劳动、民主管理,实行按劳分配、按股分红、共担风险的经济组织形式。它吸收了股份制和合作的积极功能,既是资金的联合,又是劳动的联合。

中国股份合作经济产生于 20 世纪 80 年代初。

1984 年,山东省淄博市周村区长行村,面对几十年积累起的 300 多万元固定资产,在“分还是不分”,“要分怎么分”这个重大决策上,经过一年多的等待,终于完成了体制创新。

针对我国的一些农村股份合作经济的涌现,中共中央〔1984〕1 号文件明确指出:“允许农民和集体的资金自由地或有组织地流动,不受地区限制。鼓励农民向各种企业投资入股。”

1985 年 1 月 11 日《人民日报》头版发表评论员文章《提倡股份式合作》。文章指出:我国农民创造的股份合作制企业,只有新的合作内容,农户才能以资金、劳动、技术、管理等入股,入股者即生产经营者,实行按股分红和按劳分配相结合的取酬办法。

1987 年和 1988 年,国务院先后确定 3 个地区为全国农村股份合作制的改革试验区。一是浙江温州地区,重点探讨将个体私营企业转化为股份合作制企业;二是安徽阜阳地区,重点探讨将户办、联户办企业转化为股份合作制企业;三是山东淄博周村区,重点探讨将乡村集体企业组建或改制为股份合作制企业。

十四大报告指出,国有小型企业,可以出租或出售给集体或个人经营。十四届三中全会明确提出,建立社会主义市场经济,进行国有企业的改革。《关于建立社会主义市场经济体制改革若干问题的决定》指出:"一般小型国有企业,有的可以实行承包经营、租赁经营,有的可以改组为股份合作制,也可以出售给集体或个人。"十四届五中全会进一步提出对国有企业"搞好大的,放活小的","加快国有小企业改革改组步伐"。

十五大报告指出,建立现代企业制度,搞好国有企业的改革和发展。这是初步建立社会主义市场经济体制的关键。要按照"产权清晰、权责明确、政企分开、管理科学"的要求,在"九五"末使大多数国有大中型骨干企业建立起现代企业制度。

进入 20 世纪 90 年代,股份合作制开始"农转非"进入城市,逐渐成为城市中小企业特别是小企业改革的重要模式。如山东诸城、广东顺德、四川宜宾、江苏盐城、山西朔州、湖北襄樊、上海等地股份合作制改革由点到面,逐步推开,并取得了良好的效果。其中,作为县级市,山东诸城市股份合作制改革颇有影响;而上海作为我国最大的工业城市,其股份合作制的改革与发展,更具有号召和示范意义。

十九大报告强调,深化国有企业改革,发展混合所有制经济,培育具有全球竞争力的世界一流企业。这是新时代国有企业改革的方向和根本遵循。

源头链接

诸城置于鲁省，难得！

【山东省】位于中国东部沿海，陆地总面积15.7万平方千米，近海域面积17万平方千米。2017年实现地区生产总值7.27万亿元；一般公共预算收入突破6 000亿元；规模以上工业增加值年均增长8.4%。

【潍坊市】山东省辖地级市，位于山东半岛的中部，与青岛、日照、淄博、烟台、临沂等地相邻，辖4区6市2县。2017年总人口936.3万人，规模以上工业经济效益较往年大幅提升。高新技术产业产值占比同比提高1.03个百分点。7家企业入选国家“两化”融合贯标试点。科技进步对经济增长的贡献率达到58%，全社会研发经费投入占GDP比重达到2.61%，新增省级以上企业技术中心40家。

【诸城市】诸城置县始于西汉初年。汉高祖六年(公元前201)，封郭蒙为东武侯。吕后七年(公元前181)，置东武县，因境内有东武山故名。同时，境内并置诸县、平昌县、横县、昌县、石泉县。元封五年(公元前106)，琅琊郡移治东武，境内各县皆属琅琊郡，辖于徐州刺史部。1945年9月9日，诸城县人民政府宣告成立，属滨海行政公署滨北专区。1946年7月，改属胶东行署滨北专区。中华人民共和国成立后，诸城县先属胶州专区，1956年3月，改属昌潍专区，1970年属昌潍地区，1981年7月属潍坊地区，1983年10月属潍坊市。1987年7月1日，撤销诸城县，建立诸城市。诸城市为县级市，直属山东省，潍坊市代管。诸城地处山东半岛东南部，北距济青高速公路和胶济铁路50多千米，南至亚欧大陆桥桥头堡日照港80千米，东离青岛港100千米，全市总面积2 183平方千米。2017年规模以上工业企业完成主营业务收入1 860亿元、利税150亿元。完成工业用电量23.5亿千瓦时，同比增长11.2%。实施技改项目137个，完成投资171亿元。

源头延伸

中小企业号称“半壁江山”

山东省诸城市是在改革开放中迅速崛起的新兴城市。1992 年 9 月至 1994 年 7 月，山东省诸城市以“先出售后改制、内部职工持股”为主要形式，在市、乡企业中全面推行股份合作制改革。当时，山东省诸城市的做法具有代表性，形成了“诸城模式”。改革开放以来，山东省诸城市先后创造了“商品经济大合唱”、贸工农一体化、中小企业改制、为民服务联动等闻名全国的“诸城经验”，是国务院确定的全国沿海对外开放城市、综合改革试点市和乡村城市化试点市。位列“全国综合发展百强县(市)”第 76 位，是山东省首批省级文明城市，有很好的发展潜力。

改革开放以来，中国中小企业和非公经济蓬勃发展，到 2016 年年底，中小企业数已达到 37 万户，其中，中型企业 5.4 万户，占中小企业户数的 14.6%；小型企业 31.6 万户，占中小企业户数的 85.4%。中小企业提供了城镇就业人口 75%以上的就业机会，并吸纳了 75%以上农村转移出来的劳动力。

文骐看源头

诸城点灯，照亮什么？

从诸城官方认识到问题的严重性，到确定改革形式和目标，进而全面“操刀”，其全程折射地方政府是改革的发动者、设计者、领导者、主导者和实际操作者，当然，这其中得给“陈卖光”记上一笔。

由诸城个案引申当下，在所有权主体结构变革中，必须严防可能出现的越轨行为：公有企业资产出让当中必须严加防范交易双方的勾结行为，这是该项改革成败与否的关键；经营者拥有企业部分资产的制度安排，必须以谁是经营者的明确界定为前提。由于许多公有企业多年存在政企不分的状态，由于许多半行政性的“总公司”的存在以及半官员身份的经营者的存在，因此，特别要防止官员以经营者的身份介入；经营者如何取得部分企业资产的所有权是一个重要的问题。在明确了有偿方式之后，购买企业资产的资金来源便成了关键。在这方面必须防止变相的无偿获取行为。比如，经营者利用自己的职务之便以企业的名义获得贷款作为个人购买企业资产的资金，而还贷责任则由企业承担等。要防止出现越轨行为，保障改革的顺利进行，必须加强法律和社会监督。

值得注意的是，将企业的国有和集体的净资产折股出售给企业职工，抑制住了国有和集体资产的继续流失。而以资产抵押方式重新签订银行与企业间的借贷关系，大大降低了还款付息无望的风险。而且由于改制企业经济效益大大提高，上缴给国家的税收也大幅度增加，并且企业生产扩大，职工收入增加，市场繁荣，第三产业逐步得到发展，吸收劳动力就业，有益于当地的社会安定。

应该说，诸城市委、市政府的改革积极性是非常高的，改革方向没有大问题。不能简单地说政府改革好或不好。但是，这种主要靠行政力量推动的改革，确实容易产生副作用。诸城改革的许多环节上都有“一刀切”“赶进度”的现象。

11

中国第一个发行国债的城市

——北京

发国债北京首吃螃蟹
细掂量加伦率先释怀

国债是世界各国政府在国内通过发行债券筹集资金,用以弥补国家财政收入不足的一种方式,我国亦不例外。我国从1981年恢复发行国债至今,债券的发行方式、券种有了很大的变化,单就发行主体来看,有中央的、有地方的、有企业的,以及其他不同所有制形式的。伴随着改革开放发展起来的国债市场,已经很自然地走进亿万中国百姓的日常生活。而今,没有买过国债的城市家庭可能比较少。而回首国债发展进程中的人和事,可以清晰地看到他们的言行所反映的改革开放足迹。

“1979年,我们在财政部楼一间不起眼的办公室筹划”

时任中国国债协会副会长兼秘书长的张加伦1994年在北京接受笔者采访时,追忆国债发行之初的特殊经历。

张加伦于1951年从当时的天津工商学院财政会计系毕业,被分配到财政部预算司。1978年,部有关领导明确他筹组债务处,并任主持工作的副处长。1980年,张加伦参加筹划恢复国债发行,执笔起草第一个《中华人民共和国国库券条例》。1987年负责筹组国家债务管理司,任副司长,主持工作至1994年。在这期间,1991年他代表财政部签署了第一份“国库券发行承销合同”。

据张加伦介绍,鉴于1979年和1980年连续两年出现财政赤字,财政部预算司债务处于1979年下半年成立。担任主持工作副处长的张加伦自我评价:“我们在财政部楼一间不起眼的办公室,筹划着一桩不可等闲视之的事情。”

1979年这一年,国债问题在财政部内部来来回回争论,主要围绕如何发行,起个什么名称。张加伦回忆说:“1950年发的是‘人民胜利折实公债’,1954年到 1958 年叫'经济建设公债',这次就叫经济建设公债吧。后来又说不行。美国像这种性质的债叫'国库券',国库券就是一年期的,不超过一年,适合短期周转。"于是他立即向部领导建议,就叫"国库券"吧,从第六年还本付息,每年还五分之一。这些方式都写进了第一个《中华人民共和国国库券条例》,这是根据财政部部长办公会精神,由张加伦执笔起草的。

张加伦说:"本来想 1980 年就发,一个是筹备来不及,一个就是研究资金来源,究竟从哪儿能够筹来钱,老定不了,拖来拖去,所以 1981 年才开始。本以为老百姓不容易买,所以定成单位买。可是没想到,计划发行 40 亿元,实际完成 48 亿元,其中 1 000 多万元是老百姓买的。从 1981 年开始发国库券,在头七八年里,第一年完成最好,超额 20%。"

1982 年,国库券分为两种,有单位的,有个人的。张加伦说:"大概是 1984、1985 年,我开始有明显感觉,继续发有困难了。地方上反映,偿还时间太长。有的说,我买了以后,不知道还能不能在我活着的时候拿到本息!还有的说,你老这么发,有完没完?第一年、第二年,我是爱国,我豁出去了,我拿我的积蓄给你们。年年这么来,我哪有那么多钱啊?"

那时候,包括财政部部长讲话和印发的财政部文件,都强调"自愿量力,不要强行摊派"。

张加伦回忆说:"比如我们部里自己搞,要发国库券了,给各个司发张表,自己填。我也要带头啊,买 50 块钱,分 5 个月扣,每月扣 10 块钱。"

"当时,我们掌握的情况是省里、县里也都说是自愿。可是实际上就有这种情况,根本不告诉本人,愣扣。我问他们,为什么你不通知他们就愣扣啊?他们说,你上边下来指标要我完成,我不采取这个办法完不成啊!"张加伦对当年的评价一针见血。

1988 年,财政部试图改进发行方式。试行不分配任务,摆在银行柜台销售。然而由于多方面原因,这个试验失败了,那年只完成了发行计划的 40%。

从 1981 年开始,头几年《中华人民共和国国库券条例》都规定:"国库券不得当作货币流通,不得自由买卖。"当时全国还没有买卖国库券的市场。

1988 年财政部讨论允许国债流通的时候,决定先搞试点。1988 年 4 月,选择在沈阳、上海、重庆、武汉、广州、深圳、哈尔滨 7 个城市做试点,第二批 61 个城市,1990 年扩大到全国地区以上中等城市,400 个左右。国债二级市场自此铺开。

不过,说到这里,张加伦认为 1981 年选择北京市首发国债应该写进历史。

一些老干部主动拿出补贴购国债，总数加起来有几百万元

1998 年 9 月,北京证券有限责任公司总经理、党委书记成燕红接受了笔者专访。从某种角度上说,成燕红是看着国债一步步发展到今天的。

1980 年,成燕红从学校毕业后来到北京市财政局工作,1981 年我国恢复发行国债,当时北京负责此项工作的正是成燕红所在部门——预算外处。从此,成燕红便和国债结下了缘分。

据成燕红介绍,当时恢复发行国债,目的在于弥补赤字,也就是说,有多少赤字,就发行多少国债。1981 年刚发行时,采取的是行政摊派的形式,发行对象以单位为主,年利率 4%,低于同期银行利率,还本期限 5 年,根据预算外资金报表按比例分配。同时规定,国库券不得当作货币流通,不得自由买卖。

"从 1982 年开始,国债开始对个人发行,分配比例按上年度统计局统计的工资总额计算,中央一级的数额最高,市级次之,农民最少。单位和个人存在利率差别,即个人购券的年利率要高于单位 4 个百分点。从此往后,一直到 1987 年,国库券的发行手段、发行券种基本没有什么变化,都是采取行政摊派手段,除 1987 年发行过 54 亿元的 3 年期重点建设债券外,均是 5 年至 9 年的中长期国库券。"成燕红回忆。

最早发行国债,主要靠行政摊派。很多人可能认为行政摊派在当时有困难,但事实并不都像人们想的那样。所谓行政摊派,就是为了完成国债发行任务,由政府发文,对单位、个人展开宣传攻势,各地开展层层动员工作,宣传发行

国债是为了弥补赤字,为了满足改革、建设的需要。

成燕红介绍,在进行行政摊派的前两年,即 1981 年、1982 年,发行工作很顺利,绝大多数单位和个人都足额购买了国债,完成了任务。

而时任北京市针棉织品批发公司董事长的尹维信回忆,当时大家都把购买国债当作一项政治任务来完成,不买就觉得落后了。因为当时距离粉碎“四人帮”、结束“文化大革命”只有三四年时间,百废待兴,全国上下对国家建设投入了极大的热情,自觉地加班加点工作。

说起当时的情况,成燕红也是非常感动:“第一年发行国债时,主要是面向单位,但有一些老干部,出于爱国之心,拿出补发给自己的钱主动购买国债,为国分忧。总数加起来大约有几百万元。”

但是到了 1983 年,摊派的问题开始出现了。单位购买国库券还好,但在个人这一块上遇到了难题。说支援国家建设,大家都明白,但是当时人均收入不高,人均工资不到 100 元,而国库券一买就是 5 年、10 年,近期看不到回报;再有有些单位硬扣,没有做宣传工作,因而产生了反感情绪。国债发行陷入了第一个困难时期。

成燕红回忆起当年,感慨颇多。她称当时的工作很难做,发行任务完不成不行,只能迎着困难上。但是又没有什么高招,只能找各主管部门,层层做工作。成燕红说:“当时在财政局,搞国债发行的是最不受欢迎的,别的部门出去都是给人送钱去,只有我们天天瞪着眼睛伸手向人家要钱。企业见了我们就讲困难,跟他们讲意义,他们比我们还清楚。去某些单位人家不欢迎,拿财政局的介绍信也不行。”

1985 年,全国国库券发行会议在湖北武汉召开,在火车上,成燕红所在处里的同志统一了口径:有人问起是做什么工作时,谁也不准说自己是搞国库券发行的。因为一旦“泄密”,车厢里的人都有可能向你提意见。当时大家都觉得干这一行没前途。

尽管存在各方面困难,北京市的国库券发行任务还是每年都完成了,按成燕红的话说，北京是全国的政治中心，广大干部群众素质好、觉悟高。在年终开总结大会时，对完成任务的单位进行奖励，对未完成的进行批评。但批评归批评，并不点名，奖励也只是对一线工作人员奖些手套、雨伞、围巾之类的东西，给单位发块"积极购买国债，支持国家建设"的匾，没有什么值钱的东西，大家看重的是这份荣誉。

副司长每天到她那里上班，传达部领导指示

事实上，购买国债仅靠人的素质和觉悟是不能长久的，老百姓渴望早点看到回报，早点拿到现钱。1985 年，黑市开始出现，到 1987 年已愈演愈烈。黑市中倒卖国库券的"黄牛"先是到农村收购，后逐渐出现在城市的各大小街面上。当北京的街边上也出现立块牌子公开收购国库券时，全国各地都有了这一景象。老百姓拿着保管不便、不能流通的国库券，到街边上卖给小商小贩，一般面值 100 元的国库券只能换到七八十元现金。对此，财政部不明白了，怎么我们的国库券变得这么不值钱了？

为了扭转这种状况，1988 年，国家对国库券的发行办法做了重要改进，在提高利率、缩短还本期限（5 年缩短到 3 年）的同时，国务院批准自 1988 年 4 月起，在沈阳、上海、重庆、武汉、广州、深圳、哈尔滨 7 个金融改革试点城市首次进行开放国库券转让市场的试点工作，允许转让国库券，但不得作为货币流通。当时这种流通转让和后来的交易市场还不太一样，当时的目的就是要使个人持有的国债有个兑现场所。这个目的虽好，但实行起来还是与初衷有一定距离。

"当时一个城市只设一两个点，像北京这样大的城市，谁有工夫跑那么远的路去兑换，因此收是收上来一批，但不很多，黑市交易依然存在。为此，工商、公安、财政部门又联合发出公告，禁止倒卖国库券。直到 1990 年，北京开始在各大城区开设国债服务部，黑市交易才逐渐减少。"成燕红回忆。

1991 年，财政部已充分认识到，没有一个国债一级市场，国债二级市场也很难维持发展，与此同时，全国已经有了几百家信托投资公司、证券公司和比较大

的国债服务部,这就为国债承购包销准备了充分的条件。至此,以承购包销为契机,发展国债一级市场被提到议事日程上来。财政部决定在小范围内进行国库券承购包销试点,并全面开放地市级以上城市的国债流通市场。1991 年,财政部国债司组织了有 70 家机构参加的国债承销团,承销条件通过谈判方式确定,与财政部签订合同,一共承销了 100 亿元国债。

国债一级市场的建立,改变了原来的行政摊派方式,使发行人、承销人和投资人之间的关系,由原来的行政关系变成了一种民事法律关系,从原来的一种不平等关系变成了在法律上的平等关系。

成燕红回忆说,推行国债市场化发行走得很顺,因为老百姓接受,财政部门也接受;财政部门不用再去磨破嘴皮子,老百姓也从那时候起开始认识到国库券是一种金融商品。

1992 年,国家开始推行国债无纸化发行,实行无券发行,即买卖均不见票券,完全通过电脑记账和专业化的结算,买者委托发行单位代保管,到期结算,自己手中只留一张保管单。同时,国库券发行一改过去每年发行一次的惯例,改为根据市场情况分次发行,并且增加了 5 年期国库券。

正当国库券的发行在市场化的道路上前进时,问题又出现了。

1992 年,因为经济过热,市场利率比较高,各种集资也比较多,国债的利率明显偏低,这样一来,新发行的国债进入二级市场后,价格马上跌破面值,国债二级市场的收益率水平很快就上去了。而承销人签了合同之后,在一级市场上得不到收益,这就使得 1993 年的国债发行相当困难。不得已,1993 年国库券的发行再次采取了行政手段。

成燕红记得大约是在 1993 年四五月份,国务院召集了各省领导,部署当年的国债发行任务并要求必须完成;省长回去再往下压任务。当时,已任北京财政证券公司总经理的成燕红办公室里来了位财政部的副司长,说是要每天到她那里上班,每天传达部长的指示,以确保国债发行任务的完成。财政局里的热线电话也是每天响个不停,都是老百姓的意见,大家觉得完成发行有困难。那位副司长见状,3 天后走了。当然,当年北京的发行任务还是完成了。

1993 年的国债是历史上利率最高的一次,但同时也是投资人接受得最不好的,很多个人投资者缺乏金融意识,不愿承担二级市场的风险。鉴于此,财政部国债司下决心在 1994 年推出储蓄债券,并在国债市场发展上做了两件事:期限品种多样化,并且分成可上市品种和不可上市品种。另外,还需提到的是,在 1993 年至 1994 年,国债期货市场的活跃,对现货市场起到了很大的促进作用。

1995 年,国债期货市场关闭后,现券市场受到很大影响。但是到了下半年,财政部在上海锦江饭店搞了第一次国债招标发行试点,获得了很大成功。

到了 1996 年,开始全面通过招标发行国债,试验了多种方法,实现了国债期限品种多样化,并且积极支持了中央银行的公开市场操作,对银行发行了 3 个月和 6 个月的短期国债。

对此,成燕红认为,尽管招标形式存在运作成本高、有炒作行为等问题,但是它打开了思路,扩大了市场面,走出了行政摊派的死胡同。

而 1998 年上半年,在总结前几年发行得失的基础上,随着客观形势的变化,新的国债全部采用凭证非流通形式,发售机构也随之改为全部由商业银行通过柜面发售。这就意味着国债的发行对象是以个人投资者为主,这与 1996 年、1997 年间作为承销商的券商和银行大量储备附息券,以备在二级市场炒作牟利,而个人投资者欲购无门的情况形成了鲜明的对比。

于是,财政部又发出公告,对 1998 年凭证式国债发行利率进行调整,下调幅度较大。这一切都是考虑到由于改革进程加快,破产、停工企业数量增加,再加上东南亚金融危机的爆发,使得国民经济增速放缓,国内有效需求不足;同时央行一再降低存贷款利率,社会闲散资金大量增加。

到 1998 年年底,改革开放 20 年之际,一个明确的国债市场发展目标已经有了,即国债市场的发展,不单单是为完成财政部发行国债的任务,也不仅仅是为筹集资金,而是要有利于财政政策和金融政策之间的配合,有利于为市场提供新的金融工具,有益于金融市场的健康发展,同时为政府的财政货币政策和宏观调控提供一个有效手段。

“我还不清楚特别国债是怎么回事，也没考虑要买”

2007 年 6 月 29 日，十届全国人大常委会第二十八次会议审议了《国务院关于提请审议财政部发行特别国债购买外汇及调整 2007 年末国债余额限额的议案》。根据这一议案，财政部拟发行特别国债 15 500 亿元人民币，购买约 2 000 亿美元外汇，作为组建国家外汇投资公司的资本金来源。8 月 29 日，财政部已面向境内商业银行正式发行了第一期特别国债 6 000 亿元。9 月 18 日，第二期特别国债开始发行，这是首批面向公众发行的特别国债，然而并没有引起众多大中城市市民的关注。多数银行承销网点特别国债的销售记录竟然为零。

第二期特别国债通过全国银行间债券市场和试点商业银行柜台面向社会各类投资者发行。试点商业银行包括中国工商银行、中国农业银行、中国银行和中国建设银行在全国已经开通国债柜台交易系统的分支机构。不过，以山西省会太原为例，承销特别国债的机构只有四大银行的部分营业网点，农行府西支行、中行开化寺支行、建行河西支行等多数银行网点没有售出记录，甚至几天内都很少有人咨询。

“我还不清楚特别国债是怎么回事，也没考虑要买。”当被当地记者问到特别国债时，在太原工行府西街一网点购买基金的市民李女士这样说。据银行人士分析，公众认知度低、利率低、年限较长以及股市和基金的资金分流是特别国债遇冷的主要原因。第二期特别国债为 15 年期，年利率为 4.68%；第三期为 10 年期，年利率为 4.46%，而当时 5 年期存款利率已达到 5.76%，所以特别国债在收益率方面并没有明显的吸引力。即便如此，工行山西省分行营业部 2007 年第四期凭证式国债仍有大量剩余，该期国债 3 年期票面年利率为 5.2%；5 年期票面年利率为 5.74%，均远远高于 15 年期的特别国债，所以投资者认购国债也会更倾向于凭证式国债而不大可能选择特别国债。

投资意识觉醒和多元化已经全面渗透中国百姓的生活。

地方政府发债空间在哪儿

2018 年 7 月 13 日，财政部国库司负责人娄洪表示，2018 年上半年我国地方政府债券共计发行 1.41 万亿元（含定向承销方式），其中新增债券、置换债券、借新还旧债券分别发行 3 328.72 亿元、9 438.85 亿元、1 341.56 亿元。平均发行利率为 3.98%，较去年上升 3 个基点。平均期限为 5.92 年，较上年缩短 0.62 年，期限结构与市场投资者的偏好匹配度进一步提高，其中 1 年至 5 年期的短中期限占比提高，7 年、10 年期的长期限占比相应下降。

娄洪透露，与 2017 年相比，2018 年地方政府债券发行主要有以下两个特点：

一是发行定价市场化程度进一步提升。上半年地方政府债券发行利率比国债高 42 个基点，较上年扩大 3 个基点，基本反映市场实际供求关系。主要是财政部加强指导，地方财政部门、承销团成员按照市场化要求规范发行，市场化定价机制对地方政府债券发行利率走势的作用不断增强。

二是市场认可度提高。2018 年地方债券平均投标倍数（投标量/计划发行量）为 2.56 倍，较上年平均水平增加 0.68 倍。主要是随着地方债券发行定价市场化水平不断提高，债券市场投资者对地方债券的认可度逐步提升，投资需求增加。

事实上，为应对国际金融危机，经国务院同意，财政部从 2009 年起为地方政府代理发行债券。按照十八届三中全会提出的“建立规范合理的中央和地方政府债务管理及风险预警机制”的有关要求，2014 年，上海、浙江等 10 省市在财政部指导下，试点地方债自发自还。截至 2014 年年底，地方政府发行债券余额接近 1.2 万亿元。2015 年，新修订的《中华人民共和国预算法》开始实施，赋予地方政府发行债券的权利，地方政府债券首次实现全部由省级政府自发自还，全年发行地方政府债券 3.8 万亿元。2016 年，地方政府发行债券规模 6.05 万亿元，同比增长近 60%，约占整个债券市场发行总量的 17%。截至 2016 年年底，地方债余额已达10.6万亿元。如何合理控制地方政府债券发行规模、探索地方政府发债空间，对建立以政府债券为主体的地方政府举债融资机制至关重要。

作为地方政府债券的发行主体，地方政府如何通过科学测算债券发行空间并合理制订发债策略和发行计划，是摆在每个地方政府面前亟待解决的问题。但过去有关发债空间的研究多是从财政角度出发，设置相应指标和风险控制区间，主要用于内部管理。因此，有必要在借鉴国际经验的基础上，结合中国国情，研究制订一套科学、合理的地方政府债券市场发债空间指标体系和分析方法，进一步完善地方政府发债策略和发行计划，降低债券筹资成本和市场风险，促进地方政府债券市场稳健运行和地方财政可持续发展。对发达国家和新兴市场国家的债务管理状况进行深入比较研究，从市场角度研究地方政府发债空间的国际经验，结合中国实际，通过构建有效的地方政府债券市场发债空间指标体系和分析方法，科学测算我国地方政府债券市场发债空间。

十九大报告指出，要坚决打好防范化解重大风险攻坚战。地方政府债务管理是攻坚战的重要领域，实行地方债券发行制度改革，是规范地方政府举债融资行为，防范地方政府债务风险的一项重要措施。自 2015 年全面推行改革以来，逐步完成了以银行贷款为主要形式的地方政府存量债务置换工作，节约债务利息支出约 1.2 万亿元，大幅降低了地方政府融资成本，大大减轻了地方财政负担，有效防范了地方政府偿债资金链断裂风险；实现了地方政府债务全部纳入预算管理，规范性、透明度显著提高。

重庆智库、大运河智库联合调研组认为，在新的更高起点上，进一步落实好党中央确立的防范化解重大风险的重要决策部署，要求进一步深化推进地方债券发行制度改革，强化预算监管、市场约束，合理确定地方债券规模，依法合规发行地方债券，牢牢守住不发生区域性系统性风险的底线。

从取向看，地方债券期限范围一般为 1～10 年，但在实际执行中，各地偏好发行 5 年、7 年、10 年期债券，1 年期发行量很少，2 年期至今尚未发行。此外，保险公司对超长期限债券也有一定需求，但目前地方债券缺乏超长期限品种。

上述状况不利于充分挖掘地方债券投资需求，也不利于地方债券市场的长远发展。对此，财政部国库司回应，将研究适当增加地方债券期限品种，完善地方债券期限安排。

重庆智库、大运河智库联合调研组认为，完善地方债券期限安排有两个选项：一是丰富期限品种。在继续保持3~10年中期债券为主力品种的基础上，适当增加超长期限（15年、20年期）品种，吸引保险公司等偏好超长期债券品种的机构参与地方债券投资。二是优化期限结构。鼓励各地增加2年期以下地方债券发行规模，探索研究建立各地一般债券超长期限与短期限平衡机制，进而保持地方债券平均期限基本稳定。

源头背景

国债“寻根”

国库券是国家为弥补国库收支不平衡而发行的一种政府债券。因国库券的债务人是国家，其还款保证是国家财政收入，所以它几乎不存在信用违约风险，是金融市场风险最小的信用工具。国库券是国库直接发行的用以解决短期财政收支失衡的一种债券，由于期限短、流动性强、安全性高，被视为零风险债券或“金边债券”。

国库券是1877年由英国经济学家和作家沃尔特·巴佐特发明，并首次在英国发行。沃尔特认为，政府短期资金的筹措应采用与金融界早已熟悉的商业票据相似的工具。后来许多国家都依照英国的做法，以发行国库券的方式来满足政府对短期资金的需要。在美国，国库券已成为货币市场上最重要的信用工具。

我国历史上第一次发行的国债是在1898年发行的“昭信股票”。北洋政府时期，从1912年到1936年共发行国债27种。在抗日战争前，国民政府从1927年到1936年共发行国债45亿元。抗日战争时期国民政府共发行国债90亿元。第二次国内革命战争时期，为发展苏区的经济，改善群众生活，充实战争力量，

1933年7月22日中华苏维埃共和国执行委员会做出《关于发行经济建设公债的决议》,同时颁布《发行经济建设公债条例》。当时无论交谷交银,都能购买公债,交谷者谷价照当地县政府公布的价格计算。中央苏区经济建设公债的推销工作,除中央政府所在地瑞金县外,遍及江西、福建、闽赣、粤赣4省的各县区。

中华人民共和国成立后,发行国债分为两个时期:20世纪50年代为一个时期,20世纪80年代以后为一个时期。20世纪50年代由国家统一发行的国债共有6次。第一次是1950年发行的"人民胜利折实公债",发行的目的是平衡财政收支,制止通货膨胀,稳定市场物价。从1954年起,为了筹集国民经济建设资金,连续5年发行"国家经济建设公债"。1968年本息还清后,一直到1981年国家没有发行国内公债。

改革开放后,为适应国家经济快速发展需要,1981年再次发行国债实物券,并借鉴了美国国债的名字,正式定名为"国库券"。最初几年基本延续20世纪50年代的做法,后来借鉴国外经验,允许国库券在市场流通、自由买卖。1981年,中华人民共和国国库券第一次发行。国库券总金额40亿元,要求全民所有制单位和集体所有制单位购买20亿元,城乡人民购买20亿元。实际认购交款46.65亿元,超额16.6%完成任务。

1981年我国开始发行"中华人民共和国国库券"实物券,到1998年取消实物券,代之以凭证式和记账式债券,前后经历了17年,共发行了80多个品种,金额高达数千亿元人民币。面值有1元、5元、10元、50元、100元、1 000元、1万元、10万元、100万元等。

1988年,先后分两批在61个城市进行国债流通转让试点,形成了国债的场外交易市场;1990年后国债开始在交易所交易,形成国债的场内交易市场,仅当年国债的交易额就占证券交易总额80%以上。

国债的发行期限,有短期、中期和长期。短期国债指期限在1年以下的国债,有3个月、6个月、1年之分。我国发行量最多的是短期国债。在一些西方国家,短期国债更多的是3个月和6个月的券。中期国债是指兑付期在1年至

10 年之间的国债,有 1 年期、2 年期、3 年期、5 年期、8 年期、10 年期之分。一般以 3 年期券和 5 年期券为多,但我国近年来也发行了相当多的 2 年期券。长期国债是指期限在 10 年以上的国库券,到 2017 年年底,我国仅发行过 10 年期国债。此外还有一种特别国债,与发行普通国债筹集资金的用途不同,这种国债一般以提高收益为主要目标。

1988—1993 年国债年发行规模扩大到 284 亿元,增设了国家建设债券、财政债券、特种国债、保值公债等新品种。1991 年我国开始试行国债发行的承购包销;1993 年 10 月和 12 月上海证券交易所正式推出了国债期货和回购两个创新品种。

1994 年财政部首次发行了半年和一年的短期国债;1995 年国债二级市场交易活跃,特别是期货交易量屡创纪录,但包括"3·27"事件和回购债务链问题等违规事件频频出现,致使国债期货交易于当年 5 月被迫暂停。

1996 年国债市场出现了一些新变化:一是财政部改革以往国债集中发行为按月滚动发行,增加了国债发行的频度;二是国债品种多样化,对短期国债首次实行了贴现发行,并新增了最短期限为 3 个月的国债,还首次发行了按年付息的 10 年期和 7 年期附息国债;三是在承购包销的基础上,对可上市的 8 期国债采取了以价格(收益率)或划款期为标的的招标发行方式;四是当年发行的国债以记账式国库券为主,逐步使国债走向无纸化。

1996 年以后,国债市场交易量有所下降。同时,国债市场出现了托管走向集中和银行间债券市场与非银行间债券市场相分离的变化,呈现出"三足鼎立"之势,即全国银行间债券交易市场、深沪证交所国债市场和场外国债市场。

1996 年 1 月份在深圳,第一笔正式的国债招标发行。

1998 年银行间债券市场开始建立。财政部是第一个在银行间市场上发行的机构。

20 世纪 90 年代末期,企业债进入了萧条时期。

2009 年起,财政部允许发行地方政府债券。新疆维吾尔自治区政府债券

(一期)于2009年3月30日至2009年4月1日在上海证券交易所发行,并于同年4月3日上市,这是首个地方政府债券。

源头链接

北京“实力”

2017年北京实现地区生产总值2.8万亿元,一般公共预算收入5 430.8亿元,第三产业比重达到80.6%。实际利用外资243.3亿美元、跃居全国第一,其中服务业利用外资超九成。促进对外贸易转型升级,服务贸易额约占全国的1/5。亚洲基础设施投资银行、丝路基金落户北京。

源头延伸

国债“盘子”

国债,包含内债和外债,指中央政府为了实现其职能,平衡财政收支,增强政府的经济建设能力,按照有借有还的信用原则,从国内或国外筹集资金的一种方式。

1981年1月28日国务院公布《中华人民共和国国库券条例》指出,为了调整与稳定国民经济,适当集中各方面的财力,进行社会主义现代化建设,逐步提高人民物质和文化生活水平,确定从1981年开始,发行中华人民共和国国库券,并规定国库券不得当作货币流通,不得自由买卖。还本期限为5年。

1981年2月27日,中国人民银行、财政部发布《关于1981年国库券发行工作中有关问题的规定》指出,为了调整与稳定国民经济,适当集中各方面的财力进行社会主义现代化建设,逐步提高人民物质和文化生活水平,国务院决定,从1981年开始发行中华人民共和国国库券。

1988年,形成了国债的场外交易市场;1990年后国债开始在交易所交易,形成国债的场内交易市场。

1994 年财政部第一次发行半年期、一年期和二年期国债，实现了国债期限品种的多样化。短期国债的出现促进了货币市场的发展，同时也为中央银行的公开市场操作奠定了基础。

2005 年 10 月 27 日，中华人民共和国第十届全国人民代表大会常务委员会第十八次会议通过《中华人民共和国证券法》。

2006 年的《政府工作报告》指出："今年要继续适当减少长期建设国债发行规模和财政赤字。拟发行长期建设国债 600 亿元，比上年减少 200 亿元，同时增加中央预算内经常性建设投资 100 亿元；拟安排中央财政赤字 2 950 亿元，比上年预算减少 50 亿元。长期建设国债资金和预算内投资，主要用于农林水利、科教文卫、生态建设、环境保护和西部开发等方面，保证重点续建项目，适当开工建设关系发展全局的重大项目。从今年开始，参照国际通行做法，采取国债余额管理方式管理国债发行。"

2006 年 3 月 21 日，财政部、中国人民银行印发《储蓄国债（电子式）代销试点管理办法（试行）》。

2006 年 7 月 4 日，财政部、中国人民银行、中国证券监督管理委员会联合发布《国债承销团成员资格审批办法》。

2006 年 7 月初，财政部会同中国人民银行批准，七家试点银行首次发行电子式储蓄国债。

2006 年 9 月 25 日，财政部印发《2006 年和 2007 年记账式国债招投标规则》。

2007 年的《政府工作报告》指出，"适当减少财政赤字和长期建设国债规模。今年中央财政赤字拟安排 2 450 亿元，比去年预算赤字减少 500 亿元；拟安排长期建设国债 500 亿元，比去年减少 100 亿元。"

2008 年的《政府工作报告》指出，"今年拟安排国债投资 300 亿元，比去年减少 200 亿元。"

到 2008 年 6 月，我国政府发行的内债品种主要包括无记名国债、主要面向机构投资者发行的可流通的记账式国债、面对个人投资者发行的不可流通的凭证式国债、电子式储蓄国债、特别国债。同时,银行间债券市场、证券交易所债券市场已构成国债市场的主体框架。

2018 年上半年记账式国债现货交易量排名
(2018—2020 年记账式国债承销团成员)

名次	机构名称
1	招商银行股份有限公司
2	杭州银行股份有限公司
3	上海银行股份有限公司
4	宁波银行股份有限公司
5	中国银行股份有限公司
6	长沙银行股份有限公司
7	南京银行股份有限公司
8	上海浦东发展银行股份有限公司
9	徽商银行股份有限公司
10	交通银行股份有限公司

2018 年上半年记账式国债现货交易量排名
(2018—2020 年记账式国债承销团非银行类成员)

名次	机构名称
1	国泰君安证券股份有限公司
2	中信证券股份有限公司
3	东方证券股份有限公司
4	招商证券股份有限公司
5	平安证券股份有限公司
6	中信建投证券股份有限公司
7	第一创业证券股份有限公司
8	中国国际金融股份有限公司
9	广发证券股份有限公司
10	华泰证券股份有限公司

文骐看源头

自主决策与自由交换是孪生兄弟

证券市场的起步是从国库券发行和债券市场的建设开始的。债券流通体制和市场化发行为后来证券市场的大发展奠定了基础,今天看来,股票起初的流通场所多是原交易国债的场所。

官方一直为国债这样定性,国债的计划发行是保证政府增加公共投资支出的必要基础;发行国债可以有效利用国民经济储蓄剩余,促进经济增长;国债是财政政策和货币政策有效执行必不可少的操作手段。不错,从行政摊派到走市场化道路的进步,从券种的单一到期限品种多样化的发展,国债正在逐步走向成熟。

但是,以个人为对象的国债发行与以金融机构为媒介的国债发行具有不同的特点和性质的规定性。前者是将分散在个人手里的闲散资金集中起来,变消费资金为生产建设资金,由于个人收入的主要来源是工资、工资性的补贴及奖金,因此向个人发行的国债带有明显的储蓄性质,这是从资金来源观察;如从个人投资者的投资行为看,个人购买国债主要出自保值、稳定性的收益和投资安全性,具有较为稳定的特点,短期行为不构成这一投资群体的主要动机。

溯往,1991 年开始进行的国库券发行承购包销试点,得益于天时、地利,迅速向全国铺开。尽管试点过程中也曾步履维艰,因部门间的掣肘和条块矛盾受到非难,以及其本身也有不完善的地方,但承购包销这一发行方式的变革,反映了建立在经济规律基础上的新的市场力量,由于它的科学性,很快为市场所接受,并在我国国情的衍化下,形成一种能适合我国现行体制的以地方各级财政部门为主的分块承销体制。这一体制在 1992 年替代了曾实行 10 年之久的行政性发行方式,基本上在全国范围内实现了从行政性发行向经济发行的转轨。这是国债市场建设大踏步前进的一年,是我国国债事业向市场化迈进的一个重要转折。它也因此成为我国经济体制改革继续推进的一个重要信号。

从经济学角度观瞻，市场的实质在于自主决策和自由交换。但也不是说只要允许买卖就能叫作市场经济。事实上，在古代中国，包括土地在内商品买卖都是被允许的，但那时并非市场经济。即使在西方国家，市场经济也经历了好几个发展阶段。首先就是十七八世纪的所谓"原始资本主义"或称"重商主义"时代，它还不是市场经济，因为市场上的交换活动受到政府的干预，而不完全是商品所有者的自主行为。

从下一步考量，调整国债持有者结构，充分发挥不同国债持有者对国债市场乃至整个国民经济的不同作用和影响，尤显迫切。在国债市场较为发达的国家，国债的持有者通常以专业机构、政府部门为主，个人持有的国债比例较低。例如美国个人持有的国债比例仅为10%左右，日本也不超过30%，而目前我国这一比例却高达60%以上。这种持有者结构，一方面与我国国债市场的迅速发展不相称，另一方面也使其他国债持有者的应有作用不能得到充分发挥。随着国债市场上国债品种不断创新，发行频率加快，发行方式日趋复杂，国债投资的专业性明显增强，加之市场运作效率的要求，个人直接投资国债将越来越受到客观条件的制约。相比之下，商业银行、证券公司、证券投资基金甚至专门的国债投资基金等机构投资者则大有用武之地。它们通过在国债市场上进行专业化的投资操作，实现最优投资组合，并可促进市场的高效运行，将成为国债市场上稳定债市、调节供求的重要投资主体。

诚然，直到现在，早期市场经济的一些制度缺陷，甚至市场经济前的某些社会弊病还不同程度地存在着。如国债市场缺乏长期的基准利率，即在多种利率并存下如何看待起决定作用的利率。近来我国发行的记账式国债大多数是浮息国债，它是在中央银行制定一年期定期存款利率的基础上，上浮多少个基点，通过投标机制来形成浮息国债利率。也就是说我国还没有长期固定的基准利率。由于没有长期固定的利率，在我国债券市场上很难计算收益曲线。

12

中国第一个小商品市场
——义乌

华夏第一市力托义乌
琳琅小商品震撼全球

义乌乃浙中名邑,始建于秦汉时期,历史悠久。据元代至正年间《义乌县志序》载,“义乌自秦为县,历汉唐迄五季”。

“城”与“市”在义乌人眼中从来就是一个字,因为他们就生活在一个建在市场上的城市中,因为他们就工作在一个城市的各个市场中,城与市是那样的密不可分,令人称奇,难以想象。

大街上随便问一个义乌人,义乌有今天靠的是什么?答案肯定是两个字:市场。没有人愿意否认是市场成就了义乌。这是一座繁荣在市场上的城市。

著名经济学家于光远说:义乌是一个值得研究的现象。

曾任博鳌亚洲论坛秘书长、中国加入 WTO 首席谈判代表的龙永图指出:义乌现象非常值得深入研究。

事实上,以上评论一点都不为过,揭示义乌市场的发展历程,有感叹、有顿悟、有凝思,更有回味深远……

小商品市场溯源

最早的小商品市场是什么样子,已根本无从考证。有研究认为,尽管没有任何可靠的历史资料描述当时的市场情况,但是,义乌小商品市场实际上在1974 年已成雏形。

早在 20 世纪 70 年代中期,义乌已存在一个混迹于定期集贸市场的地下小百货批发市场。在当时,专门从事小百货交易还是十分危险的,因此,商贩们必须保持高度警惕性,必须装备简单,便于“逃跑”。

知名浙江学者陆立军教授曾描述当时的市场和交易情况:每逢市日,廿三里镇集贸市场上出现了众多提篮叫卖的小商品专业商贩，紧接着，稠城的闹市处县前街也出现了几十个专卖小商品的摊贩，这些人以竹篮、箩筐、旅行袋、塑料布为工具，随地设摊，沿街叫卖。日初设摊，日中收摊。

大约在 1978 年冬天，非正式小商品市场开始与定期的集贸市场分家。义乌县政府所在地稠城镇由于其特殊的地理位置和县域政治经济中心的地位，成为小商品市场较为理想的地方。最初在县城沿街叫卖的是少数几个老汉，随后吸引了一大批人加入，仅半年的时间，稠城镇县前街的摊贩就增加到了 100 多人。

稠城镇最繁华的县前街有一块空地，是五金公司的旧房基，当时尚未建成大楼，这里成了小商品经营者得天独厚的场地。1981 年 4 月，五金公司大楼要破土动工，商贩们自动撤到北门街。

上述阶段市场上的商品品种不断增加，如塑料玩具、塑料用品、装饰品、打火机、各种帽子、手提袋，以及开始不准经销的服装、针织品等。货源主要来自 3 个方面：从本地或外地百货公司批发；从外地厂家直接进货，进货点从省内到省外，门路越来越多；摊贩自己加工生产的本地产品。

此时的小商品市场已由地下转入半公开状态，有了固定的地点，聚集在县前街、北门街。摊位数直线上升，以至于严重影响了市容。因此，工商管理部门奉命多次驱赶，但未能奏效。这些摊主的装备简单，还有一部分是提篮小卖，灵活机动，万一被“抓获”、没收，损失也不太大，但此举根本无法打掉摊主的积极性。在当时，有形市场只是为交易双方提供一个集中寻找伙伴的场所而已。主管部门既无法驱赶摊主，也无法进行有效的管理和按照正常的市场管理办法收取市管费和税收，双方玩起了“猫捉老鼠”的游戏。这使工商管理部门左右为难。自发市场与工商管理部门表面上有很大的冲突，但是内部的交易依然井井有条。稠城和廿三里两个市场分属不同的区工商所，两地的发展情况很不一样，稠城的管理较为宽松。这种情况一直延续到 1982 年 9 月 5 日，稠城镇湖清门开放第一个小百货市场为止。

陆立军教授从管理学角度，把义乌小商品市场的发展历程分为小商品市场的诞生、全国最大的小商品流通中心、迈向国际性商贸中心等 3 个阶段。笔者基本赞同。

"四个允许"洞开义乌市场

1979 年,义乌北门街是自发小商品市场的集中交易地点,并初具规模。在 1982 年开放的湖清门市场严格地说只是小商品市场的雏形,市场摊位十分简陋。当时开放小商品市场并不是因为市场的规模和社会影响力,而是因为部分农民"弃农经商"在义乌已经是一个既成事实,大量农村富余劳动力要转移也是一个客观事实。

其实,地方政府并不十分在意小商品市场会对农业生产带来什么负面影响,而是由于自发形成的市场影响了交通和市容,还造成了执法管理部门与众多摊主之间的冲突。"猫捉老鼠"的游戏长期玩下去总不是解决的办法,逼迫市场主管部门必须迅速拿出有效的解决措施。既然禁止的做法不能奏效,小商品市场本身也不会对社会造成危害,与其关闭,还不如顺其自然,开放小商品市场。

当时的湖清门市场非常简易,在一条用于排水、排污的内城河沟上架起了水泥板,在水泥板上方用木板搭成摊位,在长条木板上方用塑料薄膜搭起了雨棚,用作简易摊位。摊主经工商所登记,领取摊位证,摊位固定,每一摊位占用的木板长度相等。

1982 年 11 月 25 日,义乌县委、县政府召开了农村专业户、重点户代表会议,县委书记谢高华在讲话中果断地提出"四个允许":允许农民经商、允许从事长途贩运、允许开放城乡市场和允许多渠道竞争。"四个允许"政策是在小百货市场开放之初,县领导审时度势做出的决策。"四个允许"打消了许多尚在等待观望的经商户的疑虑。市场的发展,带动了社队企业,特别是家庭工业的发展。1984 年 10 月,义乌县委、县政府抓住这一可喜的势头,提出了"兴商建县"(1988 年 5 月撤县建市后改称"兴商建市")的发展战略。

在第一代市场时期,廿三里小商品市场的交易品种和规模与稠城小百货市场非常类似。但经过一段时间的发展后,市场的集聚效应逐步显示出来,这表明在有限的地域空间和市场辐射范围内,只能有一个中心,否则均衡的分布只能扼杀市场的集聚效应。从理论上讲,成为非均衡发展的中心,就义乌小商品市场起源的两个地方来讲,机遇是同等的,但发展的最终结果却是前者合并到稠城小商品市场。这说明市场集聚的是带有自然垄断性质的资源,如培育市场的投入、集聚的信息、为商品运输服务的铁路和公路交通,更重要的是不可复制的稀缺资源——经商户,在这些资源的聚集上,作为县域政治、经济、文化中心的稠城显然具有更大的优势。事实上,在 1984 年义乌第二代小商品市场开业之前,廿三里小百货市场就并入了地处稠城的义乌小商品城市场。

值得注意的是,在血缘、亲缘、地缘关系的影响下,从事小商品生产和销售的人数骤增,由此形成了相应的产业。此时,义乌的交通、通信条件得到了一定改善,产品销售的区域也扩大到周边县市区,销售方式则是零售和批发兼有。

1988 年 5 月之前,义乌县政府为了小商品市场的关闭或开放的问题,曾多次召开县长办公会议,经过反复讨论形成了这样的共识:对小百货市场,不应该用强硬的手段强制关闭,可以走一步看一步,关键在于正确地引导、加强管理。后来,县政府、稠城镇、县工商局(城阳工商所)3 个部门的领导成立"稠城镇整顿市场领导小组",并于 1988 年 8 月发布《关于加强义乌小百货市场管理的通告》,宣布将于是年 9 月 5 日正式开放"稠城镇小百货市场",地址在湖清门,由城阳区工商所管理。

"四代市场"的酸甜

1984 年 12 月,以第二代小商品市场建成为标志,义乌市场发展进入了一个新阶段。第二代市场占地 1.3 万平方米,全部水泥地面,水泥板固定摊位,钢架玻璃瓦,排列有序,市场中心建成四层服务大楼,配有工商所、税收稽征组、银行分理处、个体劳协、寄存和饮食服务、招待所、问讯广播室、民警值勤室、治安委员会等服务设施和机构，实现了由“马路市场”“草帽市场”向“以场为市”的转变，商品种类达 2 740 余种，流通范围逐渐跨出本县和周边市、县并向外省市辐射。第二代小商品市场以其品种多、价格低、服务好、安全有保障等优势很快提高了市场知名度，开始吸引全省乃至全国各地更多的客商。1985 年摊位增至 2 874个，成交额达 5 000 万元。

1986 年，第三代小商品市场建成。第三代市场占地 44 000 多平方米，设固定摊位 4 096 个，临时摊位 1 387 个。场内有设备较齐全的商业服务大楼，另外还配有工商、税务、邮电、金融等管理服务用房，立体型管理服务体系初步形成；营业场地宽敞，商品门类日趋齐全，档次不断提高。来自温州、台州、绍兴等省内其他地区和福建、江苏等外省的客商进场设摊；不少乡镇集体企业乃至国有企业也进场设摊直销商品，市场主体向多元化转变。1987 年市场成交额达 2 亿元，1991 年猛增至 10.33 亿元。

1992 年 2 月，第四代小商品市场第一期工程建成，占地 6 万平方米，场内新设摊位 7 100 多个，实现了“以场为市”向“室内市场”的转变。1994 年 7 月，第四代二期工程建成，占地 6.8 万平方米，新设的 7 000 个摊位投入运行。1995 年，与篁园路第四代小商品市场大体属于同一档次的宾王市场建成。该市场占地 28 万平方米，共设 600 间门店和 8 900 个摊位。截至 1995 年年底，义乌小商品市场的营业面积增加到 46 万多平方米，市场成交额达到 152 亿元。

义乌小商品市场经过民间与政府的合力孕育，逐步形成了一定规模，开始进入稳步发展阶段（1988—1991 年）。在这一阶段，场地规模、摊位总数、商品种类、年交易额等继续稳步增加。到 1991 年，小商品市场的年交易额已增至 10.33 亿元，跃居全国同类市场榜首，义乌小商品市场成为全国第一大小商品市场。“义乌商圈”的辐射范围不仅包括附近省份，而且在东北、西北、华北等“三北市场”产生巨大影响。义乌小商品市场从此声名鹊起，不但周边县市区的相关产业日益围绕义乌小商品市场发展，来自浙江其他地区和沿海省份的商品也陆续入住，而且以此为依托培育了一批颇具特色的产业群，间接地推动了周边地区市场和产业的发展。在全省、全国,一个与义乌小商品市场或企业有着紧密经济联系(既包括前向的产品销售,也包括后向的产业支撑),并以义乌小商品市场为核心的跨区域分工协作网络即“义乌商圈”,已经基本形成。

从第一代市场到第四代市场,义乌小商品市场的内部结构和交易形态发生了一系列重大变化,主要表现在:

——市场主体素质显著提高,商品流通范围扩展至全国。截至 1997 年年底,采取各种经营形式进入“中国小商品城”进行商品交易的国有、集体和混合所有制的大中型企业达 3 000 多家。据调查,市场经营者的平均年龄由 1982 年的 42 岁左右降到 1997 年的 33 岁(其中 30 岁以下的占 33.4%,40 岁以下的占 73.6%);具有初中以上文化程度者所占的比例由 1982 年的不到 10%(高中毕业生仅 1 名),提高到 1997 年的 82%(其中高中毕业生占 17.3%,大学毕业生占 1.2%)。市场上本地产商品比重降到 30%,售出的商品 90% 销往外地,流向遍及全国除台湾地区以外的所有省会城市和其他数百个中小城市及其辐射的广大农村,确立了义乌作为全国最大的小商品流通中心的地位。

——市场转轨改制,硬件建设和信息化管理迈出新的步伐。1993 年 12 月,义乌市有关企业与北京、上海的知名企业共同发起,设立中国小商品城股份有限公司(后改为“商城集团”公司,其股票“小商品城”已于 2001 年 5 月 9 日在上交所上市),成为我国首批现代股份制市场企业集团之一。市场内一些摊主为了做大生意,占有更多的市场份额,自发地实行横向联合,成立有限责任公司。市场内有 2 500 多家商贸企业或公司,取得了国内外名厂、大店在义乌乃至浙江省、华东地区(个别企业还取得了在全国)的总经销商或总代理商资格,与全国 26 个省(区、市)的 1 500 多家工商企业建立了稳定的购销关系。商城集团筹资兴建的宾王市场,是一座集商贸、仓储、办公、饮食、娱乐为一体的现代化超大型商城。

——市场组织结构裂变式发展,对外开放度显著提高。“中国小商品城”在北京、内蒙古、福建、甘肃、四川、新疆等省(区、市)办起了分市场或小商品配送中心，输出商品、资本、人才和管理，使义乌市场在国内的辐射能力大大增强。最近几年，其辐射能力还延伸到海外，先后兴办了乌拉圭分公司和南非分市场。浙江省外贸公司义乌公司和商城集团外贸公司积极向国外拓展业务，并取得了外贸自营进出口权，与几十个国家和地区建立了贸易关系。义乌一批骨干企业分别在尼日利亚、俄罗斯、南非、匈牙利、巴西等国建立了分公司或商务机构。1995 年起，义乌市政府与国内贸易部（现商务部）、香港贸易发展局等合作，举办每年一度的中国义乌小商品博览会，受到国内外经贸界的关注。

迈进全球化门槛

2002 年以后，义乌市明确了建设国际性商贸城市的总体目标，开始建设具有标志性意义的“国际商贸城”市场，进一步提升了市场的软硬环境，使义乌小商品市场步入了接轨国际的新阶段（2002 年至今）。2017 年，义乌小商品市场的外向度已达到 60%以上，初步形成了“买全球货、卖全球货”的国际化商贸新格局。这一时期，虽然周边同类市场也获得快速发展，如 2004 年台州路桥中国日用品商城成交额 191.9 亿元，但它们与义乌小商品市场之间的差距仍在拉大，义乌小商品市场在全国小商品生产、流通中的核心地位已经牢固确立。

国际商贸城作为义乌小商品市场的第五代市场，极大地改善了市场经营环境，为义乌小商品市场的进一步发展开辟了十分广阔的空间。来自全国各地、以高中档为主的小商品，通过义乌小商品市场这一窗口，源源不断地输往全国乃至世界各地，并且已有约占总成交额 5%的国外商品进入。义乌小商品市场的发展已经相当成熟，正在逐步向商品市场与信息市场并重的新阶段过渡。尤其是国际商贸城已不再以现货交易为唯一或主要的功能，其产品展示、信息交流等功能成为市场持续繁荣发展的根本原因。市场的主要活动从产品的零售与批发向信息处理与商务办公转变，金融业、保险业、房地产业、广告业等现代服务业获得快速发展，大批国内外大型公司在此设立办事机构处理商务信息，使义乌正在由地处浙中的商贸中心向商务中心转变。

从1998年至2002年的5年间,尽管义乌中国小商品城的经营场地规模没有显著扩大,但市场的整体素质有了明显提高。市场园区内配套了海关、出入境检验检疫、物流中心、仓储、世贸中心、电子商务中心等一系列现代化的设施。在这一阶段,义乌小商品市场的发展呈现出新的特点:

——市场档次和信息化水平不断提升。由商城集团和义乌邮政局联合组建的中国小商品城互联网络信息公司于1988年5月成立。义乌小商品市场还采取撤摊改店等方法改造市场硬件设施,扩大单体经营面积,改善经营环境,从而促使一批新兴行业得以快速发展,如眼镜、领带、五金、化妆品等行业脱颖而出,设立了单独的交易区或市场,填补了多个市场空白,市场的集聚效应大为增强。国际商贸城内配置了高科技的管理硬件,中央空调、电子监控和防火自动报警系统等一应俱全。商铺全部采用店面式结构,每一间店面内部都有电话、宽带接口,经营者可以很方便地利用互联网查询或发布商品信息。

——企业规模继续扩大,经营者素质不断提高,形成了多种市场形态共存共荣的格局。市场内的商品以中高档为主,并呈现出向高档化发展的趋势,名优新商品和品牌商品的比例超过了40%;商贸企业的规模和素质不断提高,有近40%的商户注册成立公司,总代理、总经销、专卖店、厂家直销成为主要的营销手段。经营主体完成了代际交替,老一辈的经商者基本被年青一代所替代,文化程度上升至以初、高中学历为主,具有高中以上文化程度的经营者比例由不到10%提高到30%。通过推进市场梯度发展,形成了多层次业态共存共荣的格局,大众摊、精品店、专营区与集展示、服务于一体的外贸写字楼等共同发展,改变了传统的摊店模式,促进了市场创新。

——会展经济迅速崛起,向国际商贸中心的方向发展。从1995年开始举办的中国义乌小商品博览会,自1998年起改由浙江省人民政府、国家经贸委主办,义乌市人民政府承办。该展会自2002年起升格为“中国义乌国际小商品博览会”,由国家外经贸部(现商务部)、浙江省人民政府等单位主办,展会规模进一步扩大,档次进一步提升,外向性更高,会展成效更加明显。2002年,共有

106 个国家和地区的 5 000 多名外商参展,外贸成交额达 50.8 亿元;外商到会规模列全国同类产品展销会第 3 名。

义乌小商品市场自 1982 年创办以来,到 2008 年时已经形成了“中国小商品城”篁园市场、“中国小商品城”宾王市场、“中国小商品城”国际商贸城三大主要市场群,拥有营业面积 76 万多平方米,4 万多个营业单位,2 000 余间门店。市场内设立 16 个交易区,经营 28 大类 10 万余种商品,经营者 10 万多人,每天进场交易的全国各地客商达 16 万多人次,日均货物吞吐量近 1 万吨,日均现金流量 1 亿多元,商品辐射全国各地及周边 140 多个国家和地区。小商品市场成交额已连续 12 年位居全国同类市场之首,被誉为“华夏第一市”。

2005 年 8 月,联合国与世界银行、摩根士丹利等世界权威机构联合向全世界公布了一份中国发展的报告,其中有称义乌市场为“全球最大的小商品批发市场”。

留下念想的 5 个阶段

如果说,义乌经济的腾飞是一个奇迹,那么“义乌小商品市场”就是创造这一奇迹的金钥匙。

而义乌小商品市场 20 余年发展的 5 个阶段也将写进历史。

“马路市场”阶段(20 世纪 70 年代末至 1984 年)。义乌的集市贸易,最早有文字记载是明代万历年间,共有 16 处集市。而现代的中国小商品市场的前身是稠城的湖清门小商品市场和廿三里小商品市场。改革开放初期,义乌外出经商的人员从外地带回了多种小商品,在义乌县城湖清门街头摆卖,形成了群众自发性的小商品市场。1982 年 9 月,义乌县政府正式开放稠城镇小百货市场,当时投资 9 000 元,为铺设水泥板的露天市场,摊位 700 个。当年小商品市场成交额为 392 万元。1983 年湖清门市场摊位数增加到 1 050 个,成交额 1 444 万元。

“草帽市场”阶段(1984—1986 年)。1984 年,湖清门的摊位已满足不了进场经营者的需求，于是县政府投入 57 万元，建成占地 35 万平方米、固定摊位 1 800个的第二代小商品市场，由于新一代市场架设了钢架玻璃瓦棚顶，故被称为“草帽市场”。同年，义乌县委、县政府提出“兴商建县”的方针，放宽企业审批政策，简化登记手续。义乌全县掀起经商办厂热潮，年底个体户突破 1 万户，达 14 259 户，小商品市场成交额 2 321 万元。

高速发展阶段（1986—1992 年）。中国小商品城第三代市场于 1985 年 11 月动工兴建，总投资 440 万元，1986 年竣工开业，设有固定摊位 4 096 个，占地 44 000 平方米，市场内建有综合商业服务及工商、税务、邮电、金融等管理服务大楼。其后经过多次扩建，至 1990 年年底，中国小商品城第三代建设已形成占地面积 5.7 万平方米，设有固定摊位 8 503 个，临时摊位 1 500 多个的全国最大的小商品专业批发市场。1991 年小商品市场成交额达 10.33 亿元，首次突破 10 亿元大关。

规模化发展阶段（1992—2002 年）。中国小商品城第四代市场于 1991 年动工兴建，1992 年投入使用，共有摊位 7 100 个。1992 年 3 月，在国家工商总局首次公布的全国十大市场名单中，义乌小商品市场名列榜首。8 月，义乌小商品市场更名为“浙江省义乌市中国小商品城”。1993 年义乌小商品市场走上了股份制的发展路子，创立中国小商品城股份有限公司（商城集团前身）。1994 年 6 月 4 日，中国小商品城第四代市场二期工程通过交工验收，至此小商品城建筑面积扩大到 22.8 万平方米，摊位数增至 23 000 个。1995 年中国小商品城成交额达到 152 亿元。

国际化发展阶段（2002 年至今）。进入 21 世纪，义乌小商品市场走上了国际化的发展道路，为顺应国际化发展需求，规划建设了第五代专业市场——中国义乌国际商贸城。

市长没回避三个问题

到 2018 年 1 月，义乌市场经营总面积达 640 余万平方米，经营商位 7.5 万余个，注册地在义乌的电子商务账户数超过 25 万家，内贸网商密度位居全国首位，外贸网商密度仅次于深圳，位居全国第 2 位，连续 4 年位列“中国电商百佳县”榜首，成为唯一获批创建国家电子商务示范城市的县级市，义乌实体市场已成为全国最大的网络商品供应基地和微商货源中心。

林毅，现任义乌市委书记。在 2018 年 2 月召开的义乌市十五届人大二次会议上，林毅作为市长揭示了义乌发展和转型进程中面临的问题：

——开放型经济发展层次还不高，传统竞争优势受到削弱，义新欧、义甬舟中“义”的格局、功能、作用等还有很大提升空间，融入“一带一路”需要持续加强。

——要素趋紧、要素错配相互交织，资源“不好用”和“用不好”现象并存，农业生产比较分散和传统，低小散乱作坊还有不少，工业用地亩均税收 1 万元以下的有 3 200 多亩、3 万元以下的有 1 万多亩，结构调整、环境保护和安全生产工作任重道远。

——产业创新、人才支撑短板明显，高新技术产业、创新型企业比例依然较低，人难招、人难留等问题比较普遍，实体经济经营压力仍然较大。

林毅称，要始终把繁荣市场放在首要位置。打造大数据支撑、网络化共享、智能化协作的智慧供应链体系，推动市场发展由产品供给向“产品+服务”转变。建设小商品标准检测产业园、小商品设计中心、版权交易中心等创新创意平台。整合综保区、保税物流中心等资源，拓展进口品类，“源头货、源头价”比重提升到 65%以上。

义乌的愿景

2011 年 3 月 4 日，国务院发文批复开展“浙江省义乌市国际贸易综合改革试点”。2012—2017 年，全市集贸市场年成交总额从 758.8 亿元增加至 1 493.2 亿元，电子商务交易额从 520 亿元增加至 2 220 亿元，义乌海关监管集装箱数从 65.4 万个标箱增加至 92.7 万个标箱，国内快递日均出货量从 45 万票增加至

493 万票，跨境快递日均出货量从 2 万件增加至 29.4 万件，年入境外商数从 41.7 万人次增加至 54.8 万人次，分别增长了 96.8%、326.9%、41.7%、995.6%、1 370.0%、31.4%。

1978—2017 年，义乌地区生产总值、人均 GDP、财政收入分别增长了 904 倍、622 倍、788 倍，远高于同期浙江省（417 倍、277 倍、374 倍）和全国（224 倍、154 倍、151 倍）的增幅。

纵观改革开放 40 年来义乌市场从"鸡毛换糖"到国际商贸的发展历程，它通过为全球关联的中小微企业提供低成本、开放型、共享式的展销平台，使原本无力自建出口渠道、参与国际分工的中小微企业（包括许多家庭手工作坊、个体手工艺者等）只要对接义乌，就能接轨世界市场或进入中国市场，从而分享中国改革开放和经济全球化的红利。尤其值得重视的是，义乌市场在向外延伸和拓展的过程中，通过提供来料加工业务、共建产业基地、开展劳务合作等多种方式，显著带动了全国许多欠发达地区人民收入水平，成为推进精准扶贫、精准脱贫的一支重要力量。以来料加工业务为例，到 2013 年年底，义乌市场为全国 31 个省（区、市）的 400 万名劳动力提供来料加工业务，年支付加工业务费 70 多亿元。重点面向许多欠发达地区的农村剩余劳动力（多为留守妇女和有劳动能力的老人），为他们提供了增收致富的机会，有效解决了农村留守妇女和有劳动能力老人的生产、生活问题，促进了社会整体的稳定与和谐，同时也满足了义乌企业的用工需求，且未增加厂房、机器等投入，形成了互利共赢的格局。

重庆智库、大运河智库联合调研组了解到，义乌将以"四个中心"为目标诉求：

——世界领先的国际小商品贸易中心。服务于建设贸易强国目标，着力培育贸易新业态新模式，努力形成新时代背景下参与国际经济合作和竞争新优势。

——国际著名的小商品研发设计中心。围绕推进供给侧结构性改革的内在要求，把大幅提高小商品研发设计能力和水平作为主攻方向，以优化"义乌商圈”所构建的联通全球的供给体系。

——引领全球的小商品品牌标准中心。遵循我国经济由高速增长阶段转向高质量发展阶段的大背景，以及党的十九大关于“推动经济发展质量变革、效率变革、动力变革”的要求，从产品品牌、企业品牌、市场品牌、产业品牌、城市品牌等不同角度入手，全面提升义乌整个品牌体系的国际影响力和美誉度，依托全球最大的小商品市场和“义乌试点”优势，引领全球小商品生产制造、贸易监管标准的制定、推广和协调，使义乌成为国际小商品品牌集聚中心、培育中心和生产贸易标准制定中心、输出中心。

——陆上海上网上“丝绸之路”交汇的联动发展中心。积极全面参与“一带一路”国际合作，为实现“五通”、打造国际合作新平台贡献新动力。

源头背景

义乌先操作　尔后发文件

可以说，是市场、是小商品，让义乌这个曾经默默无闻的县级市扬名海内外的。

地处浙江中部，位于金衢盆地东部的义乌，距浙江省会杭州百余千米，总面积 1 105 平方千米，具江南小城风韵。秦王嬴政二十五年（公元前 222 年）置乌伤县，624 年改称义乌，1988 年撤县建市。义乌素有文化之乡美誉，孕育了大批文人志士，知名的有“初唐四杰”之一骆宾王、宋朝抗金名将宗泽、金元四大名医之一朱丹溪及现代教育家陈望道、文艺理论家冯雪峰、历史学家吴晗等。

1994 年 12 月 15 日，国内贸易部发布《批发市场管理办法》。对批发市场的设立、监督管理机构、权力机构、交易商、交易、代理批发、价格、结算、监督管理等方面做出了规定。

1994 年以来，在原国家体改委、原国家计委、原国家经贸委、原外经贸部、原内贸部等部门的协调、指导下，兰州、郑州和成都先后进行了建设商贸中心试点。

1999 年 11 月 3 日,国家经贸委、国家计委、外贸部等印发《关于进一步做好商贸中心试点工作的意见》。

2001 年 4 月 12 日,国家经贸委发布《关于进一步健全重点商品批发市场联系制度的通知》。在重点商品批发市场联系制度的基础上,提出进一步健全重点商品批发市场联系制度以及动态调整重点商品批发市场。

2004 年 6 月 11 日,商务部印发《全国商品市场体系建设纲要》(以下简称《纲要》),是多年来首次发布有关商品市场体系建设的全面的指导性文件。《纲要》提出了商品市场体系建设在推进新型工业化、西部大开发以及促进农民增收中的具体措施,包括:推进生产资料市场创新,引导和鼓励外商到中西部地区发展,推动农民进入市场,实现农产品价值等。

2006 年 11 月,《浙江省"十一五"商品交易市场发展规划》指出,将会展、物流配送、连锁经营、电子商务等现代经营模式定为今后浙江省市场发展的重点。

源头链接

浙江与其辖下的义乌

【浙江省】地处中国东南沿海长江三角洲南翼,东临东海,南接福建,西与江西、安徽相连,北与上海、江苏接壤。浙江省东西和南北的直线距离均为 450 千米左右。行政区域内下辖 2 个副省级城市, 9 个地级市,共 11 个省辖市。2017 年常住人口 5 657 万人,城镇化率为 68.0%,实现地区生产总值 51 768 亿元,全年财政总收入 10 300 亿元,一般公共预算收入 5 803 亿元。规模以上服务业企业营业收入 13 288 亿元,利润总额 2 202 亿元。第三产业对 GDP 增长的贡献率为 57.0%。

【义乌市】位于西太平洋沿岸前居中位置,南接福建,西接腹地,东靠中国最大城市上海,面对太平洋黄金通道。下辖 6 镇 7 个街道办事处。2017 年,实现地区生产总值 1 158 亿元,完成一般公共预算总收入 142.1 亿元,其中地方财政收入 85 亿元,城乡居民人均可支配收入为 66 081 元和 33 393 元。实现出口

2 304.5亿元、进口 34.9 亿元，同比分别增长 4.7%和 25.2%；实现电商交易额 2 220 亿元，同比增长 25.3%，淘宝村数量增长 75%；邮政和快递业务量同比增长 72%，跃居全国第六。实施金甬铁路等重大项目，海铁联运同比增长 110%；举办义博会等会展活动 134 个。

源头延伸

集聚优势

伴随改革与发展的进程，我国商品批发交易市场的发展大体经历了 5 个阶段。

1979—1984 年，是中国商品批发交易市场的恢复和起步阶段。城乡集市贸易的恢复和发展以及逐步放开小商品价格，促进了一些小型批发交易市场的发展。但当时的批发市场处于小规模、分散化的粗放式发展阶段。

1985—1991 年，是批发交易市场建设全面展开阶段。城市经济体制改革推进，特别是乡镇企业和一些民营企业的异军突起，为批发交易市场的迅速发展奠定了基础。批发交易市场的发展步伐明显加快。其特征是市场规模不断提高，一些市场辐射范围有所扩大，逐步发展为区域性市场和全国中心批发交易市场，市场功能和作用也显现出来。

1992—1997 年，是商品市场快速发展阶段，出现了大量产地型、销地型和集散地型的农产品批发市场、工业消费品批发市场和生产资料批发市场，辐射范围不断扩大，基本上形成了以大中城市为核心、遍布城乡、多层次、多门类的市场体系。同时，批发交易市场的商品交易和集散功能，价格形成和发现功能，结算功能，风险分散功能，信息收集、加工和发布功能，以及综合服务功能等多种市场功能得到一定程度的发挥，在合理配置社会商品资源过程中发挥着重要作用。

1998—2001 年，是商品批发交易市场的规范化发展阶段。

2002 年以后，商品批发交易市场进入了调整、重组、改造和功能创新阶段。

文骐看源头

不矫情不做作的交易市场，走得远！

我国批发交易市场的初期发展过程，实际上是与众多分散、小型、组织化程度较低的中小企业组织形式相联系的。最主要的是与乡镇企业和民营中小企业的崛起和发展密切相关。

20 世纪 80 年代中后期，随着农村体制改革的深入和城市体制改革的推进，乡镇企业和一些民营企业异军突起，在较低层次的产品档次和技术结构上，弥补了当时市场商品供给的严重不足，较大的市场需求空间使这些企业实现了快速增长，生产的产品规模不断扩大。批发交易市场在最初的发展中虽然层次较低，但在价格发现、降低交易成本、提高信息的对称性，以及通过市场提供综合服务方面显示了它特有的功能，为众多中小乡镇企业和民营企业的产品找到了一条有效的分销方式。这样的原因催生了一大批专业批发交易市场的产生和迅速发展。而且，批发交易市场交易的品种覆盖了大部分生活资料和生产资料，在地域上也几乎覆盖了东、中、西部各个地区。

从市场需求方面看，最初批发交易市场中交易的产品具有较低层次的商品结构特点，与城乡收入水平相对较低的居民的消费需求相契合，这些居民成为批发交易市场的稳定消费群体。特别是作为二元经济结构比较明显的国家，我国批发交易市场对满足广大农村居民和城市中收入较低人群的消费需求发挥了重要作用。而在生产资料方面，批发交易市场则成为城乡中小企业发展所需生产资料的主要供给来源和集散形式。

进入 21 世纪以来，我国商品交易市场保持了良好的发展势头，亿元以上商品交易市场持续稳步发展。从市场类型看，专业市场在商品交易中的作用日趋明显。从经营方式上看，以批发为主的商品交易市场仍占据主导地位。从经营环境看，封闭式商品交易市场成为主体，除煤炭、木材市场仍以露天式为主，其他均以封闭式市场为主，说明经营环境有了很大改善。从经营状态看，常年营业的商品交易市场占据绝大部分，闲置率明显降低。从地区分布看，东南沿海地区商品交易市场发展迅速，成交额超过1 000亿元的浙江、江苏、山东、上海，其总成交额占据全国市场总成交额的半壁江山。

值得欣慰的是，批发交易市场的发展与我国特有的城乡结构有密切关系。改革开放以来，大量的劳动力需要从农村转移出来。而在批发交易市场中从事交易活动的群体中，大量人员来自农村，他们是批发交易市场中的重要生力军，为批发交易市场提供了源源不断的劳动力供给。同时，批发交易市场也成为吸纳农村劳动力，惠及一方百姓的重要形式和载体。实践证明，地方政府在促进当地批发交易市场的发展方面发挥了很大的作用。

当然，考察国外一些国家的经济发展历程会发现，它们的工业品分销大多没有出现类似我国这样的有形批发交易市场形式，一般是通过相应的分销渠道和销售网络，通过相对稳定的产销关系和无形市场实现商品的流通和销售。但我国有具体的国情，我国商品批发交易市场的产生是在特定的经济发展阶段上产生的，有一定的历史原因和现实条件。当这些条件存在时，批发交易市场产生并得以发展；当这些条件发生变化时，批发交易市场也必然出现合乎规律的变化趋势。

毋庸讳言，我国批发交易市场的发展中也存在着不容忽视的问题。一些市场发展中存在盲目性、管理水平较低，多数市场经营的产品档次较低、技术含量低、质量较为粗糙，交易和结算方式还比较传统，以及在合理税负和信用体系等方面都还存在不少问题。而且，随着我国工业化的发展和城市化的推进，对批发交易市场也产生了较大的影响。特别是对外开放的扩大和分销领域对外开放的深化，也使批发交易市场发展面临前所未有的严峻挑战。这些问题都需要在发展中不断解决。

可以说，批发交易市场，特别是专业批发市场的产生和发展是推进市场经济过程中的一个创举。它从我国实际出发，密切结合国情，不矫情、不做作，朴实实用，完全可以走得更远。

13

中国第一个高科技园区
——中关村

科技人摇旗数度春秋
中关村呐喊新兴经济

当中国大多数知识分子还只知埋头做学问时，中关村一批科研人员毅然走出高高的“象牙塔”，提出建设“中国硅谷”的设想，为中国找到一条将科研成果迅速转化为生产力的路子。对此，中共中央政治局原委员、北京原市委书记刘淇评价：“中关村取得了喜人的发展，发挥了高新技术产业化重要基地的优势，成为促进技术进步和增强自主创新能力的重要载体，成为带动区域经济结构调整和经济增长方式转变的强大引擎。”

1998 年，第一次寻找陈春先

北京中关村电子一条街，是指以北京海淀区白石桥到中关村 302 路汽车终点站的南北大街为主干，以海淀路、海淀大街、土城路为支线的 F 字形地区。

但凡说到中关村发展史，话题和媒体报道都会提到陈春先。1998 年 10 月，改革开放 20 周年前夕，笔者曾先后 4 次驱车前往中关村。在北京新技术产业开发试验区办公大楼，一位负责宣传的女干部说，不知道陈春先在哪里。北京试验区报的记者们说，他们也想采访陈春先，但一直联系不上。

电话打到中国科学院物理所，接电话的人回答说，陈春先同中科院脱钩很多年了，目前在何处不清楚，但又说，肯定还在中关村。海淀区委宣传部的几位同志也帮忙四处打听，均没寻到。而依照《北京新技术产业开发试验区图》寻找陈春先办的华夏硅谷公司原址，海淀区工商局有关部门告之这个企业早就变更它名了。为查找海淀路 53 号，笔者在新建的海淀白颐路上来回往返了数趟，愣是没找到这个门牌。

不过，在作为找寻线索的海淀区档案局，热心的佟大姐和孟小姐闻讯后，翻箱倒柜,新老地名一对照,又凭着她们在海淀居住多年的经验,再次指路。于是,在海淀区新建的白颐路 65 号旁的冷饮摊上,摊主听说笔者要找华夏硅谷时,随手往后一指说在胡同里。进入胡同,一幢不起眼的简易二层楼,在众多的广告招牌旁,华夏信启几个字依稀可见,沿侧门上二楼,在京时海电子公司的办公室里,3 位小伙子正在改装兼容机,问到陈春先时,小伙子说,你找陈老板,他住院了。

那天晚上 6 点多,在中关村医院,笔者终于见到了刚吃完饭躺在病床上的陈春先。64 岁(1998 年)的陈春先,尽管满头白发,但精神很好,对笔者的冒昧采访欣然接受。

谈起创业之初,陈春先说:"当时我不是'下海',我当时 46 岁(1980 年),是中科院物理所的研究员。那几年民间交流,我作为中国科学界代表先后 3 次去美国,对美国波士顿(128 号公路)两侧的几百家高技术小工厂的技术扩散区很感兴趣,参观了旧金山硅谷的两个小厂后,感触极深,对(科技报国)有了比别人更清晰的认识。我看到美国的尖端科学发展快,人造卫星和托长马克(一种核聚变装置)都是苏联先突破,而美国则利用实验技术设备上的优势往前赶。科学家、工程师有一种强烈的创业精神,总是急于把自己的发明、专有技术、知识变为产品。我在中关村工作了 20 多年,这里的人才密度绝不比旧金山和波士顿地区低,素质也并不差,我总觉得有很大的潜力没挖出来。我不满足发表文章、开成果展览会,只是想多做实际贡献,于是在北京市科协的帮助下,我们几个同行于 1980 年建立了'先进技术发展服务部',当时在中关村是第一家。"

"我记得当时是科协给了 200 元立了账户,我们的业务是搞技术培训和技术咨询,一年后承担科研项目 7 项,帮助区劳动服务公司创建了 3 个科技服务部、1 个电子器件工厂,联合培训了学员 210 多人次。"

走过将近 20 年的历程,陈总感慨地说:"我是赤子之心,匹夫之勇,抱着为国家做贡献、为'四化'出力的心,以个人的想法上了经济大船,由于经验不够,没想到的太多,加上国家政治、经济形势,使自己经历了很多挫折,但回首往事,我无怨无悔，起码干了一个知识分子应该干的事。”

新华社内参引起3位中央领导重视

1980年年底，陈春先和另外9名受他启发的科研技术人员一起，在一间旧仓库别出心裁地创办了我国第一个民营科技实体——“北京等离子体学会先进技术发展服务部”。陈春先兼职搞“扩散技术”、拿两份工资的做法在中科院乃至社会上引起轩然大波。

1983年4月，在北京市科协、海淀区科委和工业公司的支持下，在北京等离子体学会先进技术发展服务部基础上，中关村第一个民办科技开发经济实体——北京华夏新技术研究所正式成立，中科院物理所研究员陈春先任所长。

这一今天看来再平常不过的举动，在那个年代，却被认为是“搞歪门邪道，不务正业”，遭到毫不留情的指责，上级部门甚至开始对陈春先进行审查。

正当陈春先创办的中关村第一家科技企业受到压制、遇到困难时，1983年，事情终于出现转机。新华社记者一份题为《研究员陈春先搞“新技术扩散”试验初见成效》的内参，引起3位中央领导的重视。

胡耀邦、胡启立、方毅先后就此分别做出批示：“陈春先同志的做法完全对头，应予鼓励”；“陈春先同志带头开创新局面，可能走出一条新路子”；“可请科技小组研究方针政策”。1983年4月，在北京市科协、海淀区科委和工业公司的支持下，陈春先任所长的民办科技开发经济实体——北京华夏新技术研究所正式挂牌成立。

“政治气候”逐渐回暖，京海、科海、四通等一大批高新技术企业如雨后春笋般应运而生，到1987年，“中关村电子一条街”雏形显现，形成独特的技工贸一体化的发展模式。一条将科研成果迅速转化为生产力的路子被中关村人找到。

“正是陈春先突破观念和体制的束缚，开科技人员下海之先河，才有了后来蓬勃发展的民营科技企业；正是他提出‘中国硅谷’的设想和以他为代表的第一批科技创业者的探索性行为，引起了中央的注意，才有了中关村科技园区的前身——北京市新技术产业开发试验区，以及后来在全国遍地开花的高新技术产业开发区。”时任中关村科技园区管委会副主任赵慕兰如是说。

此后的1984年年末，中关村地区以“两通”“两海”（四通、信通、京海、科海）为代表的各种高新技术开发公司迅速发展到40多家，当年营业额1 800多万元，中关村电子一条街的骨架基本形成。到1985年年底，中关村电子一条街上的科技企业已有90多家，比1984年增长了1.25倍。

北京市海淀区对这些新发展起来的科技企业采取了“支持、引导、带动”的方针。海淀区工商、税务、银行等职能部门都在尽可能的范围内为新兴企业提供方便。

时任北京市地方税务局副局长的杨春萍，当时是该地区的税务所所长。她说，在税收方面，从一开始就对这些科技企业免征3年所得税，3年后企业还可按30%提取专项基金。

1984年5月16日，海淀区四季青乡提供2万元资金和7.67公顷土地与中科院计算机中心合作，创办了有10多亿固定资产的四通公司。

1984年10月，《中共中央关于经济体制改革的决定》发布，从此中关村地区各种类型的科技企业如雨后春笋，越来越多，越办越火。

截至1987年年底，中关村具有独立法人资格的科技企业共有148家，集中在白石桥路、海淀路和中关村路的F字形地带内，中关村电子一条街终于形成。今天看来，形成中关村电子一条街的主要原因有5个方面：

——大气候是前提，小气候是保证。没有十一届三中全会的各项方针政策，就不会有中关村电子一条街；而来自中央各级领导、中央各部委、中科院、国家科委、一些高等院校领导和北京市及海淀区委、区政府的支持和优惠政策，是电子一条街繁荣的基石。

——中关村电子一条街的繁荣得益于“四自”即自筹经费、自由组合、自由经营、自负盈亏（后来又加上自我约束、自我发展）原则。没有使用国家财政拨款，不增加国家人员编制是中关村科技企业发展的基本条件。“京海”的开办费是科技人员筹措的 1 万元；“四通”的启动资金是四季青乡投入的 2 万元；“科海”是靠借款 35 万元起家的；“信通”公司则是靠别人投资 100 万元创办的。

——经营体制不拘一格。全民、集体、个体一起上，地方、高等院校、研究院所一起上，靠科技优势占领市场。科技企业诞生伊始，就把科技和经济结合在一起了。

——以市场为依托、为导向，自我约束，自我发展。各种竞争机制完全适应了市场，其运行机制、决策机制、灵活反应机制都为市场发展提供了条件。

——媒体和理论界的大力支持。从 1984 年开始，《北京日报》《科技日报》《光明日报》《人民日报》等多家媒体先后多次载文评说中关村电子一条街，这对中关村电子一条街的健康发展起了关键性作用。

曾经的四通，扩股后总值达 1 500 万美元

1988 年 3 月 11 日，《人民日报》刊登评论员文章《中关村电子一条街的启示》，文章指出：中关村电子一条街为我国高新技术的发展提供了新的思路，那就是走一条开放式、商品化的路子……

1988 年 5 月 10 日，在中央领导和国务院有关部门的直接关怀和支持下，中国第一个国家级高新技术产业开发区——北京海淀新技术开发试验区正式成立。新试验区位于首都西北部，包括以“科学城”——中关村地区为中心的城区和水丰新技术工业基地两部分，总占地面积 100 平方千米。新试验区汇集了 138 家科研院所、55 所高等学校，是一个综合智力密集地区。

试验区的成立，标志着中关村电子一条街的科技企业群所开拓的事业，终于被纳入国民经济发展的总格局之中。

新技术开发区内的很多企业开始从小到大，羽翼渐丰。

北大方正从一个 40 万元的校办企业起家，到 1997 年，产值近 60 亿元，被业

界誉为国内最成功的软件公司,并跻身于全国首批 6 家技术创新试点企业、国家 120 家大型企业集团和国家五大重点扶持 PC 的生产厂家。

在北大方正,每一个开发部门与相对应的营销部门直接挂钩,使得新的市场需求刺激开发人员,开发的成功又推进市场,形成良性循环。北大方正自主开发的日本版飞腾软件已开始大规模进入日本,这是中国人第一次将拥有自主知识产权和自有品牌的软件产品出口到发达国家。

1998 年即拥有 3 700 多名职工,52 家独资、合资及联营企业的四通公司总裁段永基说:"四通若能卖个好价钱,我们就卖!"

美国最大的科技风险投资机构罗伯森·斯蒂文斯等 3 家国际风险投资集团,以 650 万美元的风险投资向成立仅 4 年的四通利方换取了 43.3%的股份。扩股后的四通利方总价值达 1 500 万美元,比原值增长了 18 倍,成为开发区内也是全国第一家通过私人募捐方式赢得国际风险投资的企业,这在中国的高新技术企业是一个创举。

1997 年是联想集团有突破发展的一年。1997 年,集团年销售总额达到 120 亿元人民币,其中自行研制生产的品牌电脑闯入亚太十强,排名第八。联想的电脑主板产品已行销 40 多个国家和地区,年销量排在世界第五。

中关村电子一条街在经历了市场和技术的双重考验后,顺利完成了到北京新技术产业开发试验区的过渡。

承担船主的责任，也要有船主的权利

1983 年 2 月 4 日,《经济参考》《经济日报》《光明日报》接连发表文章,肯定陈春先创办的技术服务部,但对研究人员是否可以兼职、是否可以到社会上"扩散技术"转化科研成果创办实业等,仍有争议。

1987 年,国务院颁布《关于进一步推进科技体制改革的若干规定》。

1988 年 3 月 11 日,《人民日报》刊登评论员文章《中关村电子一条街的启示》。同年 5 月 10 日,国务院正式批准发布《北京市新技术产业开发试验区暂行条例》,批准设立北京新技术产业开发试验区(以下简称“北京试验区”)。

1988 年 3 月 12 日,《人民日报》一版显要位置发表《中关村电子一条街调查报告》,报道说,3 月 7 日上午,中央财经小组意见:同意中关村电子一条街作为试点,由北京市牵头,国家科委、国家教委、中科院、海淀区政府参加,财政、银行、税务开绿灯。

报道指出,最近,根据中央领导同志的有关批示精神,由国家科委、国家教委、中国科学院、中国科协、北京市科委、海淀区政府、中央办公厅调研室 7 家单位组成了中关村电子一条街联合调查组,用一个月左右的时间,对北京市海淀区中关村地区几年来涌现的新型科技企业进行了调查。

《人民日报》的报道背景是,中关村地区是我国最大的、也是世界上少有的智力密集区,这个地区所在的海淀区有高等院校 50 所,其中许多是第一流的,有中国科学院、中央各部委和北京市属研究所 138 所,有科技人员 8 万人,其中有高级职称的超过 1/3。1980 年这里发生了一件中华人民共和国成立 30 年以来从没有发生过的事情,以中国科学院物理所研究员陈春先为首的一批科技人员,组成一个先进技术发展服务部,推动“技术扩散模式”,这是中关村电子一条街科技企业最早的雏形。几年来,中关村地区各种类型的科技企业如雨后春笋,越来越多。1983 年只有 11 家,1984 年发展到 40 家,1985 年达到 90 家,到 1987 年年底,电子一条街上具有独立法人资格的科技企业共 148 家,它们集中在白石桥路、海淀路和中关村路的 F 字形地带内,这就是人们口中的中关村电子一条街。发展速度快,经济效益好,不占用国家财政拨款,却创造和积累了可观的财富。

从 1987 年年底到 1993 年,试验区的企业由 148 家增到 3 768 家,其中,工业销售产值上千万元的企业有 112 家。联想、四通、方正等公司产值已超亿元,成为技术含量高、产业规模大、具有较强的研究开发和市场开拓能力的大型民营高新技术企业。

那么,当初这些企业成功靠的是什么?靠的主要是面向市场的民营机制。

北京试验区的新技术企业，普遍是依据市场导向，按照自筹资金、自由组合、自主经营、自负盈亏的原则组成的。不论其初始投资人是谁，也不论企业注册为什么性质（全民或集体），统统是国家计划外的民营企业。

何为“民营”？顾名思义，“民营”即为“民间经营”，这是与“国家经营”对应而言的，应该说它所言范围体现在经营机制，而不直接涉及所有权的问题。

1990 年年底，北京试验区股份制改革工作正式铺开。本着积极试点、严格规范、稳步推进、健康发展的原则，改革试点工作取得可喜进展。截至 1994 年 2 月底，经试验区股份制试点办公室审核，报北京市股份制改革领导小组批准的股份制高新技术企业共 65 家，占当时北京市股份制企业的 33%。其中股份有限公司 9 家，有限责任公司 56 家。另外，还成立了 111 家股份合作制企业。著名的四通与联想集团在香港地区的公司，分别发行 15 000 万股和 18 225 万股，各筹集资金 1.89 亿港元和 22 亿港元，这些试点企业，为股份制改革的全面展开积累了经验。

尽管民营机制较之传统国营机制有无可比拟的优越性，但与现代企业制度相比，民营科技企业还存在不少重大缺陷：

——民营企业并非是全面反映社会化大生产发展趋势的企业形式。现代市场经济中的社会化大生产，不仅具有生产过程社会化的特征，而且还实现了资本的社会化、风险的社会化和经营的社会化。与现代企业相比，民营科技企业的投资者往往是单一的，非社会化的，因而其风险承担也只能是单一的投资人而非社会化的。

——民营企业中已初步形成的合理的法人财产权并未得到法律确认，因而具有随意性和不稳定性。在民办科技企业中，企业是否拥有独立的法人财产权，不是依据国家统一的法规和投资者与经营者之间具有法律效力的契约，而主要取决于企业是否有个“开明婆婆”。

北京试验区早在 1992 年度的研究报告中，就提出了全民所有制高新技术企业的机制转换问题，并根据当时科学院属高新技术企业成功率较高的事实，指出中科院实行的“一院两制”，实质就是实现了“所有权与经营权相对分离，企业有了自由灵活的经营机制；同时硬化企业的预算约束，确立了以企业法人资产自负盈亏的生存原则”。但是，经验归经验，人们可以学，也可以不学。当年指出的某些系统的高新技术企业发展缓慢、成功率低的现象至今未改，其主要原因也仍是“婆婆”放权与否，随意干预与否，即是否真正给予企业独立的法人财产权。由此可见，不用法律形式将企业法人的独立财产权固化，则无法改变其随投资者主观意志而变的随意性和不稳定性。

——在民营高新技术企业中，深层次的产权问题——企业终极所有权问题并未得到解决，并已对民营企业的进一步发展产生不利影响。北京试验区的民营高新技术企业，其初始投资来源极其复杂。有的来源于国有企事业单位的预算外资金，有的来源于集体单位投资，有的是若干个人联合集资，还有的是创办人利用预收工程款、借款、代销商品所获利润或是技术服务收入起家。由于历史的局限，在企业产权制度上，所有企业都简单地套用了传统企业模式，因此注册为全民所有制和集体所有制的企业，在全部 3 760 家高新技术企业中的比例分别高达 28.8%和 42.5%。但是正是这些企业中存在以上诸多复杂的初始投资情况，成立之初便提出“四自”原则（自筹资金、自由组合、自主经营、自负盈亏）的四通公司率先尝试产权改革。虽以失败告终，但它勇敢地走出了第一步。

联想在出师不利的情况下，董事长柳传志首先把公司 35%的利润以“分红”的形式划归到员工名下，再将每年 35%的红利积攒下来，最后倾囊而出，回头从中科院手中买下了 35%的股权。可以说，这类例子在北京试验区举不胜举。

值得注意的是，在企业创办初期，产权关系的模糊尚不足以构成对企业发展的障碍，人们对事业的追求，创业的激情以及友谊、亲情等维系着企业。他们“承担船主的责任，却无船主的权利”。1998 年，中关村数以千计的高新技术企业，除用友公司属于私营企业外，其余的都戴着“红帽子”。一时间，产权矛盾引发的利益冲突四起，产权制度改革的呼声四起。一些人认为，企业既然戴着“红帽子”,其财产就应视为国家所有,分割产权无异于将国有资产私有化,是在开历史的倒车。

正当人们陷入姓“资”姓“社”的激烈争论中时,刚调入试验区管委会不久的赵慕兰,第一个站出来“发炮”,她提出用“三七开”的办法进行高新技术企业股份制改革,成为当时主张产权改革的先行者之一。

直到1992年,邓小平南方谈话讲到“市场经济不等于资本主义”“大胆地试、大胆地闯”,中关村人这才放开了手脚。从1993年开始,中关村的国有科技企业纷纷完成股份制改造,一大批集体所有制科技企业也实行股份合作制改制,摘掉了头上的“红帽子”。诸多先行者的探索,使中央决策层逐渐意识到,产权问题已成为制约企业尤其是高新科技企业发展的瓶颈。产权关系不清晰,大多数高科技企业就没有面向市场的个体行为能力,在法律上也不能独立承担相应民事责任,商品经济的正常运行机制无法建立。

2003年互联网经济复苏后,中关村风险投资中心的地位发生动摇,上海、深圳高新科技产业发展势头甚至盖过了中关村。如今,清洁技术、生物医药、创意文化等产业在中关村茁壮成长起来,中关村科技园区也从“一区七园”再次“扩军”,形成“一区多园多基地”的格局。

2008年2月11日,中关村科技园区管委会副主任夏颖奇应邀参加在纽约联合国总部召开的联大专题会议时说:“以IT为主业的中关村,清洁技术产业已成为第二大产业。2007年中关村清洁技术产业销售总额突破1 000亿元,园区产业领域正从电子信息产业一枝独秀向以电子信息产业为主体、多元产业并行发展的格局过渡。”可以认定,是这位夏副主任第一次把中关村人的声音带到了联合国总部。

陈春先一定料不到中关村的“璀璨春天”

从北京地铁4号线“中关村站”出来,步行至创业大街,只见:海淀大街路口,矗立着中关村第一代企业的标杆四通大厦;往北途经海龙大厦、鼎好商城,电子卖场已成为过往的追忆；向西的创新大厦、理想国际大厦里，爱奇艺、新浪等互联网企业依然驻足。相距一条路的知春路两侧，新浪、卓越、美团、今日头条、小米等是中国互联网企业发迹中关村的缩影。如今，“一区十六园”的中关村，汇聚了 1 万天使投资、2 万创新企业、3 万海归人才，贡献出北京 1/4 的 GDP，企业总收入突破 5 万亿；其中，坐拥 321 家上市公司、70 只“独角兽”，占据中国“独角兽”企业的半壁江山。2017 年，中关村的专利申请量 7.4 万件、授权量 4.3 万件，被美国《福布斯》誉为媲美硅谷的“全球最大科技中心”。

在 2018 年 7 月 26 日召开的京津冀发展论坛上，北京市中关村科技园区管理委员会主任翟立新表示，目前，中关村示范区政策规划面积 488 平方千米，在北京形成了“一区十六园”的发展格局，集聚了两万多家高新技术企业。2017 年企业实现总收入 5.3 万亿元。

重庆智库、大运河智库联合调研组认为，中关村的演进轨迹有 3 个方面的主要特征：

——中关村是我国科技改革的探路者。先后实施了“1+6”、新四条、新三板、出入境便利化等方面的改革试点，并逐步推向全国，带动形成了促进科技成果转化和激励科技人才的政策体系。

——中关村是自主创新的主阵地。在这里先后诞生了中文搜索引擎、集成电路器件工艺、人工智能芯片、超级计算机、5G 移动通信等关键核心技术和有变革性的重大科技成果，始终引领着我国信息技术产业发展的方向。

——中关村成为扩大开放的桥头堡。每年技术合同成交额约占全国的 1/3，其中 80%辐射到京外地区。中关村管委会在美国硅谷等地设立了 10 个海外联络处，中关村企业在海外设立研发中心或分支机构近千家，300 多家跨国公司、地区总部或研发中心在中关村落地集聚。中关村已经成为链接全球创新网络的重要节点。

2004 年 8 月 7 日，陈春先度过 70 岁生日，8 月 9 日在京病逝。陈春先当年或许只想要一株“小草”，而今中关村已给出璀璨的春天！

2013 年 9 月，习近平总书记视察中关村时指出，中关村已经成为我国创新发展的一面旗帜。

源头背景

走，到中关村办公司去！

1978 年 3 月 18 日—31 日，中共中央、国务院在北京隆重召开了全国科学大会。邓小平在这次大会的讲话中明确指出“现代化的关键是科学技术现代化”，重申了“科学技术是生产力”这一马克思主义基本观点。

1985 年 3 月 13 日，中共中央颁布的《中共中央关于科学技术体制改革的决定》指出：“要鼓励中国科学院、高等学校和各部委、地方所属从事技术开发的研究机构，根据自愿互利的原则，同企业、设计机构建立各种形式的联合。有的可以逐步发展成为经济实体；有的可以在联合的基础上进而合并，企业并入研究机构，或者研究机构并入企业。有些研究机构也可以自行发展成为科研生产型的企业，或者成为中小企业联合的技术开发机构。”

中关村是北京西郊海淀区的一个地名，历史上的名称包括中关屯、中官村、中关坟、中关儿、中官、中湾等。大约在民国时期，才演变为中关村的名称。中华人民共和国成立后，海淀区被确定为文化区。在海淀区中关村及其周围，北京大学、清华大学和中国科学院，形成了海淀文化区的核心地带。

1978 年全国科学大会召开后，一大批知识分子勇敢地冲破旧体制、旧观念的束缚，走出高墙大院在中关村的街面上办起了公司。1980 年 12 月 23 日，以陈春先为首的 15 名中科院科技人员在中关村办起了中关村第一个民营科技实体——“北京等离子体学会先进技术发展服务部”，这是我国第一家高科技产业公司的雏形。到 20 世纪 80 年代中期，中关村的高科技企业公司以“两通”“两海”为代表，即四通（1984.5.16）、信通（1984.11.14）、京海（1983.7.28）、科海（1983.5.4）。中国科学院计算所公司（联想集团的前身）设立于 1984 年 11 月 1

日。由于中关村新设立的公司绝大多数经营以计算机为主的电子产品，故被称为“中关村电子一条街”。到1987年，中关村已经设立各类科技企业148家，从业人员达到5 000多人，当年实现技工贸总收入超过9亿元，占海淀区社会总收入的37%。

中关村电子一条街出现后，得到了各级领导包括中央领导的广泛关注。1983年年初，胡耀邦、胡启立、方毅等中央领导，对陈春先带头的举动给予了充分的肯定。他们批示道：“陈春先同志的做法是完全对头的，应予鼓励”，“陈春先同志带头开创新局面，可能走出一条新路子，一方面较快地把科技成果转化为生产力，另一方面多了一条渠道，使科技人员为四化做贡献。一些确有贡献的科技人员可以先富起来，打破铁饭碗、大锅饭”。

1985年《中共中央关于科学技术体制改革的决定》颁布后，中关村的发展进入一个新的阶段。为推动中关村的发展，国家科委、北京市人民政府联合起草了《关于在中关村地区建立北京市新技术产业开发试验区向国务院的请示报告》。中央经过慎重研究同意了这个报告。

1988年5月10日，以国务院发布《北京市新技术产业开发试验区暂行条例》为标志，北京市新技术产业开发试验区设立，这是我国第一个国家级高新技术产业开发区，它的建立标志着中国科技体制全面改革拉开了帷幕。

1999年6月，国务院对科技部、北京市政府报送的《关于实施科教兴国战略加快建设中关村科技园的请示》做出《关于建设中关村科技园区有关问题的批复》，原则同意关于加快建设中关村科技园区的意见和关于中关村科技园区的发展规划。同年8月，北京市新技术产业开发试验区更名为中关村科技园区。

2009年3月，国务院印发《关于同意支持中关村科技园区建设国家自主创新示范区的批复》，明确中关村科技园区的新定位是国家自主创新示范区，目标是成为具有全球影响力的科技创新中心，并同意在中关村示范区实施股权激励、科技金融改革创新等试点工作。中关村成为中国首个国家级自主创新示范区。30余年来，中关村示范区的建设和发展得到党中央、国务院高度重视，先后8次做出重大决策部署。

2013 年 9 月 30 日，中共中央政治局第九次集体学习选择在中关村举行，中共中央总书记习近平发表重要讲话。习近平在讲话中指出，中关村已经成为中国创新发展的一面旗帜，面向未来，要加快向具有全球影响力的科技创新中心进军。

2017 年 8 月，《中关村国家自主创新示范区发展建设规划(2016—2020 年)》向社会公开发布。

源头链接

中关村指标大“起底”

中关村是创新企业培育的策源地。中关村地区拥有 90 多所高校、400 多家院所、200 多家孵化器、1 500 家创投机构、500 多家产业协会和联盟组织，共同形成了有利于创新创业的“雨林生态”，助力科技型企业快速生长。先后诞生了联想、方正、用友、京东等一批具有代表性的科技公司。近年来京东、小米、商汤、宇视科技、寒武纪、地平线等一批新生代科技企业快速崛起。2018 年前 5 个月平均每天新设立科技企业 89 家。中关村已经成为新兴产业的增长极。新一代信息技术产业规模超过 2 万亿元，大数据、信息安全市场占有率居国内第一，集成电路设计收入占全国的 1/3。

源头延伸

在文件中找寻精神动力

1997 年 9 月 12 日，十五大报告指出：“我国处在社会主义初级阶段，需要在公有制为主体的条件下发展多种所有制经济；一切符合‘三个有利于’的所有制形式都可以而且应该用来为社会主义服务。”

1999 年 8 月 20 日，中共中央、国务院发布的《关于加强技术创新、发展高科技、实现产业化的决定》指出，要“加强国家高新技术产业开发区建设，形成高新技术产业化基地”；“推动应用型科研机构和设计单位实行企业化转制，大力促进科技型企业的发展”;“支持发展多种形式的民营科技企业”。

2002 年 11 月 8 日,十六大报告指出:“推进产业结构优化升级,形成以高新技术产业为先导、基础产业和制造业为支撑、服务业全面发展的产业格局。”

2003 年 10 月 14 日,十六届三中全会审议通过的《中共中央关于完善社会主义市场经济体制若干问题的决定》指出:“面向市场的应用技术研究开发机构,要坚持向企业化转制,加快建立现代企业制度。”

2006 年 1 月 26 日,中共中央、国务院发布的《关于实施科技规划纲要增强自主创新能力的决定》指出,要“重视和发挥民营科技企业在自主创新、发展高新技术产业中的生力军作用,创造公平竞争的环境,支持其做大做强并参与国际竞争”。

2007 年 3 月 30 日,科技部、发改委、国土资源部、建设部研究制定了《关于促进国家高新技术产业开发区进一步发展增强自主创新能力的若干意见》。

2007 年 4 月 28 日,国家发改委印发的《高技术产业发展“十一五”规划》明确了我国高技术产业“十一五”期间要重点发展、组织实施的八大产业和九大专项工程,提出到 2010 年高技术产业增加值占 GDP 的比重提高到 10%左右的目标。并提出要建立健全相关投融资政策体系、加大税收和政府采购政策扶持力度,以确保高技术产业发展目标的实现。

文骐看源头

裂变和碰撞比辉煌更有价值

40 年来,在“科技报国”无路可循时,在传统体制机制拖了发展后腿时,陈春先等人敢想敢干,带头实现裂变和碰撞。否则,哪来今天的如《北京日报》所描述的:中关村科技园区在推进以自主创新为核心的高新技术产业发展上进行了有益的探索和实践,在关键的技术领域取得自主创新成果并实现了产业化,探索出了一条以企业为主体、产学研结合的技术创新模式,在市场化的体制机制创新方面取得了很多先行先试的宝贵经验。

以高新技术企业为主体,以市场为导向,以产业化为目标,以核心技术通过市场配置资源为主要手段的产学研的联合体,这一提法应成为中关村在国际市场的新定位,尽管当初的创业者无法作如是概括。

马克思说过:"劳动生产力是由多种情况决定的。其中包括:工人的熟练程度,科学的发展水平和它的工艺上应用的程度,生产过程的社会结合,生产资料的规模和效能,以及自然条件。"从现代商品经济社会看,在工业化国家中,股份制出现了两个明显的变革趋势:一是股东由少数人发展到多数人;二是入股资产从资金、实物资本扩大到无形资产的技术、管理、人才等人力资本。在我国,自下而上发展的股份合作制企业,也普遍承认了劳力资本入股的合法性。

值得注意的是,仅 2007 年,我国高技术产业实现增加值 1.9 万亿元,占国内生产总值的 7.8%,高技术产品出口总额达到 3 478 亿美元。我国高技术制造业规模位居世界第二,国际市场份额已居全球第一。"十一五"时期全球高技术产业进入新一轮高速增长期,我国高技术产业发展的有利条件明显增多,国际竞争更加激烈,机遇与挑战进一步凸显。创新驱动特征日益明显。科技创新呈加速趋势,技术升级周期不断缩短,新产品、新应用层出不穷,不断催生新兴产业,全球高技术产业正进入更加依靠创新的发展时期。

现阶段,我国高技术产业发展仍然面临一些突出问题:技术创新能力不强,企业的技术创新主体地位尚未确立,研发投入不足,高技术人才短缺;产业结构不尽合理,加工装配比重过大,产品附加价值不高,国际分工地位较低,具有国际竞争力的高技术企业缺乏;机制不完善,垄断行业改革不到位,创业投资机制不健全,政策环境尚不适应产业发展需要。同时,我国高技术产业发展受到来自知识产权、技术标准、反倾销等贸易保护措施的挤压,面临发达国家和发展中国家的双重竞争压力越来越大。

14

中国第一个发行彩票的城市

——石家庄

第一批彩票河北售卖
三十年演进热中有玄

对世界上许多国家的福利状况考察的结果表明，世界上不论资本主义国家还是社会主义国家，不论经济发达国家还是经济欠发达国家，几乎无一例外地以发行彩票的方式弥补国家财政对福利事业拨款的不足。当彩票无时无刻不出现在公众视野中的时候，它就已经成了生活的一部分，并直接或间接地影响着我们的生活和观念，无论它是消极的，还是积极的。

崔乃夫向总理汇报“彩票设想”

20 世纪 80 年代中期，中国经济进入了快车道，单一依赖财政拨款的社会福利事业却面临困境。时任国家民政部部长的崔乃夫表示，“不能因为没钱，我们的工作就不搞了”。1984 年，他在与一位热心中国民政事业的海外华人会谈时找到了一条思路，那就是搞彩票。由此，中国发行彩票的可能性调查开始了。

1986 年，崔乃夫在随当时的国务院总理考察三峡地区时，汇报了民政部面临的困难，并谈到了发行彩票的设想，总理要求崔乃夫将苏联等社会主义国家的一些彩票资料拿来参阅。1986 年 6 月 18 日，民政部向国务院正式报送了《关于开展社会福利有奖募捐活动的请示》(以下简称《请示》)，《请示》说：“建国以来，我国的社会福利工作有了很大发展，收养了一大批社会孤老残幼人员，安排了一大批有劳动能力的盲聋残哑人员。尽管国家作了很大的努力，目前社会福利事业的发展，仍不能适应社会发展的需要。1986 年国家预算支出民政事业费 30 亿元，其中绝大部分是人头费和救灾费，能够用于社会福利的经费仅占1/10。但另一方面，我们近几年城乡人民收入水平提高较快，仅 1986 年上半年全国城乡储蓄总额已达 2 500 亿元。另外，社会游资数量也很可观。从目前情况看，每年发行 10 亿元的有奖募捐券是可行的。”

1986 年 12 月 20 日，国务院召开第 128 次常务会议讨论了民政部的请示，原则同意开展有奖募捐活动。1987 年 2 月 5 日，中央书记处第 323 次会议也讨论了民政部的报告，并报送中央政治局常委一致通过。1987 年 3 月 13 日，在北京政协礼堂，由统战部、全国政协联合召开了一次关于开展社会福利有奖募捐活动的座谈会，与会的 27 个民主党派和人民团体的负责人对此均表示积极响应，同时也提出许多中肯的意见。

1987 年 6 月 3 日，经中共中央、国务院批准，中国社会福利有奖募捐委员会在北京正式成立。

第一发行点与中奖人

1987 年 7 月 27 日，这个后来叫作彩票的东西，披着募捐券的外衣，亮相于河北石家庄市政府门前广场。上午 9 时许，石家庄市副市长孙永生在中国社会福利有奖募捐首发式上，掏出 10 元，从河北省民政厅办公室副主任唐泽敏手里接过 10 张奖券。新中国的第一张彩票就这样售出了。其后几个月，募捐券相继在福建、江苏、浙江、上海、山东等 10 省市发行。曾经被视为洪水猛兽的东西在新中国出场了，没有人料到它会造成怎样石破天惊的影响。

1998 年 5 月 27 日，在石家庄福利彩票发行中心，笔者见到了河北省社会福利有奖募捐委员会秘书长唐泽敏。性格开朗、非常健谈的老唐得知我们的意图后，拿出了保存得非常好的一大摞材料，打开了话题。

“1987 年 4 月 25 日，民政部在天津召开了有河北、黑龙江、山东、浙江等 10 个省市参加的社会福利有奖募捐发行试点筹备会。我当时就想，谁第一个把彩票发出去，谁就是第一个吃螃蟹的人，这不仅开创中国福利彩票的先河，而且也是开河北省的第一例，当时我就下决心，要抢第一张。为争取第一个发行彩票，我当时在天津就紧锣密鼓地为发行做准备，干了 3 件事，一是长途电话打回去向有关领导汇报；二是把广告宣传稿拟好；三是叫省里准备车拉奖券。”

功夫不负有心人。1987 年 7 月 27 日上午 9 时,中国第一批福利彩票发行仪式在石家庄市 56 个销售点同时进行。当时叫有奖募捐,奖券面值 1 元。

唐泽敏说:“我记得很清楚,那天的主会场在石家庄市政府第一工人文化宫广场,到处挤满了人,人们踊跃购买。”

首批 50 万张传统型(不立即开奖)只用了 10 天就卖完了。一个月后的 8 月 28 日当众摇奖,当时的中奖面是 35%,共设 6 个奖项,特等奖 1 名 5 000 元,一等奖 5 名 2 000 元,2 等奖 5 名 1 000 元。

笔者提出,请老唐帮助寻找第一个中奖人,他满口答应。

依照河北省社会福利有奖募捐委员会留底的中奖名单,想找特等奖获奖者。然而,当时距离中奖已 10 年,石家庄市发生了很大的变化,10 年前的石家庄市新华区民族街早已不复存在,中奖人也不知搬至何处居住。

在民政战线干了几十年的老唐很有经验,为找寻中奖人,他动用了市、县民政局干部,派出所民警和街道办事处有关人员。遗憾的是中奖人不是地址变迁,就是人员流动,寻找线索几次中断。

5 月 28 日晚上,石家庄市福利彩票发行中心的郭主任电话传喜讯,市郊正定县民政局找到了当时的第一个一等奖中奖人温国斌。

5 月 29 日一大早,笔者会同河北省彩票发行中心的老唐、中国福利彩票发行中心的小何,还有石家庄市民政局的老邱,一行 4 人驱车前往石家庄市郊区正定县。上午 10 时,正定县西兆通镇胡家街一个普通的农家小院里,31 岁的农民温国斌和爱人小吴热情地接待了我们。

“我是在报纸上得知自己中奖的,当时我是在市里的河北医学院干临时工,每天挣 4~5 元钱。得知发行彩票,我只想碰碰运气,买了 4 张,谁知一下子中了个一等奖。中奖号码 10 年来我一直记得很清楚,是 046806,因为当时我正准备结婚,这 2 000 元正好派上用场。”小温的父亲插话说:“2 000 元钱在 10 年前相当于一个临时工干一年也达不到的数字,要没这 2 000 元,我给国斌办喜事得借钱。”

“我中了奖，全村人都替我高兴，我和姐姐结婚花了6 000多元，其中就有这2 000元。这几年我每年都要买几百元的彩票，中奖不中奖是小事，就算是对福利事业的一种支持吧。”温国斌当时小日子过得挺红火，雇了3个伙计，与爱人一起搞熟肉制品批发，正准备花十几万元在村里盖二层楼房。

温国斌也许不知道，11年前的他，不仅是中国福利彩票的第一批中奖者，也是中国第一批娱乐博彩业的受益人。

温国斌之后的1987年8月的一天，上海徐汇区天平街道办事处党委副书记陆志仁接到上级任务，要求动员居民去买有奖募捐券。层层动员之下，整个街道买了1万多张。多年后，陆志仁还清楚地记得募捐券的图案很漂亮，采用钱币式雕刻版花纹图案，背面有赵朴初的题词：有奖募捐利国利民……

大奖或许离你远，投注站却离你近

彩票是指印有号码、图案或文字供人们填写、选择、购买并按特定规则取得中奖权利的凭证。中国福利彩票从诞生的那天起，就有一个鲜明的宗旨——扶老、助残、救孤、济困，明确了福利彩票必须坚持的发展方向。

当1998年的世纪大洪水席卷半个中国时，“国家有难，匹夫有责”这句警世之语又一次出现在中国福利彩票上，它所唤起的是全国人民对大水过后百万灾民的关注。每个中国人都在献爱心。短短5个月全国顺利销售50亿元“赈灾专项募集”福利彩票，所筹集的15亿元资金，“地方一分不留，民政一分不用”，全额于1999年4月1日上缴国家财政，用于灾区恢复重建。1999年，一个“情献英雄，为5万名伤残荣誉军人换假肢”的活动在全国声势浩荡地展开了。

民政部一次性投入福利彩票公益金8 000万元，在全国开展了“优抚年”活动，为5万多名荣誉伤残军人换装假肢、轮椅和相应的辅助设施，对50所重点光荣院进行彻底改造，解决了一大批共和国功臣的实际困难。2001年至2003年，民政部与全国总工会共同开展“福利彩票爱心献劳模”活动，共拿出福利彩票公益金 1 000 万元，资助部分生活困难的全国劳动模范。

如今，福利彩票事业越来越兴旺，“双色球”“3D”“七乐彩”“刮刮乐”“中福在线”等多品牌战略，使中国福利彩票步入了辉煌的品牌时代。仅 2007 年中国福利彩票共销售 631.6 亿元，比上年增长 135.9 亿元，增幅逾 27.4%，占全国彩票市场的 62.1%，连续 6 年保持高速、平稳增长。其中，电脑福利彩票占 73.4%，销量达 463. 9 亿元，同比增长 6.3%；中福在线福利彩票 132.6 亿元，占 21.0%，同比增长 86.4 亿元；即开型福利彩票 35.1 亿元，占 5.6%。在电脑福利彩票销量中，3D、双色球、七乐彩 3 个全国联销游戏的销量占 87.03%：3D 占 40.64%，销量为 188.5 亿元；双色球占 41.02%，销量为 190.3 亿元；七乐彩占 5.37%，销量为 24.9 亿元。

暗流涌动的“私彩”

所谓“私彩”是指除了福彩和体彩之外的一切个人或机构发行的进行抽奖形式的彩票。在我国南方一些地方，“私彩”泛滥始终是一个严重的社会问题。

民政部及国家体委对中国福利和体育彩票的资金分配规定：奖金不得低于彩票资金的 50%，成本不得高于彩票资金的 20%，社会福利资金不低于彩票资金的 30%，也就是说，每发行 1 元钱彩票，发行者赚 3 角钱。

清楚了彩票的资金分割，也就对彩票是政府的“特殊商品”“彩票市场是政府垄断的领域”有了清晰的认识。如果未经政府允许就私自发行彩票，私自提高或降低奖金和福利金的数额，筹集的资金直接进入地方、部门、基层企业乃至个人的腰包，势必会造成或加剧经济秩序的混乱。

依照彩票发行批准权集中在国务院的规定，国务院目前只批准中国社会福利有奖募捐委员会及地方各级社会福利有奖募捐委员会，在各级政府的领导下长期独家经营社会福利彩票（为阶段性开展大型体育活动经国务院特批者除外）。凡未经国务院批准，擅自非法经营彩票或变相经营彩票的应一律取缔。

中国的非法彩票起源于1992年,最初是在海南省,据说是由新加坡两姐妹传到中国来的,并帮助当地发行当时的私人彩票,只限本省,有关部门统计过有3万多家。这些私人彩票,私人定价,擅自设大奖,2元或1元钱1张,一等奖是成本的1 500倍,因为极具诱惑力,结果是坑了国家肥了个人,欺骗了相当多的购买者。

类似这样的非法彩票虽然各地有关部门都进行了不同形式的查处和制止,但非法发行彩票的现象并未从根本上得到有效的扼制,且有逐渐向边远地区蔓延、发展的趋势。

中国科学院理论物理研究所的何祚庥院士认为,非法彩票得以存在的主要原因是彩票的发行具有刺激消费、投资少、时间短、收益大的特点,很多人受利益驱动而不择手段地非法经营彩票。加之目前国家没有《彩票法》,执法监督部门无法可依,无章可循。他还认为,既然彩票是属国家垄断的特殊商品,就不应有竞争。体育事业并不具备如同社会福利事业一样的那些特点,所以原则上不应发行体育彩票。

据《南方日报》报道,2003年7月18日起,广东省开展了为期3个月的打击利用"六合彩"赌博专项整治行动。据不完全统计,截至当年10月20日,全省共查处利用"六合彩"赌博案件6 939宗,捣毁赌博窝点2 097个,打掉赌博团伙691个,抓获庄家、赌头2 087人,制贩彩票首要分子189人,参与赌博人员9 989人,缴获赌资人民币1 011余万元。

"私彩"泛滥的另一个重灾区是海南省。海南的"私彩"产生于20世纪90年代初,据悉,"私彩"销售最高时全省一年可以卖到18个亿,而2004年海南体彩和福彩的销售总量不过区区1.79亿元。由于"私彩"的冲击,海南的福彩和体彩的销售始终不景气,最严重时海南福彩曾在1994年、1995年中断销售两年。

10多年来海南有关部门已经多次组织大规模的专项治理活动。2005年,海南省政府将买卖"私彩"定性为赌博。

类似的“私彩”泛滥情况在福建、广西、江西、湖南、湖北的许多农村地区也有不同程度的表现。

“私彩”的玩法从单一的“六合彩”发展到了赌外围、地下赌球、电影票摇奖等多种形式。

“私彩”泛滥严重扰乱和冲击了合法彩票市场。更重要的是,“私彩”同时也破坏了社会的正常秩序,带来了不少社会问题和治安隐患。一些沉溺其中的农民甚至变卖家产、耕牛去买“私彩”,还有一些彩民为筹钱而偷窃、抢劫甚至杀人。2007 年 8 月 22 日,公安部治安管理局局长武冬立在中国政府网进行在线访谈时表示,自 2003 年以来,全国公安机关共查处“六合彩”赌博案件 7.6 万余起,捣毁“六合彩”赌博窝点 2.2 万余个,抓获庄家、赌头 1.8 万余人。经过持续不断的打击,一些地方“六合彩”赌博活动一度泛滥的局面得到明显改观,“六合彩”赌博活动已基本得到了有效控制,活动区域大面积萎缩。

近几年,国内学术界和彩票界不断热议开放中国的博彩业问题,有学者甚至建议可以公开开设赌场、开放赛马等。与此同时,国际博彩界对中国博彩的发展也给予了高度的关注,千方百计地试图渗入国内的博彩市场,并造成了一定程度的混乱。例如,公安部破获的“非法私彩”第一案,就是一个由某国外博彩公司幕后操纵的非法“彩票缩水”营销体系,该案涉案金额达 1.7 亿元,收缴赃款 250 多万元,涉及全国数十个省市,仅长春一地就有数千人参与。实际上他们已经形成了游离于国家彩票之外的二次开奖体系,严重干扰了国家彩票的发行。

有资料显示,全国每年用于博彩的资金在 5 000 亿元以上,约占 GDP 的 2.5%。这个数字表明,无论我们是否愿意承认,博彩已经成为一个巨大的产业,其中,“私彩”暗流涌动。

多少人为博彩狂

1992 年 8 月 15 日,山西大同在红旗广场单点日销彩票 200 万元;1994 年 11 月 6 日,人口只有 25 万的新疆玛纳斯县创造了单点日销彩票 205 万元的全国新纪录;1998 年 11 月,广东东莞三天半时间销售福彩 4 400 万元;1999 年 1 月 9 日—11 日,浙江温州 3 天销售福利彩票 1.5 亿元,首日销量高达 1.2 亿元……

说上述"癫狂"也是,说上述冲动亦然。从下述玩法中揭示什么?

即开票。这是我国从 1987 年至 2004 年发行的主要彩票品种之一,特别是传统的大奖组即开票,一般以百万元或千万元为一个发行基数,设立若干实物或现金奖项,现场发行,当场兑奖。自从 2004 年西安体彩宝马案之后,大奖组即开票被终止。我国发行的即开票主要有福彩的"刮刮乐"。

乐透型彩票。乐透型彩票是投注者在若干个可选择的数字号码中只考虑数字的组合而不考虑顺序来进行投注的一种彩票游戏玩法。由于其方法简单,便于掌握,深受彩民喜爱,成为目前世界上电脑彩票的一种主流玩法。中国福彩发行的"双色球"是中国最优秀的乐透型彩票品种之一。"双色球"于 2003 年开始发行,已经成为中国彩市的第一品牌,目前(2018 年,笔者注)平均期销售量在 1.1 亿元以上,截至 2006 年,共造就了 1 200 多个 500 万富翁。2006 年,"双色球"销售额达 168 亿元,占福彩发行量的 34%,占中国彩市总量的 20%。

数字型彩票。数字型彩票是投注者在若干个可选择的数字号码中,不仅要考虑数字的组合而且要考虑数字的顺序来进行投注的一种彩票游戏玩法,也是国际彩票界最风行的彩票游戏之一。数字型彩票也可以分为两大类:一类是一般性的数字游戏,例如体彩的"七星彩";另一类为固定赔率型游戏,例如福彩的"3D"。

有学者称中国彩票一段时期快速发展,主要应归功于固定赔率型数字彩票游戏的引入。2004 年 10 月 18 日,福彩开始发行"3D";同年 11 月初,体彩开始发行准赔率型彩票"排列 3"和"排列 5"。2005 年和 2006 年两家彩票发行机构的赔率型彩票的年发行量为 350 多亿元,分别占全年市场份额的 50%和 45%。同时,赔率型彩票的引入也对"私彩"起到了一定的打击作用。

竞猜型彩票。这是国际上流行的体彩品种。我国体彩发行的竞猜型彩票主要有足彩的胜负彩和进球彩,以及影响力较小的篮球彩票。足彩的返奖率为

65%，是所有彩票品种中返奖率较高的。但是，其游戏规则的设计尚存在一些不足，不能满足足彩迷的需求。

视频彩票。视频彩票是 20 世纪 90 年代从美国等国家发展起来的新型彩票。视频彩票直观，开奖速度快，互动性强，发展速度很快。

审计署公告曾令人吃惊

审计署 2006 年 9 月 8 日公告称，根据《中华人民共和国审计法》的规定，2005 年 4 月至 2006 年 1 月，审计署对民政部 2005 年度预算执行情况进行了审计，并延伸审计了中国福利彩票发行管理中心（以下简称“福彩中心”）等 8 家下属单位。

这份公告的第三项指出，福彩中心 5 500 万元资产面临风险。福彩中心于 1996 年 5 月存入某财务公司一年期定期存款 5 000 万元。因该公司未如期兑付存款本息，且已进入破产清算，上述存款本息面临损失风险。1993 年 5 月，福彩中心向海南省某公司投资 500 万元。目前，因福彩中心与该公司的联系已中断，不掌握该公司经营情况，500 万元投资面临损失风险。上述做法，不符合财政部《彩票发行与销售机构财务管理办法》关于“对外投资必须进行充分的技术和经济效益论证，保证国有资产的完整和增值”的规定。

相应的审计处理情况及建议是，对上述问题，审计署已按照国家法律、法规的规定，及时出具了审计报告，下达了审计决定书。对福彩中心资产面临风险的问题，要求民政部加强对福彩中心的资金监管，采取措施避免资金损失，酌情追究有关人员责任，防止类似事件再发生。

彩票管理立法了

1985 年前后，国内一部分工商企业、事业单位开始尝试发行各种奖券，其主要形式为“有奖销售”，设立重奖以促进产品销售、银行储蓄等。由于当时缺乏管理,一些单位趁机推销残次、积压商品,有的甚至采取行政手段,强行摊派彩券,造成了不良影响和后果。

国务院于 1985 年 3 月 4 日发布了《国务院关于制止滥发各种奖券的通知》(以下简称《通知》),要求各地、各部门制止滥发各种奖券,所有工商企业均须立即停止举办有奖销售活动,任何单位和个人不得举办有奖募捐活动。《通知》还指出,为兴办社会福利事业而举办的有奖集资,经当地政府批准可以试点,但不宜普遍推广。这也是新中国历史上第一个与博彩相关的管理制度,也为 1987 年发行福彩奠定了基础。

2008 年 3 月,国务院法制办向社会公布了《彩票管理条例(征求意见稿)》,引起各界广泛关注。

在这种“财富游戏”中,种种“乱象”也日渐增多。2002 年,江苏扬州发生“彩世塔”案,一投资公司在承销彩票中作弊,涉案金额达 5 800 多万元;2004 年,陕西西安发生“宝马彩票”案,震动全国。此外,“地下六合彩”也时有出现,合法、不合法的彩票甚至向中小学校园蔓延。在巨大的利益面前,各地私设彩种的情况也屡禁不止。

我国彩票业出现种种问题,跟长期缺少法律规范有关。据悉,世界上共有 120 多个国家和地区发行彩票,几乎都有专门的法律法规对彩票的发行、销售、开奖及资金管理的各个环节做出严格规定。而我国目前只有财政部在 2002 年颁布的《彩票发行与销售管理暂行规定》。

对彩票法律法规的呼唤由来已久。2007 年年底,国务院法制办相关负责人在上海透露《彩票管理条例》有望于 2008 年出台,不少彩民在网上欢呼“这是一个振奋人心的消息”。这份《彩票管理条例(征求意见稿)》,对彩票的管理体制、发行和销售管理、开奖和兑奖管理、资金管理做出规定,并向社会广征意见。“意见稿”规定“发行彩票必须由国务院特许批准”,“中奖者个人信息必须保密”,“不得向未成年人出售彩票”,“彩票公益金的使用单位应及时向社会公告公益金的具体使用情况”等,亮点颇多。

亮点之一:鉴于彩民与彩票发行、管理机构之间存在严重的信息不对称,这种不对称很容易把彩民置于弱势地位,所以即将正式出台的《彩票管理条例》应该强调维护彩民的权益,比如要求彩票发行机构向彩民充分公开信息、保密中奖者信息、设定对彩民有利的兑奖期限等。

亮点之二:《彩票管理条例》将明确彩票的部门职责、产业政策、发行宗旨等,同时还将体现权责的统一,避免部门利益凌驾于公共利益之上。

"意见稿"具有较好的操作性,但有些问题还有待关注,比如,对彩票发行、管理机构的工作人员的亲属买彩票,法律应加以明文规范。

2009 年 4 月 22 日,国务院第 58 次常务会议通过《彩票管理条例》,自 2009 年 7 月 1 日起施行。2012 年 1 月 18 日,财政部、民政部、国家体育总局联合发布第 67 号令《彩票管理条例实施细则》,自 2012 年 3 月 1 日起施行。

源头背景

民政部向国务院请示了

1986 年 8 月 18 日,民政部正式向国务院报送了《关于开展社会福利有奖募捐活动的请示》。同年 12 月 20 日,国务院常务会议讨论,同意由民政部组织一个社会福利有奖募捐委员会,在全国范围内开展有奖募捐活动,筹集资金发展扶老、助残、救孤、济困的社会福利事业。1987 年 3 月 13 日,由中央统战部、全国政协联合召开关于开展社会福利有奖募捐活动的座谈会,与会的 27 个民主党派和人民团体负责人经过热烈讨论均表示支持。

1987 年 6 月 3 日,国务院正式批准成立"中国社会福利有奖募捐委员会",作为负责我国有奖募捐活动的社会团体。

1987 年,新中国的第一张彩票在天津市印刷出厂。1987 年 7 月 27 日,新中国第一批 800 万张"中国社会福利有奖募捐券"(面值 1 元)发行,第一张彩票在河北石家庄的第一工人文化宫广场售出,中国的彩票历史从此揭开了崭新的一页。随后参加第一批试点的 10 个省(市)陆续开卖。1987 年 7 月 28 日,在上海锦江饭店，上海市募委会宣布成立，并在会议现场开始试销首批发行的社会福利有奖募捐券；当年7月30日，浙江省温州市鹿城区、宁波市鄞州区、瑞安市开始销售；8月5日，天津依托工商银行设点销售；9月4日，江苏省在南京市开始销售；9月20日，湖北省荆州沙市开始销售；9月29日，黑龙江省在肇东开始销售；10月，山东省开始销售；12月，广东省在广州市府前路开始销售；12月，福建的福州、厦门、漳州、泉州等地开始销售福利彩票。1988年1月25日，甘肃省第一批社会福利有奖募捐券开始销售。

20世纪90年代初，大奖组销售法出台，逐步掀起彩票销售热潮。1992年8月到1993年年底，全国社会福利彩票销售额上升到33亿元。1993年2月，中国社会福利有奖募捐券更名为中国社会福利奖券；从1995年起面市的奖券，又更名为中国福利彩票。

1998年，彩票发行销售金额高达110亿元。从1994年起，我国还发行了“中国体育彩票”，也收效甚佳。到1999年年底，我国已累计完成彩票销售额504亿元。其中福利彩票400亿元，体育彩票104亿元。

2000年9月1日，我国第一套由中国社会福利彩票发行中心统一发行、统一开奖的“中华风采”福利彩票面世。这种“网点销售、电视开奖”的销售方式依照国际惯例，具有更安全、更直接、更科学的优点，是今后即开型、传统彩票销售的发展方向。这种彩票奖金返还率53%，中奖面17%，最高奖100万元，一张面值2元的福利彩票有4次中奖机会。这一彩票的面世，标志着我国彩票业发展与国际正式接轨。

2001年9月26日，财政部发布《关于核准〈中国足球彩票发行与销售管理办法〉及游戏规则的函》，同意国家体育总局上报的《中国足球彩票发行与销售管理办法》《足球胜负彩票游戏规则》《足球进球彩票游戏规则》和《足球比分彩票游戏规则》。体彩主要彩种之一的足球彩票由此登上中国彩票业的舞台。

2002年3月1日，财政部发布《关于印发〈彩票发行与销售管理暂行规定〉的通知》，明确规定，彩票是国家为支持社会公益事业而特许专门机构垄断发行，供人们自愿选择和购买，并按照事前公布的规则取得中奖权利的有价凭证。发行彩票由国务院批准。彩票发行分别由隶属于民政部的中国福利彩票发行中心和隶属于国家体育总局的体育彩票管理中心承担，按省级行政区域组织实施。省级行政区域内的彩票销售工作，由受彩票发行机构业务指导，隶属于省级和省级以下各级民政、体育部门的专门机构承担，也可由彩票发行机构直接承担。

2009年7月1日，《彩票管理条例》施行。

2012年1月，财政部、民政部、国家体育总局再次联合发布《彩票管理条例实施细则》，自2012年3月1日起执行。

2015年4月3日，财政部、公安部、工商总局、工业和信息化部、民政部、人民银行、体育总局、银监会联合发文，坚决制止擅自利用互联网销售彩票的行为、严厉查处非法彩票。

2016年3月15日，财政部颁发了《政府非税收入管理办法》，明确非税收入实行分类分级管理，根据非税收入不同类别和特点，制定与分类相适应的管理制度。其中，非税收入分为12类，包括彩票公益金收入。

源头链接

冀省彩票业与石家庄的实力

【河北彩票业】河北省福利彩票发行中心是经河北省人民政府批准成立、专门从事在河北省的福利彩票发行管理的事业单位。1989年成立河北省社会福利有奖募捐委员会，负责全省福利彩票的组织实施和发行。从1987年到2002年，包括赈灾福利彩票在内，全省累计销售福利彩票15亿元，筹集社会福利资金4亿多元，上缴国务院赈灾资金3 300万元。通过发行福利彩票所筹集的社会福利基金已成为发展河北省社会福利事业的重要经济支柱。为尽快与国际彩票销售方式接轨，开创福利彩票发行工作的新局面，2000年11月1日正式发行河北电脑福利彩票，在全省开设销售电脑福利彩票网点。

【石家庄】2017 年,服务业增加值完成 3 066.4 亿元,同比增长 11.6%,占 GDP 的 47.5%,对经济增长的贡献率达到 75.1%,其中金融业增加值完成 505.8 亿元,同比增长 17.7%,总量占河北省的 1/4。

源头延伸

博彩,走过 30 年

1987 年 7 月 27 日,石家庄发行了新中国第一张彩票。该彩票是传统型彩票,奖券面值 1 元,共设 7 个奖级,最高奖 5 000 元,奖金返还 35%。

1987—1989 年,全国福彩销售分别为 0.17 亿元、3.7 亿元和 3.8 亿元,人均不足 0.4 元。

1988 年,国务院批准国家体委(现国家体育总局)发行"第十一届亚洲运动会集资奖券"。1992 年,"国家体委体育彩票筹备组"成立。

1993 年,中国彩票的销量从 1987 年的 1 700 万元,增长到 18.43 亿元,6 年间增加了 100 多倍。

1994 年 4 月,中国体育彩票管理中心成立,体育彩票正式登台。

1995 年,羽翼渐丰的募捐券扔掉了遮遮掩掩的遮羞布,改名为"中国福利彩票",电脑体育彩票在这一年问世,由此开始了福彩体彩双雄争锋。在此后的日子里,这种"双寡头的直接竞争模式",被一些彩票专家批评为同质化现象严重,越来越多地刺激了彩民的投机心理。

1999 年 1 月 9 日—11 日,浙江温州市举办大奖组多点联销,首日销量高达 1.2 亿元,创全国即开型彩票大奖组销售规模最大、日销量最高的纪录。

2000 年,福彩发行总量 89.88 亿元,2004 年已飙至 226 亿元。截至 2007 年 6 月 30 日,全国累计销售福彩 2 423 亿元,筹集公益金 809 亿元。

2000 年,浙江彩民庄士农,把一张没有中奖的福利彩票涂改成了一张奖额 30 万元的一等奖彩票。同年 7 月,余杭市法院以诈骗罪判处庄士农有期徒刑 4 年,并处罚金 1 万元。

2004 年,“宝马彩票”案轰动全国。5 名造假者犯诈骗罪入狱,而陕西省体彩管理中心原主任贾安庆则因受贿罪和滥用职权罪被判刑 13 年。

2006 年 10 月 13 日,河北省乐亭县海港开发区一彩民对同一组号码重复下了 10 注,独中 5 000 万元大奖,这是中国彩票有史以来奖金最高的纪录。

2007 年 4 月,邯郸农业银行现金管理中心管库员任晓峰、马向景监守自盗近 5 100 万元,其中 4 300 万赃款被用来购买彩票。两人被判死刑。

2007 年 7 月 21 日,福建一位彩民以超级大乐透独有的 2+1 追加投注方式,花 3 元中得 1 004 万元奖金,打破了中国彩票史上单期单注中奖最高纪录。

2007 年 7 月 27 日,中国福利彩票发行 20 周年纪念日。

2017 年 7 月 27 日,中国福利彩票发行 30 周年纪念日。

文骐看源头

博彩,有必要牵肠挂肚吗

公益彩票的发行代表国家形象,关系到国计民生、百姓福祉。《世界彩票协会章程》开篇的第一句话是:“人类对于博彩的喜爱历史几乎与人类自身的历史一样长。”彩票的起源可以上溯到古代罗马。那时,国王利用节假日和举行大型活动的日子开展博彩活动,为国库筹措资金。近代意义上的彩票出自欧洲。18 世纪,欧洲各国和美国逐步认识到彩票的税收功能,于是大力发展,将收入用于建桥、修路、兴学等公益事业。

作为一种产业,博彩业在社会经济系统中起码具有三大功能:社会调节功能,博彩可以满足社会公众的巨大心理需求,更大程度上是一种精神活动产品,是社会公众业余生活的调节器;慈善功能,博彩业利用人们的博弈心理可以筹集大量的社会闲散资金,用于发展社会公益事业,这是博彩业的正面效应和存在的道德依据,同时从某种程度上抵消了博彩的负面效应;增加税收和就业功能,发展博彩业最终会增加税收,提供更多的就业机会,同时政府和社会也借此取得相应的回报。

值得警觉的是，发展中国家的正规博彩业必须要面对非法的博彩活动。国家有关部门已经多次大规模地打击“赌球”、利用地下“六合彩”等“私彩”进行赌博的专项治理活动，但一段时间后“私彩”总会冒出来，而且声势不弱。其根本原因在于：对于“私彩”，以往考虑打击的多，研究综合治理的少；考虑短期效果的多，考虑长期效应的少；结果只是治标不治本，不能对“私彩”造成致命打击。

博彩业的治理和规范必须通过综合治理方能治本。事实已经证明，光靠“堵”是不可能成功的，应该尝试在“堵”的同时进行疏导，“堵”不如“疏”，应当“疏”“堵”结合，综合治理。

我们主张让更多的人买适量的彩票，不要让少数人买过多的彩票。以此为标准，我们可以判定什么是好的彩票品种，也可以判定彩票的监管是否到位。我们还主张彩票游戏的设立尽可能减少和控制贫困人口的参与，适当发展适合中高收入群体的博彩品种，通过他们的参与达到平衡社会财富的目的。

从经济学角度观瞻，非法博彩的存在说明我国存在着巨大的博彩产品市场。当正规的博彩市场不能提供足够丰富的博彩产品时，非法博彩的需求就会产生。加之，博彩并不能直接增加社会财富，而仅仅是一种休闲娱乐游戏，只是社会财富的再分配。

博彩业的存在有其合理的依据，这就是人类的天性和心理需求。世界博彩业的历史证明，它的发展必须以政府为主导，规范发展。彩票是一个具有一定负面性的行业，在我国现阶段，应该研究其发展规律，找到一条适合中国现实的博彩业发展之路。这一点尤需管理层冷静思量。

15

中国第一个报业集团
——广州日报报业集团

广州日报执着觅个性
接轨国际创新频驱动

作为职业报人,笔者曾6次到访广州日报社。第一次是1998年5月,当时,笔者率领一个记者组在广州采访改革开放20年成就,时任广州日报社一把手的黎元江出面介绍报社形态,并赠送了《广州日报》1997年97版的“香港回归”纪念特刊。2006年10月,为了剖析广州日报集团运作,笔者第五次造访,副总编辑梁建中整整花了半天时间,耐心解答笔者的许多提问,并赠送了《广州日报》2000年200版“新世纪”纪念特刊。最近的一次是2018年1月,为探访改革开放40周年的“发源地”。

广州日报报业集团成立于1996年5月29日,是中共中央宣传部批准建立的第一个报业集团。正如国家新闻出版署在1996年1月15日《关于同意建立广州日报报业集团的批复》中所言:“《广州日报》经过几年的思想理论、物质条件、运行机制等方面的准备,已经具备了较有影响的传媒实力,较灵活通畅的发行能力,在社会效益和经济效益两个方面都取得了较好的成绩。由广州日报组建中国首家报业集团,条件已经成熟。为此同意广州日报作为报业集团试点单位。”

促成广州日报报业集团诞生的最关键因素是自身经济实力与政策支持。《广州日报》从1978年率先扩为8版开始,实力连续几年稳居全国报业之首,且《广州日报》地处经济发达的广东省,有天然的地域优势,这些都使得《广州日报》具备了组建报业集团的经济条件。1994年全国宣传工作会议之后,广东省委宣传部就提出组建报业集团的设想,并以广州日报等几家条件成熟的报社为试点。在内部条件成熟与外部政策催生的双重力量推动下,广州日报报业集团应时而生。

管理架构，非量身定做不行

据《广州日报》副总编辑梁建中介绍，经过多年的探索，广州日报报业集团形成了一套比较成熟的管理架构与组织模式。

广州日报报业集团在成立之初，就调整了领导体制，将编委会领导下的总编辑负责制改为社委会领导下的社长负责制，增加了主管经营管理的领导成员。社委会是集团的战略中心、决策中心和资源配置中心，主要是抓总的，负责集团整体战略的规划、系列报刊的协调和关键资源的分配。

在管理体制上，实行职能制和事业部制相结合、采编与经营管理并重的架构。针对原有采编部门分割过细、信息流通不畅的缺点，对其职能、业务和办公场所进行重新整合，设置夜编、政文、经济、体育、副刊、珠三角等大采编工作中心，适应现代高速度、大流量的采编作业流程。创建与完善经营管理平台，使采编、经营管理部门既独立运作又相互配合。提升了经营管理部门的地位，设立行政管理中心、计划财务中心、技术设备处、广告处、发行公司、印务中心等职能管理与市场经营部门，对生产与分配、投入与产出进行有效协调和控制，很好地适应了当代传媒集团复杂的运作和管理，并对市场变化做出快速反应。

广州日报报业集团的管理架构已经运行多年。实践证明，这个架构对推动集团的发展发挥了很大作用。不过，随着新情况和新问题的出现，这个架构也出现了一些不适应的地方。于是，他们借鉴国际国内传媒集团先进的管理经验和管理文化，进一步改革领导体制，成立集团董事会、管委会，下设集团编辑委员会、经营管理委员会和系列报刊管理机构、《广州日报》编辑委员会。改变了从前主报的管理层承担报业集团管理功能的局面，由“报办集团”改为“集团办报”，设立专业的战略参谋部门和职能部门，形成强大高效的集团总部。在2005年年底，集团成立了战略运营领导小组及办公室，并以战略营运领导小组办公室为基础，成立“品牌战略运营中心”，为战略决策提供科学、系统的支持，完善集团运作。

广州的报摊上常见的报纸有《广州日报》《信息时报》《羊城晚报》《南方都市报》和《新快报》等。这几份报纸都是综合性日报，虽然定位有一定差别，但都主打一般大众市场。然而，有很多读者除了了解常规新闻以外，还有一些特殊需求。综合性日报由于定位和版面的限制，不可能做到面面俱到。

这就给广州日报报业集团的系列报刊留下了较大的空间。系列报刊与综合日报不同，不追求大而全，而是立足于特定读者的特殊需求，做专做精、做深做透，成为某一局部市场的领导品牌。

广州日报报业集团有 20 多种系列报刊媒体，包括 1 张主报、14 张系列报、5 家杂志、1 家出版社和 2 个网站，形成了主报占领大众市场，系列报刊媒体占领细分市场的全覆盖格局。系列报刊、媒体包含不同的媒体形态，涵盖不同年龄、不同地域和不同阶层的读者，实现差异定位、优势互补、资源共享，通过集团的管理协调和企业文化的连接，成为具有强大协同作战能力的联合舰队。

新闻是成品，还是“易碎品”

广州日报很早就认识到早报战略的重要性。为了确保出早报，广州日报做了两件事：一是建立现代化的印务中心；二是自办发行。这两个措施在今天仍然发挥着巨大的作用。

筹集巨资、重资，分两期，投资 15 亿元，建设亚洲最大的现代化印务中心，具有最先进的印刷设备和强大的印刷能力，每小时印力达到 470 万对开张。这在当时是非常超前的。很多同行都不理解，甚至引为笑谈，认为这是搞形象工程、政绩工程。实际上，这是非常有远见的一步，非常符合现代报业的发展规律。报纸进入厚报时代，如果没有强大的印刷能力作为支持，不可能在短时间内将厚厚的一叠报纸印刷出来。强大的印力保证了《广州日报》扩版与出早报的需要，保证在两三个小时之内将 100 多万份厚厚的报纸印刷出来，保证在第一时间将报纸送到读者手中。

时间对办报来说是一个硬约束条件，没有多大的弹性。强大的印力压缩了从截稿到报纸投递之间的时间,为记者和编辑处理稿件赢取了宝贵的时间,有助于提高新闻品质。

为了出早报,报社优化了采编流程,装备了先进的采编设施。记者和编辑必须在规定的时间内交稿、清样,并由业务处对采编流程进行严密监控,使采编流程得到有效控制和协调,确保工作效率。集团投资 8 000 万元,与北大方正合作开发了具有世界报业先进水平的新型采编系统,全面实现了报纸组版、传版过程的智能化、数字化。

集团不断优化报纸自办发行机制,建立自主发行网络,配备送报车队,成立了有 3 000 多人的发行公司,将报纸的投递渠道直接掌握在自己手中。这样,印出来的报纸通过 150 多台运输车运到各发行站场,高效的投送队伍再迅速将报纸投递送摊。在此过程中,通过发行网络信息办公平台将各发行站场和监控中心联结,实时传递相关信息,确保运输、投递过程准确、及时和到位。为了确保投递效率,他们根据现代工业化的物流管理模式,精心安排报纸运输流程。大家都知道,广州城市面积比较大,街区很多。而报纸要全部印刷完毕,一般要到凌晨 5 点半左右。报纸必须在 6—8 点送到报摊或订户手中,时间非常紧,所以,必须科学安排运输顺序。他们按照离印刷厂的远近来确定报纸的运输顺序。离印刷厂最远的,运送最先印出来的报纸;离印刷厂最近的,则配送最后印出来的报纸。这样确保报纸以最快的速度配送出去。

2006 年 11 月,《广州日报》推出了“导读与索引”版。读者过去读报,习惯于一页一页地读,而现在由于新媒体的影响,则是点击式地看新闻,先看标题,然后点击进入感兴趣的页面。不过,网络阅读的缺点是点击后会不知所“始”,因为一层层链接以后,弄不清楚是从什么地方开始阅读的了!而报纸是有边界的,还可以回到“导读与索引”版寻找,这是报纸的优势。他们特意把“导读与索引”版称为封面版,而不作为 A1 叠的头版,从而避免使头版弄得“花里胡哨”。

《广州日报》细分读者,在发行营销上独领风骚。《广州日报》开党报之先河,完全依靠市场机制发行。在 1992 年就不要求市委发红头文件搞征订了,完全靠市场自发、自愿订阅。在今天，大多数党报仍然做不到这一点。

“特刊”，惊动了警察

《广州日报》能够从20世纪90年代以来超越强大的竞争对手，并一直到今天保持领先地位，就在于比别人先一步实现新闻理念从宣传到信息的转换，并把这个理念转化为实际行动。

1997年7月1日当天，《广州日报》出版97版的特刊，在中国新闻史上创下了多项纪录，在社会上反响强烈。

97版分3次出版：上午版、中午版、下午版，其中，当天即拼的版面就有24个，以滚动报道的形式，全方位报道了香港回归祖国这一世界瞩目的历史事件。另外还提前制作了30多个新闻专版。特刊出街后，读者爱不释手，不到两小时就抢购一空。在读者的强烈要求下，此后的10天里，报社不得不一再重印，总量达到两百万份……97版特刊创造了新闻史上一个个奇迹，同时也开创了我国新闻史上的厚报时代。

梁建中说，香港回归当天出97版的方案就是自己提出来的。

梁建中回忆，全国的报纸大多都在8个版左右，《广州日报》平时也在20个版上下，最多才出30多个版；出97个版，过去我们从来没有做过，国内也没有任何一家报纸做过，我们能行吗？我们的机器、发行、采编力量以及综合管理水平能行吗？经研究，大家认为回归当天活动很多，可以把新闻分三次滚动出版，解决印刷等方面的瓶颈问题。

当时会议上又提出一个难题，就是报纸都是双面印刷，一张纸4个版，这样96个版正好用了24张纸，但剩下的一个版如何解决？当时梁建中提出了一个大家都认可的办法，出一张铜版纸印刷的纪念性油画。

梁建中说，1997年5月初，中英关于香港问题的谈判还在紧张进行，香港还是在港英当局的统治下，当时派记者赴港采访就像干“地下工作”。1997年5月底，周小元等几名记者从欧洲访问归来，刚抵达香港，就接到广州来的电话，通知他们中的几个人暂时不要回广州，留在香港“办点事”。

随后，报社领导带了一批技术人员，大家商讨策划的最后落实。当时还没有流行互联网，大量有关香港的资料和图片都得靠记者、编辑从香港扛回来。

97版纪念特刊，是结合“动”与“静”来编的。所谓“动”，就是根据交接仪式过程发生的种种新闻，给予及时准确的报道，这“流动”的新闻是不能预测的，但有新华社的电讯稿，有派出的采访队的稿件，问题不大；所谓“静”，结合交接仪式的每一个进程，介绍有关新闻历史背景，比如香港是怎样被割让出去的，英军第一次进入香港选择的是哪个口岸哪条路线？这是有资料可查，可以预先安排版面去做的，这也问题不大。

但有的新闻属“动”“静”兼备，如香港特区新的护照得到多少国家的承认，要介绍有关国家的资料，要将它的国旗制成图片排上版面，这是一个直到1997年7月1日那天前，也随时会有变化的新闻。新闻的每一次变化，都牵涉版面的变动。“我们把部门的编辑分成两组，因为要出上午版、中午版、下午版，而且第二天的报纸也要正常出版，编完一个版休息一下，就继续编下一个版。”梁建中介绍，6月30日晚，《广州日报》夜班编辑办公室里已坐满了人。大家紧盯着电视荧屏，看到江泽民、李鹏等国家领导人已飞抵香港，交接仪式前的活动开始了。一边看，大家一边讨论和构思新闻版该怎样做，一切都按部就班地进行，有些版已经拼出来了。

整个97版的封面就是要五星红旗升起的这张照片。“新华社的照片来了没有？”“来了。”“快，上版！”编辑们都以习惯了的规程和速度去做他们的事，谁料想此时有人大喊一声：“糟了，新华社发来的照片像素太低，放大成封面根本看不清。”

总编室主任马上叫人与香港方面联系，心想：“我们不是派人去了吗，也许他们有办法搞到照片。”但转念又想：“这个‘也许’可能只有百分之一的希望，因为按当时的严格规定，《广州日报》的记者是进不了会场的。”

不久，香港那边传话来了：“我们的摄影记者林岗说：‘行！我们拍了。’”过了一会儿，香港那边果然传照片过来了，一看，真是大喜过望，不但图像清晰，可以放大做封面，而且抓拍的场面视觉效果更好。

报纸采编工作做好了，还要印得好。广州日报印务中心当时还没有搬到现在世界一流的新印务中心，为出 97 版，当时印刷车间 4 台印刷机日夜连续运转，中心 180 多名职工和印刷机一样，都处于超负荷工作状态。印务中心从电脑排版、扫图、制版、印刷的各个环节通力合作，由于工作量是平时的很多倍，很多同志都主动连续工作十多个小时。通过各个环节的员工的通力合作，印务中心为 97 版的出版赢得了主动。

真正的发行大决战是从 1997 年 7 月 1 日凌晨 2 时开始，全报社共 1 000 多名发行员工全部集结待命，这比正常送报时间提前了 3 个小时。先是将当晚赶印的即时新闻纸与事先印好的报纸分批人工打包（当时还没有自动打包机器），一吨半的小货车将打包好的报纸分送珠三角城市及广州本地各个发行站。但没有想到，刚刚到了早上 9 时多，广州本地多数报摊的当日报纸都告脱销。印刷厂仍然人歇机不停地抓紧印刷，过了中午当天滚动印刷的第二版出厂，发行员工随即迅速开始当天的第二场战役。

梁建中说，当时《广州日报》每日发行量在 40 万~50 万份，原来估计当天的发行量在 80 万份左右，谁也未能预料到会反响这么强烈，当天不少报摊打电话来说早上八九点报纸就被一抢而空。有的批发商被逼无奈只得找上报社，甚至求我们给他报纸。随后，位于人民中路的广州日报社被市区各地赶来的读者围得水泄不通。由于聚集的读者太多，甚至惊动了公安部门。

逐鹿广州，谁能胜出

广州市委宣传部向笔者出具的关于广州地区报业存在问题的课题报告，有一定分量，其主要观点是：

报业集团主报定位趋同，集团间竞争激烈

广州地区虽然拥有三大报业集团，但三大报业集团之间的主要报纸，如《南

方日报》《南方都市报》《广州日报》《羊城晚报》《新快报》《信息时报》等，基本都定位于大众综合性报纸，并且受众目标市场都集中于广州等少数几个经济总量较大的城市，这使广州地区报业集团之间争夺受众市场、广告市场的竞争非常激烈。这种竞争虽然对挖掘报业发展潜力有很大的促进作用，但有时报业集团间的竞争会演变为相互掣肘，这种现象有待改观。

报业集团结构不尽合理，综合优势不突出

这里的“报业集团结构”主要是指报业集团内部各媒体市场定位所形成的结构关系。作为报业集团，只有母子媒体之间市场定位结构合理，形成相互依托之势，报业集团实力才能不断壮大。广州日报报业集团中，《广州日报》在经营上比较突出，《足球报》《南风窗》在国内同类报刊中较有影响，但集团其他报刊定位比较狭窄，利润仅有十多万元，一些报纸甚至还要集团提供经费支持，不能在报业集团中形成千帆齐发的态势。南方日报报业集团结构相对稳定，主报、子报在各自的市场上优势比较明显，如《21 世纪经济报道》甫一创刊便在主要城市发行 30 万份，成为当今中国三大经济报纸之一；《南方周末》从 1983 年创刊以来，发行已经达到 90 万份，成为在全国非常有影响的、敢于针砭时弊的报纸。但从整体上看，南方日报报业集团的定位结构仍不尽稳定，内部部分报刊市场容量有限，主报在经济上不能带动整个报业集团的发展。羊城晚报报业集团虽然总体实力较强，但主报在报业市场中的强势地位不够突出，其子报亦由于定位问题在经营上有不利因素。不容忽视的是，广州日报、羊城晚报两家报业集团内部都存在着定位相近的大众型综合报纸，如《广州日报》与《信息时报》，《羊城晚报》与《新快报》，这使报业集团在面临外部竞争压力的同时，还要因内部竞争而分散部分资源。因此，随着国外媒体集团的加速进入，广州地区报业集团与国外媒体集团之间的实力差距也日益凸现出来。例如《纽约时报》一年广告收入达到 20 亿美元，是广州日报报业集团现有水平的 10 多倍。这使广州地区报业集团面临着更大的挑战。

报业集团资产管理模式仍在事业和企业之间徘徊，有效的集团管理模式和政府—报业之间的成熟管理架构尚未真正形成。广州地区报业集团在经营上虽然在全国处于领先地位,但在集团管理架构、集团定性、产权管理结构上仍存在着一些问题,集团资产不够明晰,财务管理欠规范,监督机制不完善,实质上尚未完全跳出旧体制的窠臼。并且,政府与报业集团之间的资产管理、监督关系也未能完全清晰界定,尚未形成深层有效的管理机制。这就在一定程度上影响了报业集团不断发展壮大的速度,使集团在经营上缺乏科学的规范和强劲稳定的动力。

报业集团资本实力仍显不足,收入构成较为单一

广州地区报业集团在全国媒体中实力较强,但集团资本实力与时代要求相比仍显不足。现代报业已经发展成为高投入、高产出的产业,印刷设备的更新换代、技术改造,人才的引进,庞大的发行队伍的维持,报业集团结构的调整,不良资产的清理,跨地区、跨行业、跨媒体的发展等,都需要有充裕的资金才能维系。而广州地区报业集团虽有一定盈余,但面对跨越式的大发展战略时却捉襟见肘,缺乏底气。并且,广州地区报业集团收入结构单调,主要以广告作为收入来源,资产经营、文化产业等方面与国际接轨的运作能力远未走向成熟。这使广州地区报业集团在新的挑战、新的机遇来临时,缺乏持续大发展的后劲。

3 家集团资产总额超过 100 亿元

重庆智库、大运河智库联合调研组获悉,2018 年 7 月 27 日,国家新闻出版署发布《2017 年新闻出版产业分析报告》(以下简称《报告》)。《报告》显示,2017 年,新闻出版产业规模、效益稳步提升。全国出版、印刷和发行服务(不含数字出版)实现营业收入 18 119.2 亿元,较 2016 年同口径增长 4.5%;拥有资产总额 22 165.4 亿元,增长 3.0%;利润总额 1 344.3 亿元,增长 2.7%。

《报告》指出,传统报刊业务仍下滑,利润止跌回升。报纸出版总印数、总印张降幅收窄。受益于上市公司信息披露业务大增,证券类报纸营业收入和利润总额大幅增长;部分报纸受账目调整及补贴等因素影响,利润总额增长较大。上述因素拉动报纸出版利润总额增长24.6%。

《报告》显示,上海报业集团、浙江日报报业集团和成都传媒集团3家集团资产总额超过100亿元。报刊出版集团总体经济规模的前10名依次为上海报业集团、浙江日报报业集团、成都传媒集团、陕西华商传媒集团有限责任公司、山东大众报业(集团)有限公司、广州日报报业集团、湖北日报传媒集团、河南日报报业集团有限公司、重庆日报报业集团和南方报业传媒集团。

源头背景

社长领军:中国报业独有模式

报业集团,是以一个实力雄厚的报刊社为核心,以产权联结为纽带,并以产品、技术、经济契约等多种纽带将多个报刊社、子公司联结在一起的多层次产权结构和多法人的经济联合体。毫无疑问,公司在本质上就是企业。企业是以营利为目的的经济实体,它所追求的,除了社会效益,理所当然还应该是经济效益。从报业集团公司的运作上看,可以分为办报和经营两大领域。报业集团内部领导体制主要是"双轨制"。绝大多数报业集团以社长领导下的总编辑和总经理负责制为主,设有集团党委会领导下的编辑委员会和经营管理委员会,在以党委会为最高决策机构的管理体制下,实行采编与经营"两分开"。

源头链接

报纸层级结构和内容结构

报纸根据地域层级划分为全国性报纸、省级报纸、地市级报纸和县级报纸4类。

2017年,共出版全国性报纸78.1亿份,较2016年降低0.8%,占报纸总印数的21.6%,提高1.4个百分点;省级报纸166.7亿份,降低10.2%,占46.0%,减少

1.6个百分点；地市级报纸116.9亿份，降低6.5%，占32.2%；县级报纸0.8亿份，降低1.0%，占0.2%。各级报纸下滑幅度均较上年收窄；全国性报纸所占比重有所提高；省级报纸和地市级报纸降低幅度较大，省级报纸所占比重继续下降。

2017年全国出版报纸的情况（按地域层级划分）

地域层级	总印数/亿份	增长速度/%	比重/%	比重变动/百分点
全国性报纸	78.14	-0.79	21.56	1.36
省级报纸	166.69	-10.17	45.98	-1.59
地市级报纸	116.87	-6.45	32.24	0.21
县级报纸	0.80	-0.98	0.22	0.01
合计	362.50	-7.07	100.00	-0.01

报纸根据内容划分为综合、专业、生活服务、读者对象和文摘5大类。

2017年，全国出版综合类报纸229.1亿份，较2016年降低8.6%，占报纸总印数的63.2%，减少1.1个百分点；专业类报纸103.4亿份，降低3.3%，占28.5%，提高1.1个百分点；生活服务类报纸9.7亿份，降低8.7%，占2.7%；读者对象类报纸16.0亿份，降低6.9%，占4.4%；文摘类报纸4.4亿份，降低7.4%，占1.2%。教学辅导类报纸较为集中的专业类报纸降幅较小，所占比重持续提高；综合类、生活服务类、读者对象类和文摘类报纸降幅较大，读者对象类和文摘类报纸降幅超过上年，综合类和生活服务类报纸所占比重继续下降。

2017年全国出版报纸的情况（按内容类型划分）

内容类型	数量/亿份	增长速度/%	比重/%	比重变动/百分点
综合	229.05	-8.61	63.19	-1.06
专业	103.38	-3.31	28.52	1.11
生活服务	9.70	-8.68	2.68	-0.05
读者对象	16.00	-6.92	4.41	0.01
文摘	4.36	-7.43	1.20	0.00
合计	362.49	-34.95	100.00	0.01

2017 年，共有《人民日报》《参考消息》《环球时报》等 24 种报纸平均期印数达到或超过 100 万份，较 2016 年减少 1 种；其中综合类 9 种，减少 3 种；专业类报纸 13 种（其中教学辅导类 11 种），增加 2 种；读者对象类报纸 2 种，保持稳定。

2017 年平均期印数百万份以上的综合类报纸

排名	报纸名称	刊期	所在省份	2016 年排名	排名变化
1	人民日报	周七刊	北京	1	0
2	参考消息	周七刊	北京	2	0
3	新华每日电讯	周七刊	北京	4	1
4	南方都市报	周七刊	广东	3	-1
5	广州日报	周三刊	广东	9	4
6	都市快报	周七刊	浙江	7	1
7	环球时报	周六刊	北京	12	5
8	半岛都市报	周七刊	山东	6	-2
9	扬子晚报	周七刊	江苏	11	2

与 2016 年相比，《扬子晚报》《环球时报》《南方都市报》跻身前 10，《钱江晚报》《广州日报》《齐鲁晚报》退出前 10；排名前 10 位的综合类报纸每种平均期印数 148.9 万份，减少 11.9 万份，降低 7.4%。

源头延伸

回望报业来路

继 1996 年 1 月诞生第一家报业集团，经济实力的壮大形成了报业集团真正意义的发展高峰，中国报业市场上形成了一批具有典型示范意义的报业集团。

报刊出版集团的经济规模及排名

重庆智库、大运河智库联合调研组获悉，2017 年，报刊出版集团资产规模平缓增长，主营业务收入止跌回升，但利润总额由增转跌。47 家报刊出版集团共实现主营业务收入 391.6 亿元，较 2016 年增加 9.5 亿元，增长 2.5%；拥有资产总额 1 672.4 亿元，增加 53.0 亿元，增长 3.3%；实现利润总额 29.9 亿元，减少 4.2 亿元，降低 12.2%。

2017 年报刊出版集团资产情况

指标	金额/亿元	增长率/%
主营业务收入	391.58	2.48
资产总额	1 672.44	3.27
所有者权益	890.69	2.94
利润总额	29.93	−12.20

上海报业集团、浙江日报报业集团和成都传媒集团等 3 家集团资产总额超过 100 亿元。

2017 年总体经济规模综合评价前 10 位的报刊出版集团

综合排名	集团	综合评价得分	2016 年排名	排名变化
1	上海报业集团	3.653 1	1	0
2	浙江日报报业集团	3.327 0	2	0
3	成都传媒集团	1.749 5	3	0
4	陕西华商传媒集团有限责任公司	1.201 5	6	2
5	山东大众报业(集团)有限公司	1.116 0	5	0
6	广州日报报业集团	1.079 8	4	−2
7	湖北日报传媒集团	1.002 4	7	0
8	河南日报报业集团有限公司	0.876 2	8	0
9	重庆日报报业集团	0.673 3	13	4
10	南方报业传媒集团	0.652 4	10	0

文骐看源头

媒体绕不过的“浅滩暗礁”

美国著名报人约瑟夫·普利策曾说过:“倘若一个国家是一条航行在大海上的船,新闻记者就是船头的眺望者。他要在一望无际的海面上观察一切,审视海上的不测风云和浅滩暗礁,及时发出警告。”

作为广州市委机关报,《广州日报》实绩有目共睹,但《广州日报》也具有较强的地域性,还算不上是国际大都市的主流大报。即使是与次发达国家的大城市相比,例如阿联酋的迪拜、巴西的里约热内卢等,这些城市的编辑理念和选题策划均比《广州日报》领先一截。比如说,仅创办25年的迪拜《海湾新闻报》就是如此。《广州日报》首先要做到发展中国家一线城市里一流报纸的水平,对整个编辑流程的要求和报业的管理都应定位在这一点上,而衡量的标准是,报纸的新闻、图片、标题和版式都不应输给开罗、迪拜、里约热内卢和圣保罗等城市的大报。

从上述角度引申,《广州日报》的国际影响力尚未起步。

值得注意的是,当下报纸应对新媒体挑战还有多少手段?核心是报纸的信息要多、要快,同时还要讲究质量,讲究深度。深度报道是报纸的一大优势,是报纸应对新媒体挑战的一个重要砝码。电视和广播因为表现手段的限制,在深度报道上力有所不及。文字是表现深度内容的很好方式。美国的一些著名大报,《纽约时报》《华盛顿邮报》的深度报道占据70%以上的新闻版面,英国、日本、法国等国家的报纸的深度报道一般都达到了50%。新闻有6要素,国外讲的是“5个W 1个H”:Who,谁;What,何事;When,何时;Where,何地;Why,为什么会发生;How,怎么发生的。一般的新闻主要集中在前4个W,深度报道的重点放在Why或者How上面,着重于“新闻背后的新闻”,揭示新闻事件发生的背景、原因、意义以及发展趋势。

从现实观瞻,国外传媒在主营报纸的同时,也从事广播电视、书籍出版、通信娱乐及其他相关行业的经营业务,成了跨媒介或多媒体的媒介产业集团。它们中的一些超大型集团,拥有巨额资本,实力强劲,不仅在国内经营,而且向海外发展,形成了跨国性国际报业集团。这些境外超级传媒进入中国,对我国报业文化市场的冲击是可想而知的。

乍看,上述问题似乎在叫板中国的传播媒体知觉,事实上,这远远不够。中国的报业发展能否与国际接轨,怎样应对别国输入的文化,将考验管理层的施政智慧。

16

中国第一个国家级人才市场

——中国北方人才市场

人才市场津门首发牌
当仁不让羊城再抢筹

从全球范围观瞻,以国家为主的国际竞争大体上经历了工业革命以前的体能型竞争、工业革命后的技能型竞争、第二次世界大战以后的智能型竞争等几个阶段。进入21世纪以来,国际竞争已经进入以人才竞争为核心的综合国力竞争。而我国第一家国家级区域性人才市场——中国北方人才市场则先于20世纪90年代初期诞生,于1994年9月28日揭牌。

天津市争得“头牌”

1992年召开的十四大明确提出,我国改革的目标是建立社会主义市场经济体制。根据这一精神,全国许多地方都在积极探索建立人才市场。1994年8月30日,人事部与中组部联合发出关于《加快培育和发展我国人才市场的意见》,文件强调为了建立社会主义市场经济体制,必须把我国人才市场的建设推向一个新阶段。这份文件还对如何发展我国人才市场提出了具体要求。

中国北方人才市场是由人事部和天津市人民政府合办、天津市人事局具体管理的、现已发展成为中国华北地区覆盖面最广的国家级大型人才市场,是全国七大区域性人才市场之一。市场为副厅局级事业单位,与天津市人才服务中心实行一套机构、两块牌子。市场面积4 000平方米,设有现代化的综合接待大厅和人才交流大厅,拥有国内领先的计算机网络系统,采用大屏幕发布人才智力信息,具有良好的硬件基础。

中国北方人才市场实行管委会领导下的总裁负责制,管委会的职责是:审议市场管理规则,制定市场发展规划,指导、协调、监督市场运作,规范市场行为,保证市场健康、有序地发展。

管委会由天津市人民政府、人事部等有关方面的领导组成。市场下设综合部、行政财务部、国内交流部、国际交流部(天津市留学服务中心)、人事代理部、培训部(天津市机关事业单位工人技术等级岗位培训考核指导中心)、信息部、人才报编辑部、实业开发部,分别承担人才交流、人才信息、人才培训、流动人员社会保障、留学服务、赴外劳务、毕业生就业指导、人才测评、人事代理、人才报编辑出版、实业开发等功能。

以上纵然可以理解为一种规模和格局。而对人才和人才市场较早进行定性的是中国北方人才市场的主管机构——天津市人事局。

1996 年,天津市人事局发布《天津市人才市场管理若干规定》:人才是指具有中专以上学历或者取得专业技术职务任职资格的专业技术人员和管理人员,以及其他具有相当的专业特长和管理水平,从事专业技术和管理工作的人员。

而人才市场是指以人才和用人单位为主体,为人才择业和单位招聘提供中介服务的组织和场所。人才市场的管理包括对人才交流服务机构和人才招聘交流会及其他交流服务活动的管理。

事实上,今天看来比较普通的事情,当初界定它的范畴都显得那么不容易。

中国北方人才市场成立以后,天津市人才供求信息发布范畴有用人单位招聘需求与各类人才择业需求两部分,由各有关人才交流服务机构定期统计上报的基础数据汇总而成。其中,用人单位对各专业人才的招聘需求,由在人才交流服务机构进行日常招聘登记的用人单位的招聘需求和通过人才交流服务机构招聘网站及各类招聘活动进行招聘的用人单位的需求组成;各专业人才的择业需求,由在人才交流服务机构进行日常求职登记的各专业人才的择业需求和通过人才交流服务机构招聘网站及各类招聘活动在招聘单位登记的求职人员的求职意向组成。

首批提供人才供求信息的范围为:①中国北方人才市场、天津北方人才港股份有限公司;②市内六区人事局所属人才交流服务中心;③东丽、西青、津南、北辰、塘沽、大港、武清区人事局所属人才交流服务中心;④开发区、保税区、新技术产业园区劳动人事局所属人才交流服务中心；⑤津轻、工商联人才交流服务中心，外企人才咨询服务有限公司。

中国北方人才市场管理体制的独特之处还在于，它虽然是人事局领导下的事业单位，但它按照现代企业制度的要求，参照国内外先进企业的管理制度和方法，建立起了一套行之有效的组织结构。

中国北方人才市场的组织结构分为3个部分：第一部分是市场主体部分，包括7个事业部；第二部分是分布在市内各处的办事处，即市场属下的分部；第三部分是人才市场属下的各类经济实体，它们有的是在原事业部基础上的功能延伸和扩展。

在各个事业部内部，又按任务（服务项目）划分为不同的项目小组自由组合。这种结构是围绕特定项目而建立的，每一项目设有项目经理，并根据项目要求，给予项目经理相应的任务、责任和权力。在项目执行期间，为项目经理配置一定数量的来自职能部门的人员，共同组成项目组织，项目组织中各职能小组成员在行政上仍隶属原职能部门，同时受项目经理领导。项目一旦完成，各职能小组成员返回原职能部门。这种组织结构的优点是：每个管理人员同时受纵、横两方面管理部门的领导，容易沟通信息、强化协调、提高效率。这是现代企业制度中的一种比较好的组合形式，北方人才市场对其加以吸收运用，使自身具有较强的活力。

2008年6月，天津市人事局与北京大学联合举办了“北京大学—天津创新人才讲坛”。天津市委组织部副部长、市人事局负责人指出，开办滨海创新人才大讲堂，是天津市加强高层次人才队伍建设，搭建市校人才培养合作交流平台，引入高端管理理念，培育创新思想，注入创新活力的重要举措，是人事人才工作围绕滨海新区开发开放，服务于经济大局，服务于高层次人才思想建设，提高高层次人才创新能力的关键步骤。确保经济高速列车开到哪儿，人事人才服务就要跟到哪儿。

无法回避的问题

中国北方人才市场在众多人才市场竞争中脱颖而出,成为华北地区规模较大、覆盖面广、功能全的人才市场。其在人才交流、人事代理、人才测评等多方面,以优质的服务赢得了人们的赞誉,而其人才信息网络系统以先进的技术、丰富的信息资源覆盖了更广阔的市场。在全国七大区域性人才市场中,中国北方人才市场已位列前茅,但仍面临不少问题。

首先,其他职能部门批准和建立的人才市场对中国北方人才市场提出了挑战。20 世纪 90 年代初,民办机构在人才服务市场上占主导地位,政府并没有大规模进入人才服务业,因此人才服务行业处于鱼龙混杂、无序竞争时期。

其次,受到劳务市场的严重冲击。劳动部门兴办的劳务市场对中国北方人才市场冲击最大。它们原来主要面向有一定劳动技能的求职者,而人事部门兴办的人才市场主要面向具备专业技术身份的人才。尽管两者的服务对象偶然有所重合,但总的来说不是竞争激烈的对手。但是,近几年企业实行全员劳动合同制,干部与工人之间的身份壁垒正在逐渐淡化。许多在各种类型企业工作,具有高学历的流动人员,原本应该进入人才市场,但是由于来自劳动部门的行政干预,却最后不得不进入劳务市场。这种现象的出现,对北方人才市场的人才代理业务威胁最大。

最后,民营猎头公司在高级专门人才市场上已占有一定优势。高级人才服务领域,是天津近几年新兴的服务领域。它具有业务能力要求高、风险大、利润高的特点。中国北方人才市场由于机制上不够灵活、高级人才信息缺乏等原因,在高级专门人才市场开拓上成效不大,难以与有一定外资背景或具有多年经营经验的民营、外资猎头公司比肩。

黎子流力挺“南方人才”

中国北方人才市场面临的问题似乎被延后一年成立的中国南方人才市场

一一化解。

1994 年 10 月 3 日，广州市人才交流服务中心向人事局领导递交了《争办南方人才市场，再创人才交流新优势》的报告。报告总结了人事局所办的人才交流服务中心 10 年来的经验以及当前面临的机遇和挑战，提出了建立区域性大型人才市场的设想。时任广州市人事局局长凌伟宪于 10 月 6 日批示："此事我市已严重滞后。我同意抓紧做好部和市领导的工作，争取上级的支持，把南方人才市场尽快建起来。在人才交流市场没建起来之前，借款或贷款都要先找个地方开办起来，以后市场这个地方仍然可用的。此事向市领导报告，争取办成。"经讨论决定将待申办的人才市场命名为"中国南方人才市场"。

要创建大型人才市场，面临着许多困难：一是没有经验。虽说全国已成立了几个大型人才市场，但广州的实际情况不同，华南地区是全国市场经济最发达的地区。在全国"孔雀东南飞"的热潮下，广州是人才流动最频繁的地区之一，广州可以借鉴别的人才市场的经验，但不可能照搬照抄。二是缺乏资金。人才市场的启动需要大量经费，而且其投入必须承担激烈市场竞争的风险。三是没有现成场地。市人事局所属的人才交流服务中心的场所，远远不能适应建立大型人才市场的需要，必须另找场地。四是必须协调好各种关系。有些部门和同志对广州市人事局创办大型人才市场有不同看法，在实际工作中也存在一些阻力。

为了解决上述困难，办成人才市场，广州市人事局首先派人对国内几个大型人才市场进行了考察，对广州及华南地区的实际情况做了认真的分析，并对办大型人才市场进行了充分论证。在此基础上，广州市人事局下定决心，积极创造条件，兴办中国南方人才市场。

第一步是向市领导汇报，提出广州申办"中国南方人才市场"设想。1994 年 10 月 25 日，人事局向市政府递交了《关于以市政府名义申办中国南方人才市场的请示》。常务副市长陈开枝审阅了请示，于 1994 年 10 月 27 日批示"同意"，并上报市委书记和市长。市委书记高祀仁于 1994 年 11 月 11 日批示"我同意，此事要抓紧办”。市长黎子流也于 1994 年 11 月 14 日在请示上批示“同意。祀仁同志已批示,抓紧边申请边办,地方选准,先租现成用,来得快,再物色准地方,可在规划指导下新建符合南方市场规模的场地”。

得到了市领导的支持,市人事局信心更足了。他们参照其他 3 个国家级大型人才市场的办法,决定向市政府请示,以市政府的名义向人事部申办。1994 年 12 月 10 日,市人事局给黎子流市长写信,请示代市政府恳请与人事部共同组建中国南方人才市场,并附了所草拟请示报告。黎子流市长于 12 月 14 日批示“同意。人事局先行申办,市领导可安排在到京时一并再争取,请人事局与办公厅领导联系安排”。

1994 年 12 月 18 日,广州市人事局派人将广州市人民政府关于恳请与人事部共同组建中国南方人才市场的函,递送到了人事部,并向宋德福部长汇报了广州市委、市政府支持建立人才市场的态度。这封请示函阐述了广州市社会经济发展的基本情况、当前广州市的工作重点以及迫切需要人才和人才交流的问题,并介绍了广州市 10 年来进行社会人才交流的情况,分析了在广州建立区域性人才市场的紧迫性和具体条件。

人事部领导很重视广州市申办“中国南方人才市场”的事,宋德福部长亲自过问此事。人事部派出了以流动调配司副司长何宪为领队的考察小组,于 1995 年 4 月 1 日—3 日对广州筹建中国南方人才市场的工作进行了考察。考察小组听取了广州市人事局关于筹建工作的汇报,实地考察了选址。常务副市长陈开枝会见考察小组时,再次表示广州市政府希望与人事部共建中国南方人才市场的诚意,并希望人事部早日批复。何宪副司长总结考察结果认为:广州的筹建工作比较认真,考虑问题比较周全,比其他几个申办人才市场的城市,如重庆、成都、西安都准备充分,无论硬件还是软件都具备了建国家级人才市场的条件,目前关键问题是省会城市必须争取省人事厅的支持。

1995 年 4 月 5 日,市人事局向黎子流市长汇报了筹建工作。得到市政府支持后,于 1995 年 4 月 18 日向广东省人事厅递交了《关于广州市人民政府和人事部筹建中国南方人才市场的报告》，请示由广州市政府、国家人事部、省人事厅联合组成市场工作领导机构。人事厅经全面考虑，表示支持广州办大型人才市场。

1995 年 5 月 16 日，人事部部长办公会议决定，同意与广州市政府合办中国南方人才市场。何宪副司长于 5 月 25 日再次来到广州，分别召集广东省人事厅和广州市人事局负责同志开会。何宪副司长根据人事部部长办公会议的决定，对广东省人事厅提出了三点要求：

一是要把中国南方人才市场纳入广东省人才市场建设范围中考虑，并作为其组成部分，加强统一规划和领导；二是省人事厅要参与中国南方人才市场的组建考察工作，参加开业后的管理工作，具体经营管理由市里负责；三是请省人事厅帮助协调与周边城市的关系，使中国南方人才市场更好地发挥辐射作用。省人事厅副厅长钟耿瑞表示拥护人事部的决定，支持广州把中国南方人才市场办好。

1995 年 6 月 20 日，人事部正式复广州市人民政府《关于同意与广州市人民政府共同组建中国南方人才市场的复函》，同意共同组建中国南方人才市场。

林树森曾兼任“南方人才”管委会一把手

广州市人事局在争取各级领导的支持、积极申办中国南方人才市场的同时，克服重重困难，进行了基础设施、管理机构的筹建和规章制度的起草。

1995 年 1 月 7 日，市人事局向黎子流市长请示予以经费支持，黎子流市长当即表示同意。伍亮副市长批示由财政局当年借款 500 万元，以解决建立人才市场所需资金。

中国南方人才市场场地建设是摆在面前的大事。广州市人事局没有现成的地方，决定先租借场地。原计划租用环市西路 92 号广交会招待所，但在正式签约前几天，物主方突然改变主意，租借场地之事没有结果。广州市人事局经过再三考虑，认为租房不如买房。经过多方物色、比较，最后选中天河路 104 号华普大厦。该楼共三层,面积 2 700 平方米,拟购其一、二层 1 700 多平方米(距人事部要求的 4 000 平方米尚有一定差距),需花费 2 900 万元。1995 年 5 月 27 日,人事局经过向黎子流市长请示获准实施人事局提出的方案之一,即人事局自筹 1 000 万元,市政府拨款 1 000 万元(前已拨 500 万元),市政府协调财政局和银行低息贷款 1 000 万元(以北秀大厦作抵押),购买此场地,由人事局负责装修。

1995 年 6 月 20 日得到人事部同意组建中国南方人才市场的批示后,人事局正式选定天河路 104 号华普大厦作为中国南方人才市场的场址,并着手进行装修、计算机系统安装和调试,同时紧张拟订市场总体规划、市场章程、市场会员制办法、招聘应聘管理暂行办法等文件,积极策划市场的宣传工作。

接着是筹建人才市场管理机构。1995 年 7 月 5 日,市人事局就中国南方人才市场组织机构设置的问题向黎子流市长请示,建议成立市场管委会,下设办公室,办公室为副局级单位,实行财政差额拨款。市长批示同意人事局的建议,市政府办公厅批复同意中国南方人才市场的意见。

1995 年 7 月 18 日,人事局向市编委请示中国南方人才市场机构设置配置事业编制 50 名(当时中国上海人才市场为 140 名,北方人才市场为 109 名,沈阳人才市场为 78 名)。1995 年 8 月 25 日,广州市机构编制委员会批复,同意配置事业编制 50 名。

为了加强对中国南方人才市场的领导,促进同周边地区人事部门和人才服务机构的联系与协作,广州市人事局于 1995 年 7 月 16 日,将筹建中国南方人才市场的情况向广东省人事厅做了汇报,并希望得到人事厅的大力支持和指导,特邀人事厅一名领导参加管委会的领导工作。又于 8 月 2 日致函人事部,恳请人事部一位领导担任中国南方人才市场管委会职务,并邀请人事部领导参加中国南方人才市场的开业典礼。

1995 年 8 月 23 日,广州市人民政府颁发了《关于组建中国南方人才市场的通知》的文件。文件要求,中国南方人才市场要坚持为经济建设和改革开放服务,为人才服务,为用人单位服务的宗旨,立足广州,服务全国,面向世界,与国际人才市场接轨;在公正平等、互通有无、互惠互利的原则下,全面开展与周边城市、港澳地区以及海外进行人才和技术交流。文件同时规定了中国南方人才市场的功能,即人才交流调配、培训、测评和流动人才管理;人才、智力信息的收集与发布,人才交流中介管理和人才招聘广告审批,大中专毕业生就业指导和国际人才交流等综合性服务。文件还公布了由人事部、广州市人民政府、广东省人事厅和广州市人事局等各级领导共同组成的首届中国南方人才市场管理委员会,委员会下设办公室(在广州市人事局内),凌伟宪兼任办公室主任,中国南方人才市场由广州市人事局具体管理。

中国南方人才市场设行政部、人才交流部、流动人员管理部、保险部、培训仲裁部、考试测评部、信息部等 7 个部门,从事人才交流、人才培训、测评、保险、管理等项目,为人才流动、人才求职、单位选贤提供一条龙服务,为企业和人才解决简单招聘所带来的一系列复杂人事问题,真正实现招聘与就业相配套。

中国南方人才市场设在天河路 104 号华普大厦,总面积近 2 000 平方米,总投资 3 500 万元。场内设置了国内最先进的计算机人才信息网络系统、电话、传真机等设施,可 24 小时开通,为人才交流服务。

1995 年 9 月 13 日 10 时 30 分,中国南方人才市场在天河路 104 号华普大厦前的广场上举行了隆重的开业典礼。国务委员李贵鲜,人事部部长宋德福,广东省委常委组织部部长刘凤仪以及人事部,广州市委、市政府,广东省人事厅,广州市人事局的领导出席了开业典礼。开业典礼由黎子流市长主持,李贵鲜、宋德福等领导剪彩并发表讲话。

广州市委、市政府对建立中国南方人才市场给予了高度重视,从筹备到正式建立,时任市委书记高祀仁、市长黎子流等领导先后作了 10 多次重要指示。

1997年6月6日,广州市人民政府办公厅下发了《关于调整中国南方人才市场管理委员会成员的通知》,组建了第二届管理委员会:

主任:林树森

副主任:戴光前(人事部)、游国经(广东省人事厅)、伍亮

秘书长:凌伟宪

副秘书长:潘潇

委员:张伯仕、房明玉、陈尔雄

光阴荏苒,2003年12月26日,《中共中央、国务院关于进一步加强人才工作的决定》指出,建立和完善人才市场体系。根据完善社会主义市场经济体制的要求,全面推进机制健全、运行规范、服务周到、指导监督有力的人才市场体系建设,进一步发挥市场在人才资源配置中的基础性作用。建立和完善人才市场机制。遵循市场规律,进一步发挥用人单位和人才的市场主体作用,促进企事业单位通过市场自主择人和人才进入市场自主择业。以上纲领一如行动指南,将使一北一南的两个人才市场长期乐此不疲。

2010年5月25日,在京召开的全国人才工作会议提出"建设人才强国"。

中办国办文件对"人才评价"定了调子

2018年7月,新华社公开了中办国办印发的《关于深化项目评审、人才评价、机构评估改革的意见》,文件导语指出,项目评审、人才评价、机构评估(以下简称"三评")改革是推进科技评价制度改革的重要举措。文件正文中关于"改进科技人才评价方式"涉及五个方面:

——统筹科技人才计划。加强部门、地方的协调,建立人才项目申报查重及处理机制,防止人才申报违规行为,避免多个类似人才项目同时支持同一人才。指导部门、地方针对不同支持对象科学设置科技人才计划,优化人才计划结构。

——科学设立人才评价指标。突出品德、能力、业绩导向，克服唯论文、唯职称、唯学历、唯奖项倾向，推行代表作评价制度，注重标志性成果的质量、贡献、影响。把学科领域活跃度和影响力、重要学术组织或期刊任职、研发成果原创性、成果转化效益、科技服务满意度等作为重要评价指标。在对社会公益性研究、应用技术开发等类型科研人才的评价中，SCI（科学引文索引）和核心期刊论文发表数量、论文引用榜单和影响因子排名等仅作为评价参考。注重个人评价与团队评价相结合，尊重和认可团队所有参与者的实际贡献。引进海外人才要加强对其海外教育和科研经历的调查验证，不把教育、工作背景简单等同于科研水平。注重发挥同行评议机制在人才评价过程中的作用。探索对特殊人才采取特殊评价标准。对承担国防重大工程任务的人才可采用针对性评价措施，对国防科技涉密领域人才评价开辟特殊通道。

——树立正确的人才评价使用导向。坚持正确价值导向，不把人才荣誉性称号作为承担各类国家科技计划项目、获得国家科技奖励、职称评定、岗位聘用、薪酬待遇确定的限制性条件，使人才称号回归学术性、荣誉性本质，避免与物质利益简单、直接挂钩。鼓励人才合理流动，引导人才良性竞争和有序流动，探索人才共享机制。中西部、东北老工业基地及欠发达地区的科研人员因政策倾斜因素获得的国家级人才称号、人才项目等支持，在支持周期内原则上不得跟随人员向东部、发达地区流转。合理发挥市场机制作用，逐步建立高层次人才流动的培养补偿机制。

——强化用人单位人才评价主体地位。坚持评用结合，支持用人单位健全科技人才评价组织管理，根据单位实际建立人才分类评价指标体系，突出岗位履职评价，完善内部监督机制，使人才发展与单位使命更好地协调统一。按照深化职称制度改革方向要求，分类完善职称评价标准，不将论文、外语、专利、计算机水平作为应用型人才、基层一线人才职称评审的限制性条件。落实职称评审权限下放改革措施，支持符合条件的高校、科研院所、医院、大型企业等单位自主开展职称评审。选择部分国家临床医学研究中心试点开展临床医生科研评价改革工作。不简单以学术头衔、人才称号确定薪酬待遇、配置学术资源。

——加大对优秀人才和团队的稳定支持力度。国家实验室等的全职科研人员及团队不参与申请除国家人才计划之外的竞争性科研经费,由中央财政给予中长期目标导向的持续稳定经费支持。推动中央部委所属高校、科研院所完善基本科研业务费的内部管理机制,切实加强对青年科研人员的倾斜支持。

重庆智库、大运河智库联合调研组注意到,文件针对的是“改进科技人才评价方式”,而社会科学人才是否参照执行,尚待观察。

源头背景

党和国家领导人视野中的人才

党和国家领导人历来十分重视我们党和国家的发展战略,从军事战略到人才战略都有很多精辟的论述。

毛泽东很早就注意到人才对于革命和建设事业的极端重要性。他关于人才的战略思想主要有7个方面:一是政治路线确定之后,干部就是决定因素的思想;二是培养造就无产阶级革命事业接班人的思想;三是建立宏大的无产阶级人才队伍的思想;四是坚持德才兼备、又红又专的思想;五是坚持任人唯贤、反对任人唯亲的思想;六是善于发现、培养、使用、识别和爱护人才的思想;七是确立知识分子战略地位和作用的思想。在这几个方面,毛泽东都有很多精辟的论述。

邓小平在继承毛泽东人才思想的基础上,在新的历史条件下有了新的发展。围绕“科学技术是第一生产力”这个著名论断,邓小平指出:“尊重知识、尊重人才是长远的根本大计”,“我们工人阶级的杰出人才,是来自人民的,又是为人民服务的。在广泛的群众基础上,才能不断涌现出杰出人才。也只有有了成批的杰出人才,才能带动我们整个中华民族科学文化水平的提高。”

要求各级党委和政府把加速培养优秀人才作为一项十分迫切的战略任务来抓,"要创造一种环境,使拔尖人才能够脱颖而出",并对人才进行"科学地组织管理"。他强调"一个重要的问题,是对又红又专要有正确理解、合理的要求",认为"人才是有的。不要因为他们不是全才,不是党员,没有学历,没有资历,就把人家埋没了",必须打破"人要完人"的形而上学的思想。他主张建立科学的选人用人机制,"在人才的问题上,要特别强调一下,必须打破常规去发现、选拔和培养杰出的人才"。在人才培养上,提出教育培训是人才培养的基础环节,强调"要抓教育,从娃娃抓起",加强人才的实践锻炼,积极向国外派遣留学人员等。

十三届四中全会以来,江泽民进一步发展了毛泽东和邓小平的人才战略思想,提出了"人才资源是第一资源"的重要论断,强调"我们进行的一切工作,既要着眼于人民现实的物质文化生活需要,同时又要着眼于促进人民素质的提高,也就是要努力促进人的全面发展",提出人才队伍建设要由党的人才队伍建设扩大到国家和社会的人才队伍建设,重点要建设一支善于治党治国治军的优秀领导人才队伍,一支自然科学、哲学社会科学和工程技术人才队伍,一支经营管理人才队伍,强调要突出人才创新素质和创新能力的培养,大力实施人才强国战略,"努力形成广纳群贤、人尽其才、能上能下、充满活力的用人机制,把优秀人才集聚到党和国家的各项事业中来"。

十六大以后,我国人才工作进入一个新的阶段。2003 年 12 月召开了具有里程碑意义的、中华人民共和国成立以来的第一次全国人才工作会议。在这次会议上,胡锦涛指出,"国以才立,政以才治,业以才兴",强调实施人才强国战略,就是要努力造就数以亿计的高素质劳动者、数以千万计的专门人才和一大批出类拔萃的创新人才,建设规模宏大、结构合理、素质较高的人才队伍,开创人才辈出、人尽其才的新局面,大力提升国家核心竞争力和综合国力,为全面建设小康社会和实现中华民族的伟大复兴提供重要保证。

胡锦涛明确提出了新世纪新阶段我国人才工作的根本任务,就是要抓好人才强国战略的实施;要求牢固树立科学的人才观,就是要牢固树立人才资源是第一资源的观念,人人都可以成才的观念,以人为本的观念;强调要坚定不移地贯彻"党管人才"的原则,重点抓好制定政策、整合力量、营造环境"三个环节",正确处理好党管人才和尊重人才规律、党管人才和市场配置人才资源、党管人才和依法管理人才这"三个关系",进一步加强和改进对人才工作的领导,不断提高人才工作水平。

担任党和国家最高领导人后,习近平每年都会出席国家科学技术奖励大会,为优秀科技工作者颁奖。他还多次看望慰问科研人员,到多地视察参观科技成果,对科技人才提出殷切期望。

2014 年 6 月,习近平在两院院士大会上引用了《诗经·大雅·文王》中的一段话来表达求贤若渴的心情:"周文王尊贤礼士,贤才济济,所以国势强盛。千秋基业,人才为先。实现中华民族伟大复兴,人才越多越好,本事越大越好。"

2015 年 1 月 9 日,习近平向获得 2014 年度国家最高科学技术奖的中国科学院院士于敏颁奖。

2016 年 4 月 19 日,习近平在网络安全和信息化工作座谈会上说:"互联网领域的人才,不少是怪才、奇才,他们往往不走一般套路,有很多奇思妙想。对待特殊人才要有特殊政策,不要求全责备,不要论资排辈,不要都用一把尺子衡量。"

2016 年 5 月,习近平做出重要指示,强调要把《关于深化人才发展体制机制改革的意见》落到实处,加快构建具有全球竞争力的人才制度体系。

2018 年 5 月,习近平在北大考察时指出:"高素质教师队伍是由一个一个好老师组成的,也是由一个一个好老师带出来的。2014 年教师节时我同北京师范大学的师生代表座谈时就如何做一名好老师提出了 4 点要求,即:要有理想信念、有道德情操、有扎实学识、有仁爱之心。"

源头链接

二、三线城市引进人才力度

引才规模大的城市代表	政策表述
长沙	未来5年累计引进约120万名各层次人才
武汉	5年内吸引100万名大学生
西安	5年引才育才100万名左右
郑州	每年引进约21万名
合肥	5年吸引100万名大学生在合肥就业创业
海南	到2020年引进20万名各类人才,到2025年实现“百万人才进海南”目标
沈阳	未来5年,吸引储备70万名大学毕业生在沈阳就业创业,吸引万名高精尖人才
南昌	未来5年累计引进约63万名各类人才

重庆智库、大运河智库联合调研组研判,前述二、三线城市引才具有以下特征:一是引才规模大。“5年100万”是标配。长沙、武汉、西安、郑州、合肥等城市均明确提出未来5年引才百万的目标。按照这个目标,未来城市的人力资源将得到极大改善。二是引才范围广。多层次,以大学生为主。引才范围得分较高的城市均制定了较全面的人才引进体系,并非专门针对高层次人才或紧缺型的少量引进。三是落户放开多。本科以上学历均实现零门槛落户。户籍制度不再是城市人才资源流动的障碍。四是安居补贴足。给资格,给补贴。目前许多二线城市安居成本明显提高,注重满足人才的居住需求,另外再加上三五万的购房补贴,力度还是非常大的。五是保障落地。补贴能够到位、有组织的推动、有持续性的细化政策才能保障落地。例如西安、天津、珠海、福州、长沙等城市政策出台频次均在3次以上且逐步细化,西安、天津人才新政频出。以西安、郑州为代表的新兴型城市则举全市之力对外吸引人才,再加上这些城市明确表

态5年要花百亿元用在引才育才上,足见力度之大。

源头延伸

人才转型“风向标”

由显人才转向潜人才。“显人才”指的是在自身所从事工作领域已取得了一定的被公众认可成绩的,带资金、带资源的人才。这类人才在引进后,政府仅需为其做好配套措施,即可享受人才产生的价值效应,后期培养、开发的投入较少。综观各地之前的政策,最受政府青睐的便是此类人才。“潜人才”是指具有创造价值、取得成绩的潜力,但尚未被挖掘、认可的人才。一直以来,各地的人才政策都未给予“潜人才”足够的重视,这一现象在新一轮的“人才大战”中得以改变,“储备人才”“青年人才”等“潜人才”的代表词在各地人才新政中频频出现。

由注重名牌院校转为注重实用人才。在过去的人才引进政策中,有的地方持“对博士生不设院门,对研究生敞开大门,对本科生开扇小门,对专科生稍开窗门,对中专生紧锁铁门”的态度,造成“高才”低用、“大才”小用、“优才”劣用。有的单位以丰厚的待遇抢得高学历的名校毕业生,而在实际的工作安排中又往往让其干普通人员就能干的工作,造成“人才浪费”现象。

由通用人才转向紧缺人才。在人才争夺中,作为在全国提出建立“科技创新中心城市”的北京、上海,在人才新政出台之初就主要聚焦于紧缺人才。2018年3月,上海市出台的《上海加快实施人才高峰工程行动方案》中聚焦了宇宙起源与天体观测、光子科学与技术等13个科技领域的高峰人才;2018年2月,《北京市引进人才管理办法(试行)》中可优先落户的,进入“绿色通道”的包括文化创意人才、国际交往中心建设等10类人才。部分新一线及二、三线城市也陆续出台或即将出台紧缺人才的引进办法。2018年4月,石家庄最新发布的人才新政中包括了千名产业急需人才支持计划,引进培养现代产业急需的创新人才、科技创业人才和高技能人才1 000名。

文骐看源头

培养和激励孰轻孰重?

人才市场的成立、发展和壮大是人事制度改革的产物,它的诞生本身表明了政府要突破传统人事制度的束缚,进一步适应社会主义市场经济的决心和行动。同时,由于市场与政府有天然的联系,对政府在人事管理、人才市场管理等方面的政策非常熟悉,便于流动人才和用人单位能够很快并准确地获得这方面的信息,以便维护自身的利益。

人才流动是人才在所服务的地区、部门和单位发生变化或转移的一种现象。人才流动有广义与狭义之分,其中,广义的人才流动是指人才从一种工作状态到另一种工作状态的变化;狭义的人才流动是指人才由一个组织向另一个组织的转移。实践表明,合理的人才流动能提高人才的效能,促进经济结构调整。在某种意义上,人才流动问题,亦即人才资源配置问题。所以,人才市场的作用不可小觑!

不过,现阶段的人才问题不仅仅在于流动,培养和激励应该提上桌面。

中国是一个文明古国,具有悠久的历史文化传统。中华民族五千年光辉灿烂的文明史,就是一部人才培养、人才使用的发展史。儒家经典《礼记·学记》中说:“建国君民,教学为先。”最早把维护和巩固统治的要诀归纳为抓教育,抓人才培养。《管子·权修》中说:“一年之计,莫于树谷;十年之计,莫于树木;终身之计,莫于树人。”孔子主张“有教无类”,认为出身低贱的学生,经过教育也可以推荐为官,这对当时贵贱不可冲破、亲疏不可错位的世卿世禄体制下的人才培养和人才选拔是重大的突破。

《辞海》对激励的解释是,“激发使振作”“激动感情使奋发”。人才激励指国家、地区、单位为自身发展需要而采取的人才吸引、人才稳定和人才保障措施。

司马光把人分为四类:才德全备者为圣人,才德兼亡者为愚人,德胜才者为君子，才胜德者为小人。用人之法，若不得圣人、君子，则宁用愚人，不用小人。为什么这么说呢？司马光指出："君子挟才以为善，而小人挟才以为恶。挟才以为善者，善无不至矣；挟才以为恶者，恶亦无不至矣。愚者虽欲为不善，智不能周，力不能胜，譬之乳狗搏人，人得而制之。小人智足以遂其奸，勇足以决其暴，是虎而翼者也，其为害岂不多哉！"司马光是据历史上乱臣贼子多是才有余而德不足之事实而得出此结论的。

人才激励古已有之，古人讲，"大功给重奖，高才赐厚禄""赏务速而后有劝""过时而赏与无赏同"。西方国家对人才激励的研究起步较早，美国行为科学家亚伯拉罕·马斯洛于20世纪50年代，首次从人的需要角度研究人的激励问题，提出了人的生理需要、安全需要、社会需要、尊重需要、自我实现需要等5个层次的需要。美国另一位行为科学家弗雷德里克·赫茨伯格，于1959年提出了保健因素和激励因素的双因素人才激励理论。此后，美国人维克托·弗鲁姆1964年在《工作与激励》一书中，提出了期望理论。认真研究这些激励理论，可以发现其核心在于寻求"为什么努力工作"和"怎样才能使人努力工作"的缘由，并选择正确的激励方法来解决它。

长期以来，人才资源配置存在职位不般配、地区不平衡、结构不合理的问题，出现人才闲置与人才短缺共存的现象。人才市场解决了人才流动问题，接下来培养和激励便是用人单位的题中应有之义。

17

中国第一个中外合资汽车企业
——北京吉普汽车有限公司

汽车合资京粤差异大
真情告白两度娶老外

在改革开放进程中，中国的汽车业一度首当其冲。而率先“引进来”的两个案例，仿佛两滴水映照太阳的光辉，将使我们透过北京、广州两地合资汽车产业的发展，洞悉中国汽车业的前世今生。

“北京吉普”的艰辛探索

北京吉普汽车有限公司（以下简称“北京吉普”）是北京汽车工业控股有限责任公司（以下简称“北汽”）与戴姆勒-克莱斯勒公司、戴姆勒-克莱斯勒中国投资公司的合资经营企业。1983 年 5 月 5 日签约，1984 年 1 月 15 日正式营业，是中国汽车行业第一家合资企业。

1979 年 2 月 2 日，根据中国汽车业发展态势，第一机械工业部和北京市人民政府联合提出了《关于北京汽车制造厂和美国汽车公司合资经营吉普车公司的报告》。经过论证和具体操作，合资经营总合同的签字仪式，于 1983 年 5 月 5 日在人民大会堂举行。当时的合同是双方共同开发军用 212 吉普车。后来有一位领导到美国参观后决定引进切诺基，一些人觉得直接把美国的图纸和技术全拿过来可更快见效，就上了切诺基项目，同时将 212 吉普生产也拿到了合资厂。

1984 年 1 月 15 日，北京吉普开业，这是开中国汽车业合资先河的大事。合资之初，精兵强将、好产品都进入了合资厂，差的设备和缺少技术的工人都留给了母厂，这给老北汽留下个大包袱，影响了以后的发展。合资 10 年的时候，合资企业的利润构成，老产品北京 212 吉普占了一半以上，切诺基只占 40%多，结果让切诺基赚了北京 212 吉普的钱。

作为开拓者,北汽在计划经济的前提下,开始了寻找合作伙伴,引进资金、技术及管理等诸多方面的探索,虽然在过去的20年里付出了昂贵的学费,但通过国际合作,为中国的汽车工业请来了老师,这对中国汽车工业的贡献是不可磨灭的。

1985年9月26日,第一辆命名为"北京吉普"切诺基牌汽车的下线,标志北京吉普公司在引进技术、提高企业制造技术水平上迈上了一个台阶。2002年6月6日,中国政府正式批准了北京吉普延长30年合资经营的新合同。北汽与戴姆勒-克莱斯勒公司将向合资企业新增投资2.18亿美元;北京市还把北京吉普新产品的开发列入"十五"发展规划的十大工程之一,以及北京汽车发展的三大板块,将汽车产业作为北京发展现代制造业的龙头,这为北京吉普的发展带来前所未有的转机。

到2003年3月,北京吉普终于实现扭亏,结束了从1998年开始连续60个月的亏损;到了2004年,北京吉普就向社会提供了70万辆汽车,创造工业总产值达到450亿元,向国家缴纳税费近70亿元。

2002年至今,北汽实施了现代和奔驰两个大项目。2002年10月18日,北京现代汽车有限公司开业,这是中国加入WTO后汽车工业第一家中外合资企业,两个月后,第一辆北京现代索纳塔轿车下线;3年后,北京现代公司产销量已突破80万辆。

据了解,截至2007年10月12日,北汽累计产销汽车500万辆,预计到2010年,北京汽车将实现汽车产能150万辆,产销130万辆,自主品牌产销量不低于60%,成为首都经济高端产业和现代制造业的重要支柱产业。

2016年1月,北京吉普正式投入国产,至2018年8月,先后推出四款国产车型和两款进口车型。

一位不愿透露身份的业内人士认为,北京吉普的不懈探索,为中国汽车工业的自主创新提供了难得的借鉴。在合资企业里,因股权结构复杂,自主研发的产品面临着品牌归属以及产品结构调整等诸多问题,还有外方反对,所以合资企业做自主品牌十分艰难。在初期,尽管一些中方人士认为,凭借多年的越野车生产经验,通过引进一些国外的技术和部件,有能力设计开发出自己的第二代产品。他们利用美国汽车公司的总成、零部件,加上自己搞的车身,也组装成车,然而他们发现,此车没有脱离北京 212 的窠臼。那时中方终于意识到,必须得到外方股东的支持。为了说服外方股东,北京吉普高层曾经组织专门的市场调查小组拿出了十分有分量的可行性报告。而说服工作,是漫长的。

从合资到自主的发展之路颇为艰辛:北京吉普与红旗、解放、东风一样,都是中国最早的自主品牌汽车。北京吉普的合资合作、自主开发走过了 3 个阶段:第一个阶段是从 1984 年到 1992 年,8 年的时间,北京吉普主要做的是消化吸收,通过消化吸收,把吉普的技术引进到切诺基;第二个阶段是从 1992 年开始,在消化吸收基础上,对 JEEP 2020 有了一个脱胎换骨的改变,使 JEEP 2020 有了大的改进,大的发展;第三个阶段就是北京吉普走上了自主开发之路。

“我们始终没有放松自主创新、树立民族品牌的探索,我们先后研制出一批代表国内汽车自主创新能力和水平的产品。形成了以欧曼重卡、欧马轻型载货车、欧 V 大型客车为系列的福田商务车品牌和以 JEEP2500、勇士军车等为系列的北京乘用车品牌。”北汽的一位干部告诉笔者,“目前,北京汽车工业已经形成了包括轿车、商用车、越野车全部产品,高、中、低端门类齐全的产品体系,其中自主品牌产品占到产销总量的 70%。”

值得注意的是,2005 年 5 月 23 日“勇士”的研发成功,标志着北京吉普已经完全具备了从零部件到整车的产品自主开发能力,具备了 100%的知识产权。

时任北汽董事长的徐和谊表示,北汽将在“十一五”末期推出北京牌的系列轿车和越野车,北汽将努力做大这个自主品牌并使之后来居上。

“整车合资,开创了中国汽车产业的先河,对整个北京乃至中国汽车业的影响是深远的。目前,中国汽车产业已经发展到位居世界第二第三的位置,我们还要向前冲!”北汽的一名工程师对笔者如是说。

北汽旗下的四家整车制造企业,形成了包括轿车、越野车等全部产品的整车产品体系,不仅拥有伊兰特、雅绅特为代表的经济型轿车,更拥有奔驰、克莱斯勒两大堪称世界顶级的豪华车品牌,如果上市成功,则有望冲击国内前三强;如果失败,则资金困局依然不得破解,公司的发展必受钳制。一位汽车专家分析说:“看来,北汽还有一些难关要攻克。”

标致“离婚”,本田“续缘”内幕

1985 年 9 月 26 日,标致公司在广州成立了其在中国的第一家合资企业——广州标致汽车公司(以下简称“广州标致”)。然而,这家公司的发展史令业内外人士始料未及。接续使命的是发展得不错的广州本田公司。在 1995 年到 2007 年期间,笔者曾 4 次到访该公司。

而广州汽车业的“感冒”恰恰始于 1994 年。

1994 年元旦出任广州标致汽车有限公司总经理的何焰辉先生怎么也不会想到,标致汽车在这三四年里会发生如此巨大的变化——

1994—1996 年连续亏损。

1997 年上半年盛传法国标致汽车公司将从广州撤资,引得国内外各大媒体一片哗然;继而,广东省汽车办负责人接连通过会议和媒体指出:广东不将汽车作为支柱产业,并不等于广东不搞汽车了。

接着,在 1998 年初举行的“广州标致汽车有限公司”更名为“广州轿车有限公司”挂牌仪式上,广州市副市长张广宁表示:法国标致汽车公司去年底已退出广州汽车项目,广州市另寻合作伙伴,广州市政府将继续把轿车工业作为发展重点。

1998 年 5 月上旬,媒体再度爆炒广州汽车业,“熄火”多时的广东轿车工业重新上马,广州轿车业新的合作伙伴——日本本田技研工业株式会社正式露面。

上述变化用“巨大”一词来表述并不为过,这位曾当选“广州市十大杰出青年企业家”的何总经理,对自己 1995 年 5 月在广州标致汽车公司成立 10 周年纪念活动时的致辞记忆犹新：

诞生于改革开放大潮的广州标致汽车有限公司，已经走过了10年的历程。回顾10载春秋，我们对取得的成就感到欣慰和骄傲。10年来，在中法员工的努力下，广州标致为社会提供了8.5万辆标致汽车，企业盈利累计7亿多元，上缴国家税费36亿多元，取得了良好的经济效益和社会效益。经过10年的拼搏，广州标致从无到有，从小到大。1995年固定资产达到了18亿元人民币，产品国产化率已经超过了60%。在纪念广州标致成立10周年的时候，广州标致人的目光又投向了新的更宏伟的目标——第3期工程建设，力争用两到三年的时间，把广州标致建成年产15万辆轿车的中国南方汽车生产基地。

总经理　何焰辉

致辞的上半部分权当"广东标致"10年的业绩，对于致辞下半部分提到的努力方向，不管是已卸任的何总经理还是哪路高人再无回天之力，因为，"广州标致"已不复存在。"广州标致"汽车的"散伙"和广州轿车业找到新的合作伙伴后，其大发展的新战略均已尘埃落定。慨叹难免，难中砺志。改革开放40年来，中国汽车业的发展在国民经济中举足轻重，而广州标致汽车命运的变化，更引起国人的关注。

笔者急切赴羊城　高级雇员吐实情

1997年8月，笔者二赴广州标致汽车公司，独家采访了一位广州标致的高级管理人员，这位不愿在报纸上透露姓名的先生，向笔者描述了广州标致的轨迹。

从广州方面与法方合资正式成立广州标致汽车有限公司，到1997年6月盛传广州标致汽车有限公司要散伙，再到广州标致汽车有限公司改名"广州轿车有限公司"，这家合资公司的历史实际为12年半时间。

1985年3月15日，公司五方股东于广州花园酒店签署合同，合资成立广州标致汽车有限公司，五方股东所占份额比例如下：

广州汽车集团公司,46%;法国标致汽车公司,22%;中国国际信托投资公司汽车公司,20%;国际金融公司,8%;巴黎国民银行,4%。

1985 年 7 月 22 日,国家工商总局核准广州标致汽车公司登记注册。

1985 年 9 月 24 日—26 日,广州标致汽车有限公司第一次董事会会议在广州召开,董事会任命孟高飞先生为总经理。(笔者注:虽然中方控股,但该总经理为法国人)

1986 年 10 月 10 日,广州标致 505SW8 旅行轿车投产。

1987 年 3 月 3 日,外经贸部副部长的李岚清视察广州标致。(笔者注:这是前来视察的各界人士中第二位来自北京的政府高级官员)

1987 年 9 月 14 日,505SWS 旅行轿车被中国汽车质量监督中心评定为国内一等品。

1987 年 9 月 16 日,法国标致汽车公司董事长布瓦洛先生访问广州标致。(笔者注:合资公司成立两年后,法方老板首次来访)

1988 年 2 月 25 日,中共广东省委书记林若视察广州标致。

1988 年 9 月,中共广州标致汽车公司委员会成立,吴满锦先生任党委书记。(笔者注:合资企业也要加强党组织建设)

1988 年 9 月 29 日,广州标致 504PU 单排座货车投产。

1989 年 4 月 1 日,康德莱先生接替孟高飞先生出任总经理。(笔者注:虽然中方控股,第一任总经理是法国人,干了 4 年;第二任总经理仍是法国人)

1989 年 4 月 11 日,广州标致汽车有限公司荣获“1988 年全国十大最佳合资企业(生产型)”称号。(笔者注:最初近 4 年的合作,似乎不错)

1989 年 9 月 11 日,广州标致 505SX 轿车正式投产。

1990 年 12 月 18 日,广州市政府、法国标致、广州标致在巴黎签署协议:法国 505 系列车型将转移到中国广州生产。(笔者注:当时有专家指出,这种车型已被法国淘汰又不为中国市场认可)

1991 年 4 月 1 日,第三任总经理居塞先生上任。(笔者注:虽然中方控股,

第三任总经理仍是法国人)

1991 年 4 月 2 日,公司生产的冲压件首次返销法国。

1991 年 4 月 3 日,公司首次出口 505SX8 轿车。

1991 年 7 月,公司获 1990 年全国外商投资“双优”企业称号。

1992 年 6 月 26 日,江泽民总书记在 1992 年国际汽车工业展览会上观看广州标致展台。(笔者注:寄予厚望)

1993 年 7 月 1 日,广州标致 504 双排座货车投产。

1993 年 9 月 1 日,公司董事长谢干城先生兼任总经理。

1993 年 12 月,公司成立第 3 期工程工作小组。

1994 年 1 月 1 日,何焰辉先生出任公司总经理。(笔者注:广州标致成立近 10 年,何先生是中方首任专职总经理,而此时广州标致本质上的颓势已呈现)

1994 年 6 月 28 日,在第 5 届外商投资企业表彰大会上,公司荣列“1993 全国十大外商投资高营业额企业”第 4 位;并荣获“1993 全国外商投资先进企业”称号。(笔者注:荣誉能遮掩企业什么?)

1994 年 9 月 9 日,中国质量管理委员会召开“全国国产汽车用户评价”新闻发布会,广州标致被评为“用户满意汽车品牌”。(笔者注:这种非经济效益的评比,极易误导受众,中办、国办已明令制止对企业的各类评比活动)

1995 年 2 月 22 日—25 日,原机械部汽车司、中汽总公司、中汽技术研究中心经过检查和审核,通过 505SX 轿车 60%国产化鉴定审查。

1995 年 3 月 22 日,广州标致汽车销售有限公司成立。

1995 年 5 月 16 日,中共广东省委书记谢非为公司成立 10 周年题词:面向市场、抓住机遇、加快发展、以质取胜。(笔者注:殷切的期望)

截至 1995 年 5 月,广州标致员工共 3 035 人,其中生产工人 1 878 人,管理人员 564 人,工程技术人员 593 人。

1997 年 3 月,中方第二任专职总经理上任。

1997 年上半年起,各种渠道在传着法国标致汽车公司要撤资的消息。

官方直面标致教训　散伙责任究竟在谁

看过上述广州标致在 12 年里的大致轨迹，读者对广州标致可能有了一些直观的印象，然而，散伙的责任究竟在谁？

下面先来听听广州官方的说法。

1997 年 10 月 6 日，广州市主管汽车工业的副市长张广宁回答了笔者提问。

问：是什么原因导致广州标致和法方合作解体？广州标致为何会出现今天的亏损困境？

答：广州标致当时引进的车型较老，后来在这方面和法方一直未能达成共识；中方管理也有许多问题，如人力资源不够，投入力度不大，车型老、价格高，导致标致没有竞争力。企业经营不下去，外方也认为办不下去，我们就考虑要调整合作伙伴，我们与法国方面的 12 年技术合同在 1997 年 9 月 26 日已到期。

而在 1998 年 1 月召开的广东省九届人大一次会议广州市的新闻发布会上，广州市市长林树森在谈到广州标致造成今天的尴尬局面时坦言：标致厂以前的确搞得不好，广州市政府对此需要做深刻检讨。

林树森说，曾有人提出干脆让标致厂破产算了，但中央不同意，认为在广州保留一个汽车生产点是有必要的。广州市政府根据中央精神，决心要让标致厂重新发展壮大。

不难看出，上述谈话既有苦衷又有诚意。

据了解，广东省和广州市都是在“九五”规划中把汽车工业列为支柱产业的。广州市具备发展汽车工业的基础和条件。广州标致是国家“三大”（一汽、二汽、上海）、“三小”（广州、北京、天津）6 个定点汽车生产基地之一。中法双方合作 10 多年下来，一下子分手了，究竟为何？除了上面广州官员说的，一位不愿姓名见报的广州标致高级管理人员的分析恐怕更趋实质性。

这位高级管理人员用“冰冻三尺，非一日之寒”来形容广州标致的散伙。那天下午，笔者是坐在他驾驶的标致 505 车上，在前往靠近广州白云机场附近的广州标致汽车销售有限公司的路上,聆听他对广州标致的高论。

这位高级管理人员说,广州标致走到今天这一步,合资双方都应该检讨和反省,但法方的责任更大。

从一开始合资那天,法方就把广州标致当作殖民工厂。广州标致曾经100%使用法国标致汽车公司的零部件,广州标致零部件的国产化进程相当慢。

法国标致汽车公司从来不注资,只有品牌、技术和模具。法方虽只占广州标致22%的股份,但广州标致的总经理在长达8年的时间里由法国人担任,产品开发权、企业发展权实际都掌握在法方手中。虽然有堂皇的设计中心,但有名无实。合资12年,生产了一些早已被法国淘汰又不为中国市场认可的标致505,而让中方付出了沉重的经济代价。广州标致发展远低于国内同一时期的其他汽车合资企业,当与它几乎一同起步的上海大众已经走上规模经济、批量生产之路的时候,广州标致的流水线综合生产能力仅是每小时10辆轿车。

说到广州方面的责任,这位广州标致的高级管理人员觉得政府的支持力度不够。曾经有很长一段时间,广州市实行计划单列,广东省发展汽车便另起炉灶,因此,广州标致的建设实际是在靠广州市独打独撑。在上海四任市长抓汽车产业时,广东发展汽车业的最高领导是机械厅的一位副厅长。广州标致走到今天这一步,跟疏于领导也有关系。

再说,广州汽车集团公司对广州标致绝对控股,怎么能让法国人当了8年的总经理?而且合资公司一些主要部门的经理也是法国人,你想搞国产化,没戏。

因此,合资12年不到9万辆的生产能力,这不仅是广州方面的失败,即中方合资者在坚持中方利益上相当软弱,而且也表明法国标致汽车公司目光短浅,即靠零部件赚小钱,忽视了中国这个广阔的汽车大市场。

众里寻觅新亲家　本田为何抛绣球

1998年4月,广东省国有资产管理局向笔者提供的一份《广东省汽车制造行业 1995 年度国有资产运营情况分析报告》载明：广州标致由 1994 年亏损 14 434万元增加到 1995 年亏损 32 098 万元，增加了 122.38%。由于亏损严重，1995 年广州标致国有资产减少 55.48%；另有媒体报道，广州标致 1996 年亏损额达 3.6 亿元。

笔者查阅了 1997 年 11 月出版的《中国经济年鉴》，该年鉴的 1996 年全国"目录"内汽车制造企业汽车产量表载明：广州标致 1996 年共生产 4 898 辆，列第 29 位。

1997 年 6 月，广州标致向市场推出柴油轿车和 8 座旅行车改进型，试图再次挤占汽车市场。这些努力，只能表明他们尽力了，命运实难改变。

1998 年年初举行的广州标致汽车有限公司更名为"广州轿车有限公司"挂牌仪式上，广州市专抓汽车工业的副市长张广宁表示，由于中法双方对企业发展方向等许多问题意见不合，加上亏损严重，法国标致汽车公司退出广州汽车项目，广州市则另寻合作伙伴。

笔者注意到，张广宁的"退出"一说，与此前盛传的法国标致"撤资"一说内涵明显不同，让法国标致"退出"，广州方面在舆论上将十分主动。

张广宁称，更名后的广州轿车有限公司，仍将是国家定点的轿车生产基地，并将继续生产 505、504 型轿车。同时在对 505 系列进行改造的基础上，推出"天羊"牌系列柴油轿车，以及 8 座旅行轿车。

广州轿车有限公司总经理李跃进则表示，公司更名后，将继承原广州标致汽车公司的销售、售后服务、供应商等网络，继续承担原广州标致产品的质量保修和售后服务义务。

李跃进强调，新公司将全部承担原公司的所有债权债务。

在这次更名之后，业内外众多人士密切关注广州轿车业的新合作伙伴。

1997 年 10 月，广州市汽车工业领导小组透露：美国"通用"的全资公司"欧宝"、日本的"本田"和韩国的"现代"已展开激烈竞争。

广州市市长林树森在年初举行的新闻发布会上指出，现在的工作主要有两个方面:一是寻找新的合作伙伴。在筛选了国外10多家知名汽车公司后,现在已到了在“欧宝”和“本田”二者选一的阶段(记者注:这位市长的讲话表明韩国“现代”已退出竞争)。二是清退原来标致厂的非广州股份(记者注:中国国际信托投资公司汽车公司、国际金融公司和巴黎国民银行等3家股东共32%的股份)。将来新公司的控股方有两家:广州方面和新的伙伴。

据悉,林树森发表上述谈话不久,原广州标致的非广州股份已全部退出,但境内外有关传媒对谈判过程讳莫如深。

而广州本田汽车公司执行副总经理曾庆洪是广州汽车历史的见证人。1995年,在广州标致汽车分崩离析的前夕,他出任广州企业工业集团筹建组副组长,承担起整合广州四分五裂的汽车公司的使命。尽管步履维艰,广州并不愿放弃汽车工业。“广州汽车城得以诞生,跟广州本田有一定的关系。”这位精明干练的广东人认为,“广本这么厉害,10万台一下子卖光,20万台一下子卖光,我不去怎么行?”

1998年5月8日,国内各大经济报纸纷纷刊发消息:广州轿车工业正式接纳本田作为新的合作伙伴,而欧宝在与本田的竞争中,输了!

本田击败条件不错的欧宝扎根广州,原因就在于它更适合中国产业政策和广东整车发展的需要。具体表现在:

一是本田公司在广东有良好的基础,其在粤的重要合作项目——1992年8月1日正式开业的五羊—本田摩托车项目,合作期为30年,5年来该项目成绩明显。

二是考虑到东风汽车公司与本田公司在惠州建立汽车零部件项目,惠州的本田项目为广州本田整车项目生产配套零部件,另外其生产的底盘也可在本田汽车上通用,因此可以加快广州整车项目的发展速度。

1998年5月7日下午,本田技研工业株式会社、东风汽车公司和广州汽车集团公司的代表分别在广州本田汽车有限公司和东风本田发动机有限公司合同、章程上签字。

按合同规定，日本本田技研工业株式会社和广州汽车集团公司合资成立广州本田汽车有限公司，注册资金为 116 010 万元，双方各持股 50%。据悉，正式协议还包括了对原广州标致的资产评估和债务安排。

鉴于东风汽车公司和本田公司已产生合作，广州轿车项目分为整车和发动机，由两家公司实施。

广州本田汽车有限公司生产 98 款美国版 2 升级“雅阁”系列轿车，生产规模为每年 5 万辆，起步阶段每年 3 万辆，初期产品发动机排量为 2.3 升，投产时国产化率达 40%。

由东风汽车公司与日本本田组成东风本田发动机公司，负责发动机生产和供应，为整车配套，其注册资金为 49 790 万元，双方各持股 50%。

1999 年 3 月广州本田雅阁下线。令人难以想象的是，其汽车生产能力一直跟不上汽车销售的势头。广州本田的产品包括最新型的本田雅阁（Accord）、三厢式飞度（Fit ARIA）和奥德赛（Odyssey）多用途厢式车。2004 年 2 月，广本在原有生产线基础上形成 24 万台的年生产能力，进一步扩大生产规模势在必行。

广州本田的持续成长吸引了大量零部件供应商来到广州。2012 年，雅阁的国产化率已经超过 70%，而飞度则达到了 87%。广州本田原总经理曾经表示，除了管理广州本田，他的另外一个重要任务就是把本田在日本的配套商带到广东。上海等地的配套商也来到广本附近直接设厂。

1990 年初尝过与广州五羊合资生产本田摩托甜头的本田公司，在进一步品尝了广州本田的丰厚利润之后，又于 2003 年 5 月，在广本所在的广州黄埔区东部保税区内，史无前例地建立了自己控股 65%的出口生产基地——本田（中国）汽车有限公司。公司起步产量是 5 万辆，生产欧洲标准的两厢式飞度（Fit），全部用于出口。广州本田的成功促使本田在广州建立出口基地，而出口基地本身对于广本同样有益。基地生产的产品和广州本田产品基本同类，有利于配套，共享零部件体系，降低广本采购零部件的成本。本田汽车与广州汽车就在这样一种双赢的氛围中成为其他汽车厂商羡慕的范例。

随着广州本田接替广州标致后迅速带来的成功，以及广州另一汽车项目风神蓝鸟不期而至的神奇表现，广州忽然之间成为日本汽车企业青睐的福地。踩着本田汽车的脚步，日产和丰田相继落户广州。与当初通用、福特、克莱斯勒“群集”底特律颇为相似，日本三大汽车企业的举动使广州不能遏制自己想要成为中国底特律的冲动。

汽车工业所能带来的整体效应使这座城市的领导者将不会为GDP和失业率发愁。2004年2月25日，在广汽与丰田成立合资发动机厂的仪式上，广州市委书记林树森掩饰不住喜悦之情：“对广州来说，今天是一个盛大的节日。我们不仅是在参加一个公司的挂牌和奠基仪式，还是在宣布我们终于从战略上基本完成广州汽车产业的大布局。”

丰田的介入确实从战略上形成了广州汽车工业的大格局：东部是广州跟本田合作，北部是东风和日产合作，南部是广州和丰田合作。围绕着这些汽车巨头的合资工厂是包括广州经济技术开发区、广州花都、增城永和等几个大型汽车零部件配套基地，一个以广汽集团为核心的广州汽车产业集群正在迅速形成。

中国汽车工程学会名誉理事长张兴业说，中国汽车产业已经由过去分散的企业和集团发展成为3个汽车产业集群——环渤海汽车产业群、沿长江产业集群和珠三角汽车产业集群，广州汽车产业集群正是珠三角汽车产业集群的核心。

尽管珠三角集群的实力不是三大集群中最强的，但是日系汽车厂商青睐的广州产业集群因为其集中而具有其他集群不能取代的优势。根据国家统计局的统计，2003年广州已成为全国轿车生产三大基地之一。而在2005年6月，现代汽车与广州汽车订立协议准备在此成立现代的商用车生产基地，未来还会生产轿车。

2003年11月，广州举行第一届国际汽车展览会，拟与北京和上海的车展一比高低。这是广州底特律之梦的一个重要仪式。

《国家汽车工业振兴规划纲要》明确了汽车工业的发展方针是：以零部件国产化为基础；以发展轿车工业为重点，优化产业结构；以大集团为主体，逐步促进联合重组，实现规模经营；以我为主，吸收国外先进技术，联合开发，建立起自主发展的中国汽车工业。

广东汽车业的发展，广州是重中之重。

我们期待着广州这个曾是全国定点轿车生产基地的好消息！

正可谓：貌合神离悠悠十余载，广东汽车两度娶老外。

合资自主品牌只有两家“活得好”：启辰和宝骏，其他：悬！

合资自主品牌即国内汽车合资公司通过购买、引进外方产品技术平台，并在此基础上重新开发出知识产权归属于合资公司的品牌、车型。

工信部曾提出“到 2015 年中国自主品牌乘用车要达到国内市场占有率的 50%，自主品牌轿车要占 40%”的计划和要求，后来国务院也发布了《汽车产业调整和振兴规划》，明确支持汽车生产企业通过自主开发、联合开发、国内外并购等多种方式发展自主品牌。

借用合资品牌为背景和技术支持打造新的自主品牌，于是合资自主品牌的构想就出来了，而当时这个构想也得到了工信部、发改委等部委的认可，结果，作为市场经济大环境下的“计划经济”产物，并且有着中国特色的合资自主品牌如雨后春笋般诞生了。到 2018 年，合资自主品牌有东风本田思铭、东风日产启辰、上汽通用五菱宝骏、上海大众天越、北京现代首望、一汽丰田朗世、东风悦达起亚华骐、华晨宝马之诺、一汽大众开利、长安福特佳跃、广汽丰田领志等。

广汽本田——理念

广本理念是第一个合资自主品牌，它推出的第一款车型是理念 S1 并于 2011 年上市，这款车型实际上就是广本思迪（老款三厢飞度）的换标产品，也就是该车一上市就已经是淘汰产品，但因为采用了本田的技术，所以在当时也还算有点产品力，但销量却甚是低迷，买的人没几个，后来理念这个合资自主品牌就基本处于“消失”状态了。

东风日产——启辰

启辰原本全名是“东风日产启辰”，也就是说，启辰其实是东风日产这家合资公司推出的一个合资自主品牌，一开始就采用日产老旧的技术来生产新车，还收获了一点销量，这也让其有了立足的资本。2017 年，启辰从东风日产当中独立出来，直接成为东风旗下的子品牌，由此顺利完成了合资自主向自主的转变。2017 年全年销量达 14 万辆。

上汽通用——宝骏

2017 年全年销量超过 100 万辆，其凭借五菱打下的市场根基，高性价比的车型，以及遍布全国各地的经销商，让它在销量上面远超大部分自主品牌。

东风本田——思铭

东本紧随广本的步伐，推出了思铭这个合资自主品牌，第一款车型就是换标的第八代思域，于 2012 年 4 月正式宣布上市，虽然价格比思域便宜了几万元，但买账的消费者也不多，因为彼时第八代思域已经退市，本田在售的已经是第九代思域了，省几万块买一辆落后的车型，对消费者来说其实诱惑力也不大。后来思铭停产，思铭这个品牌发展和规划也处于停滞状态。

华晨宝马——之诺

2013 年，合资自主品牌这阵风已经开始冷下来的时候，华晨宝马之诺出现，之诺 1E 是基于宝马老款 X1 平台研发的新能源车，几乎无人问津。后来又推出之诺 60H，基于新款宝马 X1 平台研发的一款插电式混动 SUV，售价高达 34.9 万，但销量堪忧。

一汽丰田——朗世

一汽丰田在 2013 年推出过朗世这个合资自主品牌，2014 广州车展时发布了首款纯电动车，是基于老花冠 EX 平台研发的一款电动汽车。2016 年的时候推出了 RF-EA1 电动概念车之后，品牌发展也被搁置了。

广汽丰田——领志

它在2014年的广州车展上推出了一款电动概念车，后来又推出了一款基于老款雅力士平台开发出来的纯电动车，续航只有128千米，堪比老年人代步车，当时计划是2016年在广州进行示范运营，结果不得而知。

一汽大众——开利

一汽大众推出的合资自主品牌出现得也比较早，一款基于老宝来平台研发的电动汽车，续航仅为110千米……最后的结果就是，这款车还没来得及命名就已经停滞。

上汽大众——天越

天越这个品牌最早出现在2011年，其推出的第一款车型就是以老款朗逸为平台的新能源车，结果路子走得跟一汽大众开利几乎一样，没有上市，也没有后续的发展计划。

长安福特——佳跃

2012年，长安福特也跟风推出了佳跃这个合资自主品牌，不用说都会想到，它就是拿老福克斯来改成新能源汽车，最终结局与上述开利、天越类似。

北京现代——首望

这个合资自主品牌是在2011年的时候发布的，同期发布的还有一款名为BHCD-1的电动概念车，而当时引起很多人关注的原因，是因为首望一下子注册了多达20多个车名（量产车还没影子就大量注册车名）。后来这款概念车也没了下文，只是发布了一款以老伊兰特为平台生产的电动车，名为首望500e，据说曾有50辆首望500e在北京被用作出租车，但很多消费者都表示没见过。

东风悦达起亚——华骐

2014年，东风悦达起亚推出了一款名为华骐Horki-1的纯电动轿跑车，但后来也没了下文。2017年，华骐推出了第一款量产车华骐300E，只不过是老赛拉图的拉皮产品，百千米加速11.2秒，续航265千米，售价高达19.88万元，接着，华骐也基本没了下文。

重庆智库、大运河智库联合调研组分析,导致上述大部分合资自主品牌难以为继的原因,除了车企本身为了应付政策而推出的"敷衍"产物之外(就没打算卖车赚钱),在当年新能源技术并不成熟的情况下,大部分合资自主品牌一开始大肆进攻新能源领域,自然也更不会被市场认可,再加上全是合资车型拉皮出来的"落后"车型,更加没人看好。而启辰和宝骏之所以获得成功,很大的原因是与其一开始就推出高性价比燃油车的因素有关。

源头背景

中国汽车产业政策的波及面

1994 年 3 月 12 日颁布的《汽车工业产业政策》是我国第一个行业产业政策,内容包括政策目标,产品发展重点和产业组织、技术、投资融资政策,利用外资、进出口、国产化政策以及消费与价格,规划与管理,等等。并制定了扶植"三大三小"的战略决策,规定了国内只有 6 家企业有资格生产轿车,也只有这 6 家具有合资资格。"三大"即一汽、二汽、上汽。"三小"指北京吉普、广州标致和天汽集团。

经国务院批准,国家发展和改革委员会于 2004 年 6 月 1 日正式颁布实施《汽车产业发展政策》。1994 年颁布的《汽车工业产业政策》即日起停止执行。与 1994 年《汽车工业产业政策》相比,新颁布的《汽车产业发展政策》具有 7 个方面的特点:一是取消了与世贸组织规则和我国加入世贸组织所作承诺不一致的内容。二是大幅度减少行政审批。三是提出了品牌战略,鼓励开发具有自主知识产权的产品。四是引导现有汽车生产企业兼并、重组,促进国内汽车企业集团做大做强。五是要求汽车生产企业重视建立品牌销售和服务体系。六是引导和鼓励发展节能环保型汽车和新型燃料汽车。七是对创造更好的消费环境提出了指导性意见。

2005 年 8 月 10 日,商务部发布了 2005 年 16 号令《汽车贸易政策》,并自发布之日起施行。《汽车贸易政策》共 8 章 49 条,内容涉及汽车销售、二手车流通、汽车配件流通、汽车报废与报废汽车回收、汽车对外贸易等领域，涵盖从汽车销售到报废的全过程，系统地提出了我国汽车贸易的发展方向、目标、经营规范和管理体制框架。

2017 年 4 月 25 日，工业和信息化部、国家发改委、科技部联合印发了《汽车产业中长期发展规划》，旨在落实党中央、国务院关于建设制造强国的战略部署，推动汽车强国建设。同年 6 月 12 日，国家发改委、工信部联合发布《关于完善汽车投资项目管理的意见》（以下简称《意见》），旨在贯彻落实《国务院关于发布政府核准的投资项目目录（2016 年本）的通知》有关要求，完善汽车投资项目管理，促进汽车产业健康有序发展。《意见》的出台，严格了新建企业投资项目管理，防范盲目布点和低水平重复建设。科学合理的产业结构调整，方能促进汽车业的发展走向健康良性的轨道。同年 6 月 13 日，工业和信息化部发布《国家车联网产业标准体系建设指南（智能网联汽车）（2017）（征求意见稿）》，确立了我国发展智能网联汽车将“以汽车为重点和以智能化为主、兼顾网联化”的总体思路。

源头链接

汽车合资品牌“清单”

一汽集团：一汽大众、一汽奥迪、一汽马自达（以上产地都在吉林长春）、一汽丰田（产地分别在吉林长春、天津和四川成都）。

东风汽车集团：东风雪铁龙、东风标致、东风本田（以上产地都在湖北武汉）、东风日产（产地在广东广州）、东风悦达起亚（产地在江苏盐城）、东风郑州日产（产地在河南郑州）、东风裕隆（产地在浙江杭州）。

上海汽车集团：上海大众、上海大众斯柯达、上海通用、上海通用雪弗兰（以上产地都在上海）。

北京汽车集团：北京 JEEP、北京奔驰克莱斯勒、北京现代（以上产地都在北京）。

广州汽车集团:广汽本田、广汽丰田、广汽三菱(以上产地都在广州)。

华晨汽车集团:华晨宝马(产地在沈阳)。

长安汽车集团:长安福特(产地在重庆、哈尔滨),长安铃木、长安马自达(以上产地都在重庆),长安福特沃尔沃(以上产地在重庆和江苏南京)。

江铃汽车集团:江铃五十铃、江铃福特全顺(以上产地都在江西南昌),庆铃五十铃(产地在重庆),福建东南三菱汽车(产地在福建福州)。

昌河汽车集团:昌河铃木(产地在江西景德镇、九江)。

湖南长丰猎豹汽车集团:三菱帕杰罗(产地在湖南长沙)。

南京汽车集团:IVECO 南京依维柯、南京菲亚特。

源头延伸

中国汽车业演进轨迹

“中国一汽”自 1980 年末到 1983 年 7 月,用了近 3 年的时间,完成了“解放”第二代产品 CAl41 汽车的设计、试制、实验和定型。从 1983 年 7 月开始生产准备,又用了 3 年时间,到 1987 年 1 月 1 日顺利转产,转产当年就实现了质量、产量双达标,通过了国家的工程验收。1984 年,二汽襄樊基地奠基,到 1997 年 4 月 9 日,第 100 万辆东风汽车在二汽总装厂诞生。

而更重要的是,中国汽车工业打开了自己的门户,开始了对外合作时期,一系列合资汽车企业诞生了。

在北京,1979 年,经过著名美籍华人沈坚白先生的介绍,北京汽车制造厂同美国汽车公司(AMC)开始了合资谈判。这是一场马拉松式的谈判,从 1979 年 1 月谈到 1983 年 5 月。1984 年 1 月,北京吉普汽车公司开业了。这也是中国第一家汽车合资企业,它的诞生标志着中国汽车工业开始对外开放。

在广州,1985 年,成立了中外合资的广州标致汽车公司。

1978 年 7 月,国务院批准在上海建造一条轿车装配线。1978 年 9 月底,一机部先后向外国汽车公司发出邀请电，很快就有了回复：通用、福特、丰田、日产、奔驰、大众、雷诺、雪铁龙等汽车公司先后派代表团来华商谈。最后上海选定唯一愿意既提供最新技术又投入资金的德国大众汽车公司。

1983年4月1日，第一辆上海桑塔纳轿车组装成功。1991年上海果断地将每年赢利6 000万元的上海汽车厂，并入上海大众，同时进行技术改造，很快形成年产20万辆车的生产能力，成为我国第一个“按经济规模组织生产”的轿车企业。

在天津，1986年9月30日以“CKD”方式引进生产的第一辆“夏利”两厢式轿车下线。1988年1月1日正式从天津市汽车制造厂分立，成立天津市微型汽车厂。1989年，天津汽车公司将发展重点由微车移至夏利轿车，1993年形成年产5万辆的能力，后投资23亿元，1995年形成年产15万辆的能力。

1991年2月6日，由中国第一汽车集团公司和德国大众汽车股份公司、奥迪汽车股份公司及大众汽车(中国投资有限公司)合资经营的大型轿车生产企业一汽—大众汽车有限公司正式成立。

1992年5月12日，中法合资的神龙汽车有限公司成立。

至此，中国汽车工业完成了由卡车为主向以轿车为主的转换，中国汽车工业开始向世界标准看齐，逐步完成了整个汽车产业的升级。不过，这段时期，合资企业生产的轿车，虽然开始小批量的出口(譬如广州标致，就曾向沙特出口过一批沙特版本的标致505SW8旅行车)，但这些出口，基本是外资方为满足某个地区的特别车型需要而组织生产的，并不意味着中国生产的轿车真正拥有国际竞争力，所以虽然同时期，广交会的成交额不断创出新高，但其中汽车产品的贡献并不大。

1995年起，包括通用、福特、本田、丰田、日产、标致在内的各汽车巨头陆续在华建立合资企业，包括宝马、奔驰、凯迪拉克在内的豪华轿车品牌都开始在华合资生产。

除了各合资品牌以外，国内自主品牌汽车再次走上前台，包括奇瑞、长城、吉利等一批自主品牌汽车，开始有了出色的市场表现，用自己的实力，赢得了相当的市场份额。中国汽车工业协会发布，世界汽车巨头在中国的大型整车合资企业已经超过了30家。尤其是在2002年到2004年的3年时间内，汽车合资企业的增长数量超过了10家。2002年，汽车行业新签约的中外合资企业就有20家，其中汽车整车企业7家，总投资额达28.52亿美元。整车新合资企业数较2001年增加6家。2003—2004年，合资步伐明显加快，新签约的中外合资企业分别为52家和35家，总投资额为48.75亿美元和38.99亿美元。到2004年年底，世界汽车业巨头们已经全部以合资合作的形式来到中国。

中国汽车工业协会发布的数据显示，2007年，中国汽车销量增幅虽然从2006年的25.3%放缓至22%，但利润却增长了65%，利润总额更是创下5年来的新高，远远超过1 000亿元，仅16家重点企业的利润就达到610.07亿元。对重点汽车企业的统计显示，利润增长速度远远超过主营业务销售收入的增长速度，表明整个行业效益好转。

中国汽车工业协会对一汽、上汽、东风、长安、广汽、北汽、奇瑞等16家汽车工业重点企业（集团）的统计显示，2007年这些企业主营业务收入同比保持快速增长，累计实现主营业务收入10 176.11亿元，同比增长25.86%，增长额为2 091.08亿元。其中，一汽集团、上汽集团和东风公司三大集团主营业务收入的份额分别占重点企业（集团）主营业务收入总额的26.58%、18.59%和16.20%。这16家重点企业2007年实现利润创5年来新高，达到610.07亿元，同比增长65.14%，增长额为240.64亿元，占了全行业近半的销售收入和利润。其中，一汽集团、北汽控股和庆铃公司的利润增长率超过了100%，规模庞大的上汽集团增速也超过40%。

文骐看源头

不要再喋喋不休了！

2007年，中国销量排名前10位的轿车生产企业依次为：一汽大众、上海大众、上海通用、奇瑞、一汽丰田、东风日产、广州本田、吉利、长安福特和神龙，共销售 307.73 万辆，占中国轿车销售总量的 65%。

溯往，世界汽车工业并购已逾 700 起，交易总额超过 280 亿美元。迄今实施跨国并购的有：日本日产与德国奔驰、意大利菲亚特与法国雪铁龙、美国福特与英国美洲虎、德国大众与英国吉普罗孚、美国通用和日本五十铃……体弱多病者寻求并购，身强体壮者也在寻求并购。汽车工业在全球范围内，多米诺骨牌式的连锁并购，无疑在昭示着汽车工业全球化的主题。

1998 年 5 月 7 日，新华社播发了两条有关汽车厂商的消息。一是美国克莱斯勒公司与德国戴姆勒-奔驰公司合并，二是日本本田公司成为中国广州汽车集团新的合作伙伴。

虽然消息来源于地球的两端，消息的数量级有着天壤之别，前者合并后，年销售额将达 1 330 亿美元，后者的合作不过年产 3 万辆汽车，销售额抵不过前者的零头。然而两者都在传递着一个共同的信息：汽车轮子已驰入无国界高速公路。

说到底还是市场这只无形的巨手在拨动全球汽车工业的车轮。经济全球化趋势的迅猛发展，迫使企业想方设法占据尽可能大的市场份额。只有筑起强大的国际联盟大坝，才会扛住经济全球化浪潮的冲击。奔驰和克莱斯勒的董事长都分别表示，合并后我们不能只盯住本地区的市场，要着眼于亚洲那样的潜在市场。

当世界汽车列强“虎视眈眈”亚洲市场之际，中国当如何？1994 年 3 月 12 日颁布的《汽车工业产业政策》是我国第一个行业产业政策。它率先明确了汽车要进入家庭。在我国这是汽车真正成为商品，是汽车工业从计划经济转向市场经济的一个重要标志。然而就是这项政策，从诞生之日起即备受煎熬。无论是从观念上还是在商战中，都遭遇了不同程度的抵抗。有人指责这个政策有导向错误，在报刊上争论不休，以致国家主管部门官员不得不出面解释说：汽车进入家庭只是说“应该”而不是说“必须”。有的地区以汽车排量等为借口做出规定,明里暗里为外地产车辆进入本埠设障。好在市场就是市场,不以人的认知观念为转移;商战就是商战,不给地方保护主义留情面。谁也没能挡住汽车进入家庭的滚滚车轮。有资料印证,中国销售的汽车,有40%为个人购买。这是中国汽车工业市场化的艰难而良好的起步。

在喋喋不休的争执和重重路障的阻碍中,到2004年年底,随着北京奔驰新工厂的第一根桩基的入土,汽车业巨头们已经全部以合资合作的形式来到中国。中国汽车工业在面向市场经济牙牙学语,与世界汽车工业相比,恐怕连初级阶段都勉强。如此瘦弱之躯,如何抵御强敌?

通过并购,壮大自身,早已是业内外有识之士的英雄所见。只可惜说得多,做得少,至今未有大举措。在我们这个市场经济尚不发达的国度,静等着市场经济的奇迹发生,只怕是一万年太久。中国汽车工业的最主要问题就是追求产量,忽视创新。与其将来有一天由政府出面保护"幼稚工业",号召国民买"爱国车",不如今天就痛下决心,组建我们自己的汽车集团"航母"。

18

中国第一个由企业创办的银行

——招商银行

企业办银行袁庚挑头
一亿资本金蛇口传奇

站在中国改革开放40年的门槛回望，一些成功、一些期待历历在目。笔者无意为遴选的个案“贴金”，只是冷静、客观地描述一个时代的特殊产物，使经济自由法则最终归位。

招商银行烙着特殊时代背景的印记：中国金融体制改革箭在弦上的冲动；蛇口“试管”得天独厚的条件；奠基者的远见卓识和政策制定者强烈的前瞻意识，这一切，使得它在肥沃土壤上植根成为可能。这一背景为招商银行的诞生提供了一个难得的历史机遇，而被誉为改革开放“试验田”的深圳蛇口则最终将这一机遇孵化为现实。

1986年，中国人民银行又陆续批准了在我国部分经济特区和沿海开放城市建立几种形式的商业银行，从而加快了我国商业银行体制改革的步伐。

商业银行的出现，打破了我国金融体制“四大金刚”（中国工商银行、中国农业银行、中国银行、中国建设银行）的传统格局，引入的竞争机制给我国的金融市场注入了新的活力。

蛇口“试管”

蛇口，位于广东省今深圳市正西面，西依珠江口，东临深圳湾，与香港新界的元朗和流浮山隔海相望，海岸线长约25千米，属海洋性热带气候。

20世纪70年代末期，创设于1872年的招商局（地处香港）跨入了崭新的历史发展阶段。在中央的支持下，招商局决定投资兴办工业区。经过精心考察，蛇口特殊的地理位置和优越的自然条件赢得了招商局的青睐。

1979年7月，招商局蛇口工业区基础工程正式破土动工，一个崭新的外向型工业区在中国对外开放的前沿阵地宣告诞生。这个占地面积不足10平方千米的工业区相继开创了中国诸多的"第一":第一个开放点;第一家按照社会主义市场机制运作的经济实体;第一个更新价值观念、时间观念、人才观念并突破旧的用人制度、分配制度、社会保险制度及企业管理方式的社区……

经济体制的变革、思想观念的解放使蛇口焕发出别样的生机。第9届中国电影"金鸡奖"最佳纪录片《蛇口奏鸣曲》的一句旁白道出了蛇口气质:"工作的效率,环境的优美,接待的礼貌,人的自主意识和民主空气,一切都使你感到清新和与众不同,只要你一进入蛇口,就会融入这种文化氛围之中。"

1986年5月,蛇口工业区袁庚董事长(招商局集团常务副董事长,招商银行成立后首任董事长)在香港亚洲研究中心向公众阐述了缔造者眼中的"蛇口":"我们希望人们把蛇口看作一根试管,一根注入外来有益的经济因素对传统的经济体制进行改革的试管。"

从这一改革试管中孕育而出的招商银行,深深地烙上了蛇口印记,并将其独特的文化凝练为"信誉、服务、创新、灵活"的办行方针。

财务公司

1984年,蛇口一片繁忙景象,当时的蛇口工业区已有上百家企业。细心的财务人员发现,同一家银行里同是工业区辖下企业,有的在存钱,有的在贷款,一存一贷之间一下子便损失了部分利率差。于是成立内部结算中心的提议,很快得到了蛇口工业区董事长袁庚的支持。

1984年4月,全国第一家企业内部结算中心在蛇口工业区问世,蛇口工业区所属企业在这一内部结算中心开户,再由结算中心统一在银行开户,这一举措有效加强了工业区各直属单位资金的集中管理。

1985年下半年,国家在财政金融政策方面加强宏观控制,紧缩信贷资金。为了使工业区可以灵活地吸收各类资金,改善原来单一地对银行负债的局面,保证资金供给,以袁庚董事长为首的工业区领导决定在内部结算中心的基础上成立财务公司。

1985 年 8 月 21 日,经中国人民银行深圳经济特区分行批准(〔1985〕深人融管字第 59 号),蛇口工业区正式成立了“蛇口财务公司”,为经营蛇口工业区范围内直属企业和独资、合资、合作、内联企业金融业务的国营地方性金融机构。1986 年 5 月,蛇口财务公司获国家外汇管理局批准开始经营外汇业务并取得成功。

在短短一年多的时间里,蛇口财务公司不仅在深圳树立了良好的信誉,而且取得了一定的利润,积累了创办商业银行的经验。同时,也培养了一批年轻的金融专业人员。这批人员后来大多成为招商银行的业务骨干。

“拓荒牛”

无论是成立财务公司,还是大胆提出蛇口“试管”,都与袁庚有关。

袁庚,一位有着传奇般经历的长者,生于深圳最东端的大鹏的一个海员家庭。13 岁时孤身赴广州求学;22 岁时加入东江纵队;先后担任过中国共产党驻香港办事处第一任主任、胡志明主席情报顾问等职;1978 年 10 月,出任香港招商局的第 29 代“掌门”;1979 年,“用晚年政治生命孤注一掷”换来“蛇口这个试管婴儿”的诞生。有一篇介绍袁庚的文章这样描述当时的袁庚:1984 年初识袁庚时,“67 岁的他走起路来如雄鸡,坐立显狮威,目光锐利,思维敏捷”。袁庚本人则认为那是他的经历造就的:“我做情报工作出身,所以我最大的长处就是我会用我的大脑分析来自不同方向的信息,得到正确的结论。”

在其一生中,袁庚多次运用了这一难得的能力做出了极富远见的决定。招商银行的创立与发展即受惠于这位老人的睿智与执着。

1985 年 12 月 10 日—11 日,在深圳视察工作的中共中央政治局候补委员、国务委员兼中国人民银行行长陈慕华来到了蛇口工业区。袁庚董事长和蛇口工业区常务副董事长王世桢(后任招商银行首任行长)代表招商局集团有限公司和蛇口工业区,向陈慕华汇报蛇口工业区的情况。

袁庚和王世桢在汇报中提出,我国的政治体制改革和经济体制改革的步伐都很大,发展很快,但在金融体制改革方面却很不够,除了工、农、中、建四个专业银行以外,再也没有其他的商业银行了。深圳经济特区的发展迫切需要建立新的商业银行体系才能适应。而蛇口工业区早在1984年就建立了自己的财务公司,能否在此基础上创建一家完全由企业持股、严格按照市场规律运作的中国式的商业银行。"可不可以让招商局在这方面也探索一下,闯一闯,看看能不能走出一条路子来。"

这一想法引起了陈慕华的很大兴趣,她当即风趣地表示:"老袁,有你在这儿,我放心!"

陈慕华认可了

得到了中国人民银行主要领导的首肯之后,1986年5月5日,在交通部党组的支持下,蛇口工业区管理委员会向中国人民银行金融管理司递交了《关于成立"招商银行"的报告》(蛇管函〔1986〕090号),申请由招商局独资创办一家地区性银行。报告从招商局今后发展的趋向以及蛇口工业区已经形成的产业状况出发,论证了建立地区性银行的可能性,报告认为招商银行的建立对于推动深圳经济特区金融市场的形成也具有积极的实践意义,同时也可以为我国金融体制改革探索一点经验。

在递交报告的同时,袁庚还给陈慕华写了一封信,请求她予以支持。陈慕华在相关会议上讨论此事时力排众议:"请大家相信,袁庚不会拆烂污的。"

短短3个月后,1986年8月11日,鉴于招商局的信誉和作用以及蛇口工业区在对外开放和特区建设方面的成绩,中国人民银行发文《关于同意试办招商银行的批复》(银复〔1986〕175号),根据深圳经济特区的实际情况同意试办招商银行,并确定"招商银行是深圳经济特区蛇口工业区投资的综合性银行,在中国人民银行深圳特区分行的领导下,执行国家统一的金融方针、政策、法规和中国人民银行制定的基本规章制度。招商银行的任务是按照国家的金融方针、政策，筹集和融通国内外资金，经营人民币和外币的有关金融业务”。

根据中国人民银行的批示，蛇口工业区迅速行动，于1986年9月1日在蛇口召开了筹建“招商银行”的座谈会，开始了以蛇口财务公司为基础筹建招商银行的各项筹备工作。

这次座谈会经过充分讨论一致原则同意：招商银行是我国第一家由企业兴办的银行，必须十分慎重，稳妥行事；由小到大，逐步开拓业务；依靠交通部及交通系统支持，充分利用招商银行这一金融机构用活资金，然后逐步扩大到其他系统和行业；根据注册资本的比例，相应照顾各方利益。

关于银行资本的筹集，座谈会建议请交通部投资5 000万元人民币，所需500万美元由招商局在香港筹集。外币资本金虽然不多，但对当时中国的银行业来说却是个创新，它表明新创建的招商银行将是一家“开放性”的商业银行，将按国际惯例办行兴行，并充分利用自身的地缘优势，重视国际业务、外汇业务的发展。

座谈会同时建议，根据时任中国人民银行行长陈慕华的要求，由袁庚兼任招商银行董事长，并在国内金融界物色聘任资历较高的同志为行长。后经多方选择考虑，决定由王世桢同志兼任首任行长。

根据座谈会的精神，1986年9月6日，招商局集团向上级部门递交了《关于开办蛇口招商银行的报告》（〔1986〕招办字第218号），报告了筹建招商银行的初步意见。经过半年的紧张筹备，1987年3月7日，中国人民银行批复同意《招商银行章程》。1987年3月20日，招商局蛇口工业区管理委员会向中国人民银行深圳经济特区分行申请，将蛇口财务公司债权债务交给蛇口工业区总会计师室（蛇管函〔1987〕049号），蛇口财务公司自1987年4月1日起停止营业，以使招商银行在新的基础上开始经营。

1987年3月31日，招商银行在蛇口工商局正式领取了营业执照，注册资本为人民币1亿元，招商局轮船股份有限公司代表招商局集团作为独家出资人。

“一大会议”

1987年4月7日上午，招商银行在深圳南海酒店会议厅召开第一次董事会。袁庚、郑仁周、江波、熊秉权、王世桢、梁鸿坤、王金贵、章秉权、黄小抗等9名董事出席了第一次董事会，袁庚任董事长。刘渝、张瑞林（招商银行副行长）列席了董事会。

会议认为招商银行的成立，是中央对招商局集团和蛇口工业区在对外开放方面所做工作的肯定和支持；是中国人民银行对招商局集团和蛇口工业区的信任；是招商局集团和蛇口工业区在金融领域积极进取的结果；也是国家金融体制改革方面的一个试点。

会议明确了招商银行的三大任务：第一，筹集和融通国内外资金，为蛇口工业区和交通部企业提供多种金融服务，促进招商集团企业内外延伸，实现国际化、多样化、工贸结合、产销合一的战略目标；第二，为全国的金融体制改革提供实践经验，促进银行企业化经营创新试验；第三，为招商银行的投资者创造利润。

会议同时审议通过了招商银行的第一份发展规划：

一、完善招商银行的建制，发展和巩固在深圳经济特区金融领域的地位。招商银行成立初期，首先要把在蛇口总行的工作做好，从内部建制、业务种类、对外关系、资信度方面尽快成熟起来，以此作为向内地发展的基础。

二、积极争取在北京、广州、上海、天津、武汉等地设立分行，邀请当地交通部的大企业参股，扩大招商银行的资本，建立招商银行的分支网点。

三、逐步进入国际金融市场。招商银行创建初期，可有选择性地与几家外资银行建立代理关系，以促进国际结算业务的开展。同时，稳妥地与外资银行建立起中长期的资金融通关系，引进国外金融资本，推动国内交通企业的更新改革。

招商银行从起步之初就将眼光投向了海外市场，这与招商局“背靠内地、面向海外”的经营方针以及蛇口工业区的外向型经济模式有着十分紧密的联系。而开创者的这份远见卓识确也实属难得。2004 年 9 月，年近九旬的袁庚在接待前来探望的招行员工时，开口的第一句话便是：“招行要加快步伐，走向国际。”

招商银行第一次董事会可以说是其发展史上的“一大会议”，会议不仅确定了招商银行的性质、任务、业务范围、经营方针和发展规划，以及资本金、董监事会建制、利润分配等重大事项，还特别要求招商银行要贯彻“信誉、服务、创新、灵活”的方针，把招商银行办成“信誉良好、服务周到、制度严密、经营灵活、人才精干、技术先进、效益良好”的银行。

这些原则和方针如同定海神针一般，在未来的漫漫征程和金融竞争的腥风血雨中，支撑着招行成为中国最优秀的商业银行之一。

呱呱坠地

经过紧张高效的筹建准备，1987 年 4 月 8 日，招商银行在蛇口招商路北十幢举行了热烈而简朴的开业仪式。来自国务院有关部门的负责同志，中国人民银行总行及驻深各家银行的代表，日本、法国、美国等外资银行及驻港中资银行的代表，深圳市政府、招商局暨蛇口工业区的各界人士，以及几十家新闻单位的记者数百人出席了开业盛典。

时任招商银行行长王世桢宣布典礼开始，国家外汇管理局局长唐赓尧代表中国人民银行党组，深圳市委书记李灏代表深圳市委，中国人民银行深圳经济特区分行行长罗显荣代表深圳人民银行，招商局集团常务副董事长袁庚代表招商局集团为招商银行剪彩。自此，我国第一家由企业创办的自主经营、独立核算、自负盈亏的银行宣告正式诞生。随后，开业典礼移至南海酒店继续举行，袁庚、唐赓尧、李灏先后发表讲话。

袁庚在讲话中回顾了招商局曾参资兴办了中国近代第一家银行——中国通商银行（创立于 1897 年 5 月 27 日，招商局占全部股份的 17.77%，为最大股东），1990 年后的今天招商银行的成立又是中华人民共和国成立以来由企业集团创办的第一家银行,他表示招商银行将本着"灵活与稳妥、创新与求实"相结合的方针,力求为客户提供"主动、方便、周到"的服务。

1987 年的《深圳特区经济年鉴》中将招商银行的成立作为"进一步改革银行体制,金融体系更趋完善"的实例进行评述:"由国家集团企业创办的蛇口招商银行和通过向社会公开招股集资组建的股份制的深圳发展银行的相继成立,使特区金融向多元化方面发展,为深化特区金融体制改革做了积极的探索。"

与招商银行同年成立的还有深圳发展银行、广东发展银行、中信实业银行(现更名为"中信银行")。

风华初现

招商银行成立时只有 1 亿元资本金,一个营业网点,下设营业部、外汇业务部、信贷部、计划统计部、信息中心和办公室等 6 个部门。第一批 36 名员工中有 23 名来自原蛇口财务公司。王世桢任总经理,刘渝、张瑞林任副总经理(注:1993 年 3 月 27 日招商银行第八次董事会决定将行领导称谓由总经理、副总经理改称为行长、副行长)。至 2005 年年底第一批员工中仍有 10 名员工在招商银行工作。

1988 年 4 月,招商银行搬至蛇口招商大厦。

创办初期,招商银行的条件十分艰苦。"当时,我们一共只有 36 个人,大家挤在一个很小的地方。我的办公室只有 6 平方米,我坐着,别人只能站在那里跟我说话。"招商银行首任行长王世桢回忆道,"当时真叫作一张白纸,什么也没有。"王世桢在这样俭朴的工作环境里一坐就是 7 年。1998 年,招商银行深圳蛇口支行行长仍然在这个房间办公。

就在如此艰苦的环境中,招行人白手起家,开拓创新,仅仅用了一年多的时间就在各项工作中取得了新的进展。

作为一家立足未稳的金融机构,积极吸引存款,壮大资金实力是年轻的招商银行需要攻克的一大难题。没有经验,也就意味着没有过多的束缚。于是,招商银行在按传统方法组织存款的同时，推出了通知存款、代发工资和开展远距离服务、上门服务、星期日储蓄全天营业等经营方式，既扩大了存款，又受到了客户的欢迎。1988 年年底，全行各项存款余额达 14.9 亿元，资金自给率由 1987 年的 47%上升到 60%。为把招商银行办成真正的综合性商业银行，全体招行人始终围绕提高经济效益，增强经营能力这一中心稳定开拓业务。

一是在全行上下树立经营观念、利息观念和资金周转观念，在整个经营活动中，力求实现最佳效益。对筹措和使用的每笔资金，都要算一算能给银行带来多少效益。招行领导每天的首要任务是分析资金状况，不允许资金出现闲置。

二是以批发业务带动零售业务，扬长避短。截至 1988 年年末，在提供远距离服务方面，共办理交通部委托贷款 7.5 亿元，支持了内地 13 个省、市的 18 条公路和 3 座桥梁的建设。

三是发挥国际结算业务的优势，增强竞争能力。充分利用招商银行结算手续简便、国际汇路畅通、资金周转迅速的优势，开办了进出口押汇业务和多币种的结算业务，并与境外 30 多家银行建立了代理行关系，与国内外多家银行建立了外汇资金拆借网络。

这些业务的开展，不仅有较好的社会效益，而且取得了较高的经济效益。仅 1987 年年底，全行资产总额为人民币 4.4 亿元，1988 年年底，资产规模达人民币 24 亿元，实现税前利润 3 246 万元。

约束一下自己吧

招商银行从筹备开始，就注意按照国际惯例创建现代企业管理制度，按当时法规制定了《招商银行章程》，1987 年 3 月 7 日，中国人民银行批复同意《招商银行章程》。

招商银行由招商局独家出资创办，在体制上是作为招商局集团全资附属的地区性商业银行。尽管如此，招商银行仍按国际惯例组成了董事会，明确董事会是招商银行最高权力机构，凡重大问题应由董事会讨论决策，并实行严格意义上的董事会领导下的行长负责制。由董事会聘任的行长对银行的资本、资产和负债等经营活动行使充分的经营管理自主权，并对董事会负责，保障银行资本的增值和银行的发展，不断提升银行的市场价值，实现股东利益最大化，摆脱了各种行政干预。

根据招商银行章程和第一次董事会决议，招商银行又成立了监事会，于1987年5月15日召开了第一次监事会，制定并通过了监事会章程。中国人民银行深圳特区分行杜志岳副行长担任首席监事，章秉权、康光村、刘昌汉担任监事。监事会将国家利益、股东利益、银行发展结合起来，依照董事会的决定、决策，负责检查银行的财务，对银行的经营活动和董事会制定的经营方针、重大决策和制度规章的执行情况进行监督检查，对董事、行长和其他高级管理人员执行职务时违反法律、法规或者章程的行为进行监督，负责确保银行经营的规范化和制度化。

至此，招商银行初步构建起了现代企业公司治理结构，为其后的经营实践奠定了至关重要的制度保障。

7家股东

企业独资的银行有管理直接、决策迅速等优点，但在资本积累、市场开拓、业务发展等方面却存在较大的局限性。

招商银行的高层管理人员意识到，建立适应现代企业制度要求的产权制度是招商银行走出蛇口、走出深圳、走向全国、走向世界的基石。1987年11月16日召开的招商银行第二次董事会上，王世桢行长代表经营班子向董事会提出了向全国性商业银行发展的战略目标，提出了扩股增资的想法，将招商银行由企业独资兴办的银行转变成股份制的商业银行。

经过董事会的充分酝酿，全体董事会一致同意了这一设想，并对《招商银行章程》进行了修改。经过半年多的准备，1988年8月11日召开的招商银行第三次董事会通过了增资扩股的方案。1989 年 1 月 17 日,中国人民银行以〔1989〕12 号文《关于同意招商银行增资扩股等问题的批复》批准招商银行进行首次股份制改造和增资扩股;核批了招商银行修改后的章程;确定了招商银行性质为区域性股份制商业银行。

招商银行首次增资扩股、修改章程后的主要变化如下所述:

将原"招商银行是深圳经济特区招商局蛇口工业区投资创办的综合性银行"修改为"招商银行是区域性股份制商业银行",扩大了区域范围。

将"招商银行总行设在深圳经济特区蛇口工业区"改为"招商银行总行设在深圳蛇口,根据业务发展需要,经中国人民银行批准,设立分支机构",具备了在深圳特区以外设立机构的条件。

实收资本金从人民币 1 亿元增加到 4 亿元。

招商银行的股东由 1 家增加到 7 家,新吸纳了当时的中国远洋运输总公司、交通部广州海运局、广东省公路管理局、山东省交通厅物资工业公司、中国海洋石油南海东部公司等 6 家股东(其中,中国海洋石油东部公司是非交通系统企业),使招商局的股份由 100%锐减为 45%。招商银行行徽中的 7 条平行射线就代表这 7 家股东。

这是招商银行第一次增资扩股,虽然范围不广,但却是质的变化,奠定了现代企业治理结构的基础,对招商银行后来的发展起到了至关重要的作用。经过增资扩股,招商银行形成了有限责任公司性质的股份制商业银行组织架构,成为中国第一家真正由企业法人持股的商业银行,建立了股份制银行决策经营制度,为我国银行产权制度改革提供了宝贵的经验。

蛇口突围

1988 年 1 月 11 日,深圳人民银行批复同意设立招商银行罗湖营业部(4 月 28 日开业),标志着网点开始走出蛇口,走向深圳,全面进入深圳市场的竞争。开始由于实力弱小,营业网点很少在繁华地段布点,经营难度不小。但是,招商银行克服网点少、人手紧、知名度低等重重困难，以信誉、服务、灵活、创新为理念，努力给客户提供优质、便捷的服务，很快赢得了口碑和市场。招商银行的网点逐渐成为深圳地区一道道亮丽的风景线。

由于招商银行地处蛇口，业务则逐渐扩大到其他地区，机构上的限制成为制约招商银行发展的严重障碍。经过努力，招商银行得到中国人民银行的支持。1987 年 11 月 16 日，中国人民银行批准成立招商银行辽宁代表处，这是招商银行在东北地区的一个窗口，代总行管理东北三省的交通贷款，并配合总行开拓东北地区的业务；1988 年 3 月 18 日，中国人民银行批准成立招商银行北京代表处，其主要职责是与在京单位进行工作联系，收集信息，宣传业务，同时也负责监督管理总行在北京地区的贷款使用情况。

四处“扎寨”

为了进一步落实向全国性银行发展的战略构想，1988 年 9 月，招商银行研究制订了《招商银行十年发展设想》，提出：要经过 10 年的建设和发展，稳步进入全面成熟的发展阶段，真正成为实力雄厚、管理科学、手段先进、多功能、社会化、国际化的股份制银行。此后，招商银行深圳地区的分支机构逐步发展。一批在后来发挥主力军作用的机构纷纷成立：罗湖支行（1988 年 4 月 8 日）、上步支行（1989 年 4 月 28 日）、东门支行（1989 年 7 月 8 日）、南山支行（1990 年 3 月 8 日）、蛇口支行（1990 年 8 月 28 日，前身是 1989 年从总行划开单成立的蛇口营业部，专营蛇口地区业务和代理总行业务）、华侨城支行（1991 年 11 月 1 日）、福田支行（1992 年 1 月 10 日）。

1992 年，经中国人民银行深圳分行核准，同意招商银行在营业部下面设置分理处一级机构，在机制上有了新的突破。

20 世纪 90 年代初，上海浦东大开发拉开了帷幕，招商银行抓住机遇，积极介入。1990 年 8 月 19 日，招商银行获得中国人民银行上海分行的支持开始筹建第一家异地分行——上海分行。1991 年 2 月 19 日，中国人民银行批准招商银行上海分行试营业,1991 年 4 月 29 日上海分行试营业。这是招商银行第一家外地分行,标志着招商银行走出深圳,走向全国。

深圳毗邻香港,大股东招商局集团又长期在香港运作。因此,招商银行从创办开始,就积极学习借鉴香港银行业的经营管理模式,获益匪浅。为了更直接与国际银行同业建立联系,研究学习西方商业银行的管理经验,招商银行积极筹划在香港地区设立代表处。1991 年 12 月 28 日,中国人民银行批复同意招商银行在香港地区设立代表处。1992 年 8 月 28 日,招商银行香港办事处正式成立,这是招商银行首个跨出中国内地的机构。

1989 年 3 月 22 日,中国人民银行副行长刘鸿儒在参加招商银行第四次董事会时指出:两年来招商银行按照改革的要求逐步前进、成效显著,为商业银行的经营管理摸索了一些好经验,建立健全了制度,严格了内部管理,培养了一批人才,取得了较好的效益,总的看符合改革发展大方向。

1990 年 2 月 17 日,中国人民银行总行金融管理司司长、招商银行首席监事金建栋在参加招商银行第五次董事会时指出:招商银行是金融体制改革中涌现的新型银行。所谓新,就是既不同于国家政策性银行,完全走专业银行的路子,又不同于外资银行,是改革中的股份制试点银行。招商银行的改革探索了一条新路子,尤其投资者都是一些大型企业,与几家类似银行比较,具有商业银行的新特点。

1992 年 3 月 26 日,国家体改委副主任刘鸿儒在参加招商银行第六次董事会时指出:招商银行作为金融体制改革的试点行,经过 5 年来的实践证明,走法人股份制这条路是成功的。

经过 40 年的发展,招商银行已从当初偏居深圳蛇口一隅的区域性小银行,发展成为一家具有一定规模与实力的全国性商业银行,初步形成了辐射全国、面向海外的机构体系和业务网络。截至 2007 年 12 月 31 日,招商银行在中国内地设有 40 家分行及 534 家支行(含分理处),一个代表处,一个信用卡中心,677 家离行式自助银行,离行式单台设备 1 048 台(ATM 和 CDM);在香港设有一家分行及一家子公司；在纽约设有一个代表处，并与世界 93 个国家及地区逾1 210 家海外银行保持着业务往来。2007 年 11 月 8 日（美国东部时间），美联储正式批准招商银行在纽约设立分行，这是自 1991 年美国《外资银行强化监管法案》实施以来，中资银行首次获准在美开设分行。

截至 2017 年年底，招商银行市值已突破 7 100 亿元，位居全球上市银行第 11 位。境内外分支机构逾 1 800 家，在全国 130 余个城市设立了服务网点，拥有 6 家境外分行和 3 家境外代表处，员工 7 万余人。在英国权威金融杂志《银行家》公布的 2017 年全球银行品牌 500 强中，招商银行品牌价值位列全球第 12 位；在《财富》世界 500 强榜单中 2017 年名列世界第 216 位，中国区第 30 位。

源头背景

红头文件下做事的确稳当

1985 年 9 月 23 日中国共产党全国代表会议通过的《中共中央关于制定国民经济和社会发展第七个五年计划的建议》和 1986 年 4 月 12 日第六届全国人民代表大会第四次会议审议通过的《中华人民共和国国民经济和社会发展第七个五年计划（1986—1990）》都指出，改革金融体制，各专业银行应坚持企业化的改革方向。

1986 年 1 月 6 日—10 日，国家经济体制改革委员会和中国人民银行联合召开五城市金融体制改革试点座谈会。会议确定在 5 个城市（广州、重庆、武汉、沈阳、常州）进行改革试点，逐步形成资金市场；同时，专业银行和保险公司实行企业化经营管理。

招商银行成立于 1987 年 4 月 8 日，是我国第一家完全由企业法人持股的股份制商业银行，总行设在深圳。自成立以来，招商银行先后进行了 4 次增资扩股。

招商银行于 2002 年 3 月 15 日经中国证券监督管理委员会（以下简称“证监会”）发行字〔2002〕33 号文核准，首次向社会公众发行人民币普通股 15 亿股，并于2002年4月9日在上海证券交易所上市。招商银行于2006年8月10日获得证监会《中国证券监督管理委员会关于同意招商银行股份有限公司发行境外上市外资股的批复》（证监国合字〔2006〕12号），同意招商银行发行不超过25.3亿股（含超额配售3.3亿股）境外上市外资股，每股面值人民币1元。经香港联合交易所有限公司（以下简称“香港联交所”）核准，招商银行增资发行22亿股H股，超额配售2.2亿股H股，以及相应的国有股减持并转为境外上市外资股的2.42亿股H股，招商银行H股为26.62亿股。

2017年12月22日，招商银行经中国证券监督管理委员会证监许可〔2017〕2198号文核准，非公开发行境内优先股275 000 000股，每股面值人民币100元，并于2018年1月12日在上海证券交易所综合业务平台挂牌转让；2017年10月25日，招商银行经中国证券监督管理委员会证监许可〔2017〕1838号文核准，非公开发行境外优先股50 000 000股，每股面值人民币100元，并于2017年10月26日在香港联交所按照相关交易结算规则转让。

源头链接

招商银行的“出生”

招商银行原系经中国人民银行银复〔1986〕175号文批准于1987年3月31日成立的综合性银行，后经深圳市证券管理办公室以深证办复〔1994〕90号文批准改组成为股份制商业银行。招商银行已经依照《公司法》《商业银行法》和其他有关规定进行了规范并依法履行了重新登记手续，于1994年9月5日在国家工商行政管理局注册登记，取得营业执照。

招商银行现于深圳市市场监督管理局登记注册，并持有深圳市市场监督管理局核发的《企业法人营业执照》，统一社会信用代码为：9144030010001686XA。

招商银行的发起人为：招商局轮船股份有限公司、中国远洋运输（集团）总公司、广州海运（集团）公司、中国海洋石油南海东部公司、广东省公路管理局、山东省交通开发投资公司、交通部秦皇岛港务局、深圳蛇口招银投资服务公司。

源头延伸

股份制商业银行的"三立"

股份制商业银行是商业银行的一种类型。我国现有12家全国性股份制商业银行:招商银行、浦发银行、中信银行、中国光大银行、华夏银行、中国民生银行、广发银行、兴业银行、平安银行、浙商银行、恒丰银行、渤海银行。

——立在零售。重在零售客户数和零售客户总资产(AUM)的同比增长率;持续优化信贷结构,低资本消耗的零售贷款在贷款总额中占比实质提升;零售业务利润贡献持续提升,零售税前利润占业务条线税前利润的比重的实质提升。

——立在稳健的风险和资本管理。强化资产组合管理,减缓不良贷款余额及不良贷款率增长势头,不良贷款拨备覆盖率逆势上升,保持在180.02%的相对较高水平;资本充足率平稳运行,年末资本充足率、一级资本充足率比年初均有所上升,从而实现资本内生式发展。

——立在可持续的股东回报。表现在现金分红和投资者认可程度。

文骐看源头

银行透出多少曙光

银行就是"钱袋子",老百姓喜欢这样说。

20世纪80年代中期,中国金融体制改革经过5年多的探索和发展,已初显成效。1983年9月,中国人民银行专门行使中央银行的职能,基本上实现了金融业的政企分开。1986年开始逐步开放资金拆借市场,初步实现了信贷资金的横向融通。中国银行体系经过几年的改革形成了以中央银行为领导、专业银行(中国工商银行、中国农业银行、中国银行、中国建设银行)为主体、其他各类金融机构相互补充的金融体制。事实上,把国家专业银行转变为国有商业银行成为金融改革的重要目标。但是,原有国家专业银行向商业银行转变的过程中,遇到了从产权形式、政策性业务、管理体制、经营机制到人事制度、历史包袱等方面的一系列需要配套改革的难点问题。

值得注意的是,为给四大专业银行向商业银行转轨营造适当竞争的外部环境,国家决定采取体制外引导的战略,引入必要的竞争机制,组建和发展一批新型的商业银行,推进银行体制改革,同时也为专业银行商业化提供可资借鉴的有益经验。

进入21世纪,中国高层对金融监管体制大动手术,架构并运作"一行三会":央行、银监会、证监会和保监会。经年累月,受众感觉这些机构"各自为政",应重新整合的呼声不绝于耳。及至2018年,前述银监会、保监会合并成立中国银保监会。

一个婴儿的诞生常常是一个家庭的希望。一个英雄的诞生常常是一个民族的希望。不同所有制银行的诞生,今天看来,让亟待改革的中国银行业看到了曙光。而老百姓更愿意精神抖擞,觅得让"钱袋子"鼓起来的曙光。

后记

凝望『18个第一』

1978 年,我家的 3 亩麦苗多么需要一场雪;1988 年,我为区委书记捉刀工业开门红的讲话稿;1998 年,我猛踩自行车经过新华门,右转人民大会堂,进东门聆听《政府工作报告》;2008 年,我在香港调研,目睹了国际金融危机波及的景象;2018 年,改革开放 40 年及至未来,我,以及每一个走过来的中国人,都可以在这本书《源头沧桑——中国改革开放发源地》的“18 个第一”中找寻印记。

“18 个第一”,缘于 1998 年的一次新闻“战役”。其时,我在中央一家经济类报纸主持记者部兼新闻评论部。那年 3 月,我主动请缨作为特派记者报道和评论九届全国人大一次会议。这次会议适逢中央政府五年一度的换届。在朱镕基当选总理的记者招待会上,总理在回答记者提问时提及,“今年年底,中央将举行党的十一届三中全会召开 20 周年纪念活动”。或许是出于职业敏感,我当天晚上就拟就“纪念党的十一届三中全会召开 20 周年大型新闻策划方案——中国经济 20 年”。该新闻“战役”方案随即被批准,并悄悄着手“点兵布阵”。进入“战役”方案层面且秘而不宣的就有小岗村、深圳特区、向阳镇等中国经济改革的 18 个个案。我请到中共中央宣传部新闻局原局长王福如指导这次“战役”。王先生还通过一些渠道,请到中共中央元老薄一波同志题写“中国经济二十年”。由于运筹有度,“战役”推进异常顺利。我踏访小岗村并形成的大型报道甫一推出,就惊动了京城同行……这就是今天这本书的基础。

2005 年 3 月至 2008 年 8 月,2017 年 3 月至 2018 年 7 月,我在这两个特定时间段两度踏上对“中国改革开放发源地”进行回望与前瞻之旅。设计出一套站得住脚的逻辑框架后,我重新查考、甄别历史资料,勉力斟酌“事实情节”。可以说,从“中国经济改革的 18 个第一”布阵于京城财经媒体的新闻“战役”,到今天这本书的正式出版,接续走过了整整 20 年。

“18 个第一”,独立诠释与回望中国改革开放进程中 18 个当之无愧的“第一”,其载浮载沉的经典事件与其中的标志性人物,是中国改革开放每一个“转折关键”中的里程碑,让读者通过品读里程碑而解读历史,让历史在代表性事件和人物的片段再现中复活。借此,“中国改革开放发源地”中蕴含着的中国的微笑与苦涩、艰难与求索、自强与坚韧或许可以更少一些被外人误读。

法国启蒙思想家伏尔泰在《风俗论》中写道:“如果说有一种确凿可靠的编年史,那就是中国人的上及天、下及地的编年史。”伏尔泰称赞道,在这些史籍中,“几乎没有丝毫的虚构和奇闻”。事实上,中国史学家历来重视“史德”,他们忠于史实,坚持善恶必书,书必直言。为保持史家的节操,许多人甚至不惜殉之以命。以直书为己任、以曲笔为耻辱的史家,确信代有其人。我不敢以无畏的史家自比,这本书也不是编年史,仅是规模和体例要简约得多的权且称为“纪事本末体”式的改革史片段。但是,在写这本书时,他们的精神一直是推动我严肃写作的动力。本书自序“中国改革开放发源地是历史的草稿”,当视为注脚吧!

“18个第一”,试图独辟蹊径,对“18个第一”的发源地全面回访。悠悠看源头,辅以“源头背景”“源头链接”;娓娓忆沧桑,呈现“源头延伸”和“文骐看源头”。其中许多事为亲身经历,凝结了我直接参与的感情。如“文骐看源头”的“我穿过瓢泼大雨,紧急通知村干部……”内容独家,记载人事客观。叙述张弛有度,尽量给读者留有想象思考的空间。不下结论,不做判断,结论由读者自己揣摩和体会。

王国维先生曾说:“对宇宙人生,须入乎其内,又须出乎其外。入乎其内,故能写之。出乎其外,故能观之。”“中国改革开放发源地”的开场与演进,涉及许多尚在进行中的事和有关的人,不能不“为尊者讳”。如上海证券交易所、北京天桥股份、上海飞乐音响、广东罗定铁路等,它们既有“三十功名尘与土”的颠沛浮沉,也有“八千里路云和月”的雄风豪情!

在“18个第一”中找寻印记,“中国改革开放发源地”俨然一支支小彩笔,勾勒出一个国家一个时代发展的缩影。毛泽东在《湖南农民运动考察报告》中说过:“矫枉必须过正,不过正不能矫枉。”“中国改革开放发源地”但愿能给我们进行中的改革事业提供矫枉的借鉴。在“中国改革开放发源地”中找寻印记,我们期待共鸣:改革开放的进程仍然伴随中国转型和发展重大前沿问题的思辨,她与烈日、与暴雨时相为伴,但明天会更晴朗更明媚。我们抱定:只有改革,才能发展中国。我们自豪地宣告:泱泱大国的理想和梦想就是我们的理想和梦想。

重庆大学出版社为本书的付梓,付出了辛勤的劳动,握手树平社长、邦华总编、马宁分社长,感谢你们的支持!

“物新则壮,新则鲜,新则活,新则通”,在“18 个第一”中找寻我自己的印记,以理性远眺:资讯从来就不是稀缺资源,但准确的选择是;机会从来就不是稀缺资源,但理性的分析是;甚至连财富也不是稀缺资源,但独到的眼光是。

2018 年 7 月修订于中国大运河智库联盟北京秘书处

2018 年 8 月定稿于重庆智库本部